GAODENG ZHIYE JIAOYU FANGDICHAN
JINGYING YU GUJIA ZHUANYE XILIE JIAOC

高等职业教育房地产经营与估价专业

房地产估价理论与方法

（第二版）

—FANGDICHAN GUJIA LILUN YU FANGFA

主　编　谭善勇

副主编　章鸿雁　麻晓芳　王江梅

参　编　陈永国　魏　旭　薛亚菲　胡　茜
　　　　王柏春　张鑫洋　李天健

主　审　康小芸

重庆大学出版社

内 容 简 介

本书对房地产估价的基本理论与主要方法进行了分析与介绍。全书共分为4篇12章，第1篇通过房地产及其类型、房地产价格及其影响因素、房地产估价及其要素共3章内容介绍了房地产估价的基本原理；第2篇内容讲述了市场法、成本法、收益法、假设开发法、长期趋势法及地价评估方法等房地产估价方法的相关理论基础与应用技巧；第3篇讲述房地产估价程序与估价报告，主要从房地产估价作业准备与实施、房地产估价报告撰写与交付进一步从实际应用的角度阐述房地产估价作业的具体操作；第4篇则主要从房地产估价信息系统的角度简单介绍了房地产估价的智能化。

本书紧密结合房地产估价中的 Excel 应用，操作性强。各章还配有一定数量的思考练习题和房地产估价师考试真题，同时配有教学 PPT、习题参考答案。本书既可作大学本科、高等职业教育及其他类型院校房地产开发与管理、工程管理、工程造价、土地资源管理、物业管理、资产评估等专业或专业方向的教材或参考书，也适合房地产估价从业人士阅读参考。

图书在版编目(CIP)数据

房地产估价理论与方法/谭善勇主编.—2版.
—重庆：重庆大学出版社,2012.7(2024.1 重印)
高等职业教育房地产经营与估价专业系列教材
ISBN 978-7-5624-4214-1

Ⅰ.①房… Ⅱ.①谭… Ⅲ.①房地产价格—估价—高等职业教育—教材 Ⅳ.①F293.35

中国版本图书馆 CIP 数据核字(2011)第 263110 号

高等职业教育房地产经营与估价专业系列教材

房地产估价理论与方法

(第二版)

主 编 谭善勇
副主编 章鸿雁 麻晓芳 王江梅
主 审 康小芸

责任编辑:刘颖果 版式设计:刘颖果
责任校对:任卓惠 责任印制:赵 晟

*

重庆大学出版社出版发行
出版人:陈晓阳
社址:重庆市沙坪坝区大学城西路 21 号
邮编:401331
电话:(023) 88617190 88617185(中小学)
传真:(023) 88617186 88617166
网址:http://www.cqup.com.cn
邮箱:fxk@cqup.com.cn(营销中心)
全国新华书店经销
POD:重庆新生代彩印技术有限公司

*

开本:787mm×1092mm 1/16 印张:18 字数:373千
2012 年 7 月第 2 版 2024 年 1 月第 8 次印刷
ISBN 978-7-5624-4214-1 定价:39.00元

特别鸣谢（排名不分先后）

清华大学建设管理系
重庆大学建设管理与房地产学院
黑龙江建筑职业技术学院
深圳职业技术学院
昆明冶金高等专科学校
洛阳理工学院
华北科技学院
四川建筑职业技术学院
广东建设职业技术学院
黄冈职业技术学院
浙江建设职业技术学院
东营职业技术学院
首都经贸大学
山东潍坊教育学院
浙江广厦建筑职业技术学院
甘肃建筑职业技术学院
沈阳建筑职业技术学院
北京联合大学
成都九鼎房地产交易评估有限公司
杭州万向职业技术学院
广东白云学院
大连职业技术学院
海口经济职业技术学院
重庆科技学院
温州职业技术学院
重庆鼎新房地产学校
重庆鼎力房地产咨询有限公司

总 序
ZONG XU

房地产业是从事房地产开发、投资、经营、管理与服务的行业,包括:房地产开发经营活动、房地产买卖及租赁活动、房地产经纪与代理活动和房地产管理活动。中国房地产业从 20 世纪 80 年代末开始兴起,经过 20 多年的发展取得了令人瞩目的成就,已经发展成为国民经济的支柱产业。2006 年,全国房地产开发投资 19 382 亿元,商品房销售额 20 510 亿元,就业人数超过了 450 万人。随着中国经济持续增长和城市化进程的进一步加快,以及人们对居住质量要求的进一步提高,中国房地产行业仍然有着巨大的发展潜力。

房地产业的迅猛发展迫切需要大量房地产专业人才。然而,我国高等教育本科院校缺乏房地产专业的设置,使房地产专业人才仍然供不应求。以培养应用型专业人才为己任的高等职业院校,用极大的热情关注着房地产行业的发展。自 2004 年教育部将高等职业教育房地产专业调整为"房地产经营与估价专业"以来,已经有约 60 所高等职业教育院校开设这一专业,争先为房地产行业培养和输送各种应用型专业人才,这在一定程度上缓解了行业发展对人才的需求。许多教育工作者和专业人士,也编辑出版了一系列房地产专业教材和著作,在一定程度上满足了房地产专业职业教育发展的需要。

由于房地产经营与估价专业开设时间不长,至今仍然存在着专业定位不明确、培养目标与实际脱节、课程设置不合理等问题。学科体系和专业课的教学大纲始终处于不断修订、完善的过程中。房地产业的迅速发展,也不断催生了新的投资方式、服务产品和服务模式,出台和完善了各种法律、政策和规章。在这种新的形势下,编写出版一套《高等职业教育房地产经营与估价专业系列教材》,以适应房地产职业教育迅速发展和不断提高的需要,就变得十分必要和迫切。重庆大学出版社在广泛调研的基础上,邀请了来自全国 20 多家高等院校和单位的学者和专家,经过反复研究,决定在 2007 年秋季陆续推出一套定位准确、理论够用、突出应用、体例新颖、可操作性强的《高等职业教育房地产经营与估价专业系列教材》,以适应新形势下高等职业教育房地产经营与估价专业教学的需要。

本套系列教材的开发采用"校企结合"的方式进行。来自教育界、企业界的编委、主编、参编、主审,按照教育部《关于以就业为导向深化职业教育改革若干意见》提出的"高等职业教育应以服务为宗旨,以就业为导向,走产学研结合的发展道路"的精神,结合各自熟悉的领域,优势互补,大胆尝试,严把质量关,共同探究确定系列教材的框架体系、教材间的衔接、编写大纲和知识要点等,并由经验丰富的"双师型教师"和业界专家负责大纲和书稿的审定。旨在使学生通过本系列教材的学习,掌握房地产经营与估价专业的基本理论和专业知识,熟悉房地产经营与估价业务的实际操作方法与技能,真正成为应用型、技能型的专业人才。

本系列教材可以供高等职业教育应用型本科和专科学生使用,也可以作为房地产相关从业人员的参考用书。

中国房地产业方兴未艾,高等职业教育紧密结合经济发展需求不断向行业输送专业应用型人才,任重道远。我们有理由相信,在高等院校与房地产业的紧密合作和共同努力下,房地产专业的学科建设将取得丰硕成果和不断进步。高等职业教育将通过为房地产业不断输送优质专业人才,为我国房地产业的持续健康发展做出自己的贡献。

刘洪玉

清华大学房地产研究所所长、教授

中国房地产估价师与房地产经纪人学会副会长

2007 年 7 月于清华

前 言

QIAN YAN

（第二版）

《房地产估价理论与方法》作为高等职业教育房地产经营与估价专业系列教材之一，第一版于2007年8月出版，经过4年的使用，得到了读者们的欢迎和鼓励，在此我们表示衷心的感谢！

不可否认的是，房地产估价行业已经越来越成熟，房地产估价理论与方法也越来越趋于完善。4年的时间，我们也在不断地关注行业的发展和相关最新研究成果。借这次修订的机会，正好可以把第一版中的一些内容做一些修改，并补充一些新的知识，希望并力争使教材第二版更具系统性、实用性和可读性。

为了做好此次教材修订工作，我们在原有编写人员的基础上，另外增加了一批新的编写力量，对《房地产估价理论与方法》（第一版）作了结构和内容方面的修改和补充完善。第二版教材共分为4篇12章。第1篇讲述房地产估价原理；第2篇讲述房地产估价方法；第3篇讲述房地产估价程序与估价报告；第4篇为新增内容，主要讲述房地产估价的智能化，力求将最新、最实用的知识纳入教材之中。

本教材由谭善勇担任主编，主持全书写作大纲的编写和初稿的审阅。副主编由章鸿雁、麻晓芳和王江梅担任。本次修订中，各章具体编写分工情况是：第1章由谭善勇、薛亚菲编写；第2章由王江梅、胡茜编写；第3章由王江梅编写；第4章、第5章由麻晓芳、王柏春编写；第6章由王江梅、魏旭编写；第7章、第8章由陈永国编写；第9章第1、2、3节，第10章，第11章由章鸿雁编写；第9章第4节由张鑫洋编写；第12章由李天健、胡茜编写。第二版初稿完成后，由谭善勇进行总纂、增删修改和定稿。王江梅同志也作了大量的辅助工作。

北京中锐行房地产评估有限公司董事长、总经理康小芸女士继续担任第二版教材的主审。康小芸女士一直很关注本教材的编写修订工作并给出了很多具体的指导和建议，我们全体编写者在此表示衷心的感谢！

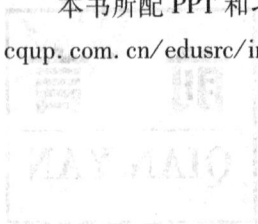

另外,本书在修订过程中参阅了一些新的文献资料,这里特向有关作者表示由衷地感谢! 当然,由于时间紧、任务重,本书还存在一些缺憾,希望读者与业内人士批评指正。

本书所配 PPT 和习题参考答案,请在重庆大学出版社教育资源网(http://www.cqup.com.cn/edusrc/index.aspx)上下载。

谭善勇

2012 年 4 月

前　言
QIAN YAN
（第一版）

随着社会主义市场经济体制的建立和不断完善,我国的房地产业也非常快速地成长起来。在这个过程中,房地产估价在人们的生产生活、社会商业活动以及政府管理中施加的影响和发挥的作用也越来越突出。为了维护房地产估价相关各方的利益,保证政府对房地产估价行业本身及相关社会经济活动的有效管理,促进房地产估价行业的健康发展,国家建立了房地产估价师职业资格认证制度。这个制度建立以来,通过国家注册房地产估价师考试获得注册房地产估价师资格的人员已经达到2万多人。随着市场经济和房地产业的进一步发展,房地产估价师的队伍必将继续扩大,而且市场对了解或掌握房地产估价理论与方法的人士需求也越来越多。这就对既具有一定理论深度,又具备较强操作性的教材提出了要求。

基于此,重庆大学出版社组织策划了《高等职业教育房地产经营与估价专业系列教材》。本书作为系列教材的核心教材之一,其编写从开始到结束都受到出版社和教材编写组成员的高度重视:一是邀请了几位既具有多年教学经验又具有丰富估价实践经验的人员组成编写队伍;二是充分与其他相关教材主编交流沟通,多次修改完善教材编写提纲,力求把最新、最实用的知识纳入其中;三是要求各位编者深入学习国家《房地产估价规范》,特别指定编写组成员参考中国注册房地产估价师考试指导教材《房地产估价理论与方法》,力求书稿内容与现行国家标准保持一致,与国家注册房地产估价师考试权威教材没有矛盾或冲突;四是在教材编写过程中,要求编写组成员坚持针对性、实用性的原则,力求将房地产估价理论与实用技巧充分结合起来,强调理论与实践的融合统一。特别需要指出的是,我们非常荣幸地请来了注册国际房地产专家(CIPS)、美国注册商业(房地产)投资师(CCIM)、注册房地产估价师、注册土地估价师、国家《房地产估价规范》主要起草者之一、北京中锐行房地产评估有限公司董事长、总经理康小芸女士担任本教材的主审。同时,我们也邀请了成都九鼎房地产交易评估有限公司总经理余相担任主审,这对本书的顺利完成也是一个极大的促进。

本书由谭善勇担任主编,负责提纲编写、组织协调、提出修改意见和统稿工作。副主编由章鸿雁和麻晓芳担任。各章编写分工如下:第1章由首都经贸大学谭善勇编写;第2章北京搜房资讯有限公司王江梅编写;第3章、第4章由温州职业技术学院麻晓芳编写;第5章由首都经贸大学谭善勇、魏旭编写;第6章、第7章由山东德州科技职业学院陈永国编写;第8章、第9章、第10章由广东建设职业技术学院章鸿雁编写。书稿第3稿完成后,由主编进行了全面的增删修改并最后定稿。周勇、王江梅、魏旭、葛晶4位同志在统稿过程中,也做了一些协助工作。

本书编写过程中,参阅了很多资料,在此向有关著作的作者表示衷心感谢。重庆大学出版社为本书的出版做了大量工作,也谨表我们的谢意!

房地产估价理论性及操作性都很强,涉及社会经济学科的各个方面,房地产估价行业又是一个不断发展、完善的行业,因此,要把房地产估价教材编写得完美无缺是很难做到的,我们仅能以负责的态度尽心尽力。编者水平所限,本书难免存在疏漏、不当或错误之处,恳请读者批评指正。

谭善勇

2007 年 4 月

目录

MU LU

第1篇　房地产估价原理

本篇导读

目前,房地产估价已成为我国市场经济不可或缺的一部分。一般认为,房地产估价或房地产价格评估,简单地说,就是以房地产为对象,对其在市场上可以实现的真实、客观、合理的价格所作的估计、推测与判断。因此,学习房地产估价,首先需要了解房地产估价的基本原理,对房地产、房地产价格及房地产估价等要素有一个全面的认识。本篇第 1 章,主要讲述房地产的概念、内涵、特点及类型;本篇第 2 章,主要讲述房地产价格的概念、形成、类型及影响因素;而本篇第 3 章,则从讲述房地产估价的内涵、必要性以及房地产估价原则、专业估价人员、估价机构等估价要素的角度出发,力求全面诠释房地产估价。

第1章
房地产及其界定

【本章导读】

　　房地产是房地产估价的估价对象。学习房地产估价,首先需要对房地产有一个正确的认识。通过本章的学习,应了解房地产的基本概念与存在形态;从实物、权益和区位角度全面理解房地产的含义;熟悉房地产的特性与类型。

1.1　房地产及其存在形态

1.1.1　房地产的基本概念

　　房地产的定义有多种。国家标准《房地产估价规范》(GB/T 50291—1999)[①]认为,所谓房地产是指"土地、建筑物及其他地上定着物,包括物质实体和依托于物质实体上的权益。"

　　其中,土地是指地球的陆地表面及其上下一定范围内的空间。建筑物是指人工建筑而成,由建筑材料、建筑构配件以及建筑设备等组成的整体物,包括构筑物和房屋。它是土地的定着物之一。其他定着物具体是指固定在土地或建筑物上,与土地、建筑物不可分离的物,或者虽然可以在物理上分离,但分离的代价较高,经济上不划算,或者分离会给土地、建筑物的价值或使用价值带来损害的物,如为提高土地或建

---

① 中华人民共和国建设部. 房地产估价规范[M]. 北京:中国建筑工业出版社,1999.

筑物的使用价值与功能而种植的树木、草皮以及人工花园、假山、水池、栅栏等。对于不影响土地或建筑物使用功能的物,如在土地上临时搭建的帐篷等则不属于房地产的范畴。

1.1.2　房地产的相关概念

房地产与不动产、地产、房产、物业的含义有所不同。

房地产(Real Estate,Real Property):Real Estate 是指 land 加上永久定着在其中、其上、其下的人工改良物,如构筑物和房屋;Real Property 是指 Real Estate 加上与其有关的各种权益,包括权利、利益和收益。land 是指地球的表面及下达地心、上达无限天空的空间,包括永久定着在地球表面之中、之上、之下的自然物,如树和水。

不动产(Real Property, Unmovable Property):是指土地及土地的定着物。严格而言,不动产的含义要比房地产广泛,它不仅包括房地产的内涵,而且还包括其他各种不可移动或者移动会带来功能的破坏或不经济的财产,如道路、桥梁等。

地产(Estate):一般认为地产是指法律上认可的土地产权和资产的总称。

房产(Buildings):是指定着于土地上的建筑物及其附属设施及相应的权益。

物业(Real Estate Property):港澳地区对房地产的专门用语。在港澳地区,物业通常是指单元性地产,如一幢住宅、一个住宅小区、一栋写字楼等。

当然,如果从房和地不可分的属性来看,地产、房产、房地产、不动产以及物业的概念可理解是相同或相似的。国际上这几个词基本上也是通用的,都是指房和地一体的房地产。

1.1.3　房地产的存在形态

房地产有 3 种存在形态,即土地、建筑物和房地合一(简称为房地)。

1)土地

土地在现实房地产估价中包含两种情况,一是指城市中一块没有建筑物的空地,二是指实物形态上土地与建筑物合成一体,但估价上只要求评估土地部分的价值,这种情况下可将其设想为是没有建筑物的空地,在对土地估价时,不包含该土地范围内的建筑物价格。

从房地产估价的角度来考虑,对一宗土地的基本认识主要包括下列方面:

①名称。如几号地、某某地等。

②坐落位置。对于其所处区域、城市、周围环境、市场状况和具体地点的认识。

③面积大小。面积大小指某宗土地的"边界"所围绕的平面范围,它是法律确认

的面积。例如,政府出让土地使用权的地块,其范围通常是根据标有坐标点的用地红线图,由城市规划管理部门或土地管理部门在地块各转点钉桩、埋设混凝土界桩或界石来确认,面积大小依水平投影面积计算。对土地面积要从总占地面积、红线用地面积、市政代征地面积、集中绿地代征地面积几个方面来认识。

④四至。即东南西北 4 个方位的描述。

⑤形状。通常用图(如宗地图或规划图、建筑总平面图)来说明。土地形状包括矩形、梯形、三角形等规则形状,也包括一些不规则的形状。

⑥地形、地势。地形、地势是指土地表面高低起伏的状态或格局,包括与相邻土地、道路的高低关系、自然排水状况、被洪水淹没的可能性等。

⑦周围环境与景观。如区域大气、水、噪声的污染程度;人文景观和自然景观的情况如何等;周围环境、景观通常用图片来说明。

⑧利用现状。法定用途和实际用途的情况,土地之上有无建筑物和其他附着物,建筑物、附着物的使用寿命情况如何,是否需要拆除等。

⑨生熟程度。土地的生熟程度即基础设施完备程度和土地平整程度,是指道路、给水、排水、电力、通信、燃气、热力等设施的完备程度和土地的平整程度,即通常所说的"三通一平"(路通、水通、电通和场地平整)、"五通一平"(道路通、给水通、排水通、电力通、通讯通和场地平整)以及"七通一平"(道路通、给水通、排水通、电力通、通讯通、燃气通、热力通以及场地平整)。

⑩地质、水文和气象条件。如土地的承载力;附近沟渠、河流、江湖等的污染情况;土地所在地区的风力、气温、湿度、降水量等。

⑪规划限制条件。规划限制条件包括土地用途,建筑高度,容积率,覆盖率,建筑后退红线距离,建筑间距,绿地率,交通出入口方位,停车泊位,建筑体量、体型、色彩,地面标高等。

⑫权属状况。如是国家所有的土地还是农民集体所有的土地;是出让土地使用权还是划拨土地使用权;属于出让土地使用权的,其剩余土地使用年限有多长及可否续期;土地取得手续是否完备;是否抵押、典当或为他人提供担保;是否涉案;是否为共有;产权是否有争议;是否为临时用地;是否属于违法占地等。

2)建筑物

建筑物包括房屋和构筑物两大类。房屋是指有基础、墙、顶、门、窗、柱梁,供人居住或做储藏等其他用途的建筑物,包括住宅、商业房、工业房、仓储房、办公房、学校、医院、体育馆等各种用房。相对的,构筑物则是指人们一般不能直接在内进行生产或生活活动的建筑物,如水塔、烟囱、桥梁、水坝等。

从房地产估价的角度看,可以从以下方面认识建筑物:

①名称。如某某大厦、某某小区、某某酒店等。

②坐落位置。即建筑物所处区域、城市以及具体地点,可以从国家、地区、邻里直至地点这样由大到小的顺序或层面来认识。

③外观和风格。外观是否美观,豪华程度如何,是欧式风格还是中式风格等。

④面积大小。面积大小包括占地面积、建筑面积、使用面积、套内面积、居住面积、营业面积、可出租面积等。

⑤层数和高度。房屋建筑按层数和高度分为低层建筑、多层建筑和高层建筑。住宅通常是按层数划分的:1~3层为低层,4~6层为多层,7~9层为中高层,10层以上为高层。30层以上为超高层。公共建筑及综合性建筑通常是按建筑总高度来划分的,总高度高于24 m的为高层(单层建筑除外),高于100 m为超高层。

⑥具体用途。建筑物的主要用途有居住、商业、工业、办公等。

⑦建筑结构。如按承重构件所用材料可分为钢结构、钢筋混凝土结构、砖混结构、砖木结构以及简易结构等。

⑧层高和净高。层高是指上下两层楼面或楼面与地面之间的垂直距离;净高是指楼面或地面至上部楼板底面或吊顶底面之间的垂直距离。

⑨空间布局。包括不同房间的空间位置及相互关系,如户型等。可通过平面图或户型图来认识。

⑩装饰装修。装饰装修分为内装修和外装修。如装饰装修的标准,是初装修、普通装修还是豪华装修;装饰装修材料品质和装饰装修工程的质量等情况。

⑪附属设备情况。附属设备情况指上下水、燃气、照明、空调、电梯、通信、防灾等各类设备的配置情况、质量、性能和维修保养情况等。

⑫产权状况。建筑物是所有权还是使用权,是独有产权还是共有产权,是否出租或抵押,是否涉案,权属是否有争议,是否为临时建筑或违章建筑,其坐落土地的权利状况如何等。

⑬相关时间。包括开工日期、竣工日期、交付日期、出租时间、抵押时间等。

⑭使用、保养情况。使用情况包括是否使用、使用时间长短以及具体的用途(法定用途和实际用途),多用途房屋中不同用途的位置或楼层分布情况及其面积;保养情况则主要涉及物业管理单位的基本情况,物业管理的水平或质量等。

⑮公共服务设施完备情况。如对住宅而言,附近是否有幼儿园、中小学等教育设施,是否有医院、文化体育、商业服务、金融邮电等公共设施及其完备程度、规模大小和服务质量情况等。

⑯其他情况。如建筑物的施工质量,是期房还是现房,房屋的通风、采光、隔声、隔热情况,房屋的楼层、朝向情况,在建工程或期房的建设单位、设计单位、施工单位、工程监理单位以及工程进度状况、预计竣工日期等。

房地产估价中,尽管建筑物是依附于土地之上,但单单对于建筑物的评估,是不需要考虑土地的价格的,或者不需考虑土地的存在。

3) 房地

房地是指实物形态上土地和建筑物合成一体并在估价中把它们看成一个整体的情况。在房地产价格评估中,既可把土地和建筑物分别评估,然后加总,也可以直接对整体房地产进行评估。如未特别指明,房地价格指既包含土地又包括建筑物在内的整体价格。

1.2 房地产的实物、权益与区位

一宗房地产首先是一定时间状态上的房地产。所谓房地产在时间上的状态,是指房地产是什么时间点或时间段的房地产,即房地产是过去的、现在的还是将来的?不同的时间点或时间段对应着相应的不同市场状况及其发展趋势,也对应着相应的、不同的市场价格水平。所以,从房地产估价的角度出发,首先应该明确房地产的时间状态。在这个基础上,完整的理解房地产的含义,还需要从实物、权益及区位三大方面着手。

1.2.1 房地产的实物

房地产实物是房地产中看得见、摸得着的部分,如建筑物的结构、设备、装修、外观,土地的形状,基础设施完备程度、平整程度等。房地产实物可以分为3个方面:房地产有形实体、房地产实体的质量以及房地产实体的功能。其中,房地产有形实体主要是指建筑物的外观、装修情况以及土地的平整程度等;房地产实体的质量是指房地产的施工质量、建材质量以及整体的坚固程度;房地产实体的功能则是指房地产的使用性质,如是写字楼还是住宅,空间布局如住宅的户型等。

1.2.2 房地产的权益

房地产权益是指房地产中无形的、看不见、摸不着的部分,包括权利、利益和收益3个方面。房地产权益是以其权利为基础,由法律设定的各种权利(包括各自权能及范围界定)、受到各种限制的权利(如用途限制)以及享有这些权利所能获得的利益或收益构成。

房地产权益是房地产中最重要的部分,是由国家制定的法律、法规来保障的。其中的房地产权利主要有所有权、使用权、抵押权、租赁权、地役权、空间利用权等。

①所有权:是指在法律规定的范围内自由支配房地产并排除他人干涉的权利。

②使用权:目前主要是土地的使用权,是指国家或农民集体所有的土地占有、使用、收益和部分处分的权利。

③租赁权:是指支付租金从房屋所有人或土地使用权人那里获得的占有、使用房地产的权利。

④抵押权:是指债权人对债务人或者第三人不转移占有而作为债权担保的房地产,在债务人不履行债务时,就该房地产的变价款优先受偿的权利。

⑤地役权:是指土地所有权人或土地使用权人为使用自己土地的便利而使用他人土地的权利,最典型的地役权是在他人土地上通行的权利(称为通行权)。

⑥空间利用权:是指房地产权利人在法律规定的范围内,利用地表上下一定范围内的空间并排除他人干涉的权利。

物质实体是权益的载体,也是房地产价值或价格的基础,而最终体现房地产价值的是其权益。同一物质实体的估价对象房地产,如果附着于其上的权益不同,评估出的客观合理价格或价值会有所不同。当然,如果两宗权益状况相同的房地产的实物状况不同,其价值或价格也可能有很大的不同。

1.2.3　房地产的区位

房地产的区位,是指房地产的空间位置,即该宗房地产处于哪个国家、哪个地区、哪个城市、哪个区县、哪个具体的地点以及周围的具体环境等。具体说,一宗房地产的区位是指该宗房地产宏观上的位置以及微观上该宗房地产与其他房地产或事物在空间方位和距离上的关系。它通常包括 3 个方面:

①该宗房地产的地理坐标位置,如该宗房地产位于哪个城市。

②该宗房地产与重要地区、重要场所的距离及可达性或便捷性。例如,河北石家庄市的某房地产与首都北京的距离,与石家庄市中心、机场、火车站、汽车站、政府机关、某大型医院等的距离,以及从该宗房地产去往机场等其他地方的便捷性和从机场等其他地方到达该宗房地产的可及性。

③该宗房地产周围的环境景观与配套设施等,包括该房地产所在地区的声誉状况、治安好坏、学校数量与质量、办公或商业或居住氛围、服务设施等。

房地产区位有自然地理位置区位、交通地理位置区位和社会经济地理区位之分。也就是说,区位是自然地理区位、交通地理区位和社会经济地理区位在空间地域上有机结合的具体表现。不同的区位能够给房地产持有者带来的机会和收益不同。两宗实物和权益状况相同的房地产,如果区位不同,价值可能有很大的不同。非常明显,好区位的房地产有较高的价格,差区位的房地产有较低的价格。目前,在某宗房地产所处国家、地区、城市既定的情况下,最常见、最简单的是用与重要场所的距离来衡量区位的好坏。距离有空间直线距离、交通路线距离和交通时间距离3种。由于路况、交通管制等问题以及人们对时间的看法观念上的改变，人们越来越重视交通时间距离而不是空间直线距离。

1.3 房地产的特性与类型

1.3.1 房地产的特性

房地产价格与其他经济物品价格有许多不同之处，其原因在于各自的特性不同。从事房地产估价首先需要对房地产的特性有全面、深入的认识。房地产的特性包括自然特性和社会经济特性两个方面。

1) 房地产的自然特性

房地产的自然特性是指房地产本质上具有的特性，它主要包括以下特性：

（1）不可移动性

不可移动性又称为位置固定性。房地产的不可移动性源于土地的地理位置固定，不能移动。由于不可移动，所以任何一宗房地产只能就地开发、交易、利用或消费，而且要受制于其所在的空间环境。所以房地产市场是一个地区性市场，其供求状况、价格水平和价格走势等都是当地的，在不同地区之间各不相同。因此，从总体上看，房地产也就不能形成完全竞争的市场。

（2）独一无二性

独一无二性又称为个别性、独特性、异质性。房地产不像其他产品一样整齐划一。没有任何两宗房地产是完全相同的。即使两处的建筑物在外观、朝向、内部格局、面积大小、结构、建造质量、装修、维修保养、产权状况上完全一模一样，但由于坐落的位置不同，这两宗房地产实质上也是不相同的。因为位置决定了它们之间在温度、湿度、日照、交通、周围环境、景观、与市中心的距离等方面都存在一定的差异。房地产的异质性决定了房地产之间不能实现完全的替代，它们之间的价格也可能是千差万别的。

（3）耐久使用性

耐久使用性又称为寿命长久性。房地产与其他商品相比，通常使用的时间较长。尽管土地有可能被海水淹没，但它在地球上所标明的位置是永恒的。人们只要对土地给以适当的保护，它就可以被一次一次地反复利用，具有长久的使用性而不会自己毁灭。建筑物虽然不像土地那样具有不可毁灭的特性,但它的使用时间也可达数十年甚至上百年。当然,在我国,从具体占用者的角度看,土地在有些情况下是有寿命的,特别是通过出让方式取得的土地使用权,是要受到国家土地使用权有限期的制约的。房地产的耐久性可给产权人带来现实的和未来的持续利益,但是产权人所能获得的未来持续收益受有关法律的制约。

（4）数量有限性

数量有限性又称为供给有限性、供给稀缺性等。土地是大自然的产物,不能被人工生产出来。地球表面的土地是有限的,不管人们怎样提高土地的利用程度和效率,都不可能超越地球表面积这一理论界限。作为一个国家、一个城市、一个区域以及一个城市,同样具有土地面积的刚性约束。土地的有限性使得基于它建设和存在的建筑物在数量上也是有限的。尽管建筑物可以生产,但不可能无限制的增加。

土地资源总量是固定不变和有限的,而区位条件好的土地和建筑物数量更为有限。房地产的这种数量有限性,使得房地产具有独占性。一定位置,特别是好位置的房地产被人占用之后,则占用者可以获得生活或工作场所,可以支配相关的自然资源和生产力。他人如果想获得这些好处或权利,就必须付出一定的代价。同时,也正是由于房地产具有数量的有限性,使得房地产的供求存在矛盾,房地产价格才有上涨的基础条件。

（5）价值量大

房地产的价值量大是有目共睹的。相对于一般商品来说,房地产的价值量通常都比较大,就单价来说,1 m² 土地或者 1 m² 建筑面积的房屋的价格少则几百元,多则上千元,甚至上万元;就总价来说,一宗房地产的价格可能是十几万元、几十万元、几百万元甚至上千万元或上亿元,这是一般普通商品所不能比拟的。

房地产的高价值量,无论对购房者还是对于开发者来说,都是必须高度重视的。基于这一点,房地产的价格到底是多少,通常由专业人员来评估,由房地产市场来决定。

2）房地产的社会经济特性

房地产的社会经济特性是在一定社会经济条件下由上述自然特性所衍生的房地产其他性质,它主要有:用途多样性、相互影响性、权益受限性、难以变现性、保值增值性。

（1）用途多样性

土地就其本身来看,在还没有具体使用之前处于空地状态下,是可以根据人类需要有多种不同的用途的,如用于商业、办公、居住、工业、道路、农业、林业等。在不同用途中还可以选择不同的利用方式,如居住用途有别墅、公寓和普通住宅等。空地上一旦建造了建筑物,用途即被限定,一般难以改变。当然,随着社会经济条件的变化,交通地理位置和周围环境的变化也会使建筑物原来的用途发生改变,如由住宅改变为商业、办公等。

房地产虽然具有用途的多样性,但现实中选择哪种用途或哪几种用途的组合也并不是随意可以决定的,市场经济条件下,同一宗房地产在不同用途及利用方式之间必然会出现竞争和优选的问题。房地产拥有者都趋向于将房地产用于预期可以获得最高收益的用途和利用方式。从经济的角度来看,土地利用的一般顺序是:商业、办公、居住、工业、耕地、牧场、放牧地、森林、不毛荒地。

（2）相互影响性

相互影响性一方面是指某宗房地产的开发、交易与利用容易对其周围的环境产生影响;另一方面,周围房地产的开发、交易与利用或者环境的改变也会对该宗房地产产生影响。房地产价值的高低除自身因素的影响外,还受到周围环境的影响。如政府在估价对象房地产周围增加了道路、公园等公共设施方面的投资,就能显著增加估价对象房地产的价值;反之,在估价对象房地产周围建立有污染的工厂,就会降低估价对象房地产的价值。

房地产和外部环境的相互影响性,实质上是经济学上的"外部性"在房地产开发、交易、利用方面的反映。外部性又称外部效应或外部影响,它分为有利影响和不利影响两个方面,前者称为正的外部性或外部经济,后者称为负的外部性或外部不经济。房地产估价中,外部性对房地产价值的影响是显而易见的,也是必须考虑的。

（3）权益受限性

世界上任何财产都会受到法律的制约,尤其是房地产,其具体使用的权益更易受到限制。这些限制既有拥有者自身能力方面的,如知识水平、管理经验等,也有自身能力以外的限制,如政策法规的限制。

政策法规对房地产的限制,主要表现在以下几个方面:

①警察权。如政府通过城市规划对土地用途、建筑高度、容积率、建筑密度和绿地率等做出规定,限制土地的具体使用。还可以通过相关政策法规,对房地产的权利设置及其行使加以限制,如所有权、使用权、租赁权、抵押权、典权、地役权等都有具体规定。

②征用权。政府为了社会公共利益的需要,如修公路、建学校等,可以强行取得单位和个人的房地产,这些单位和个人应当配合。

③征税权。政府可以对房地产征税或提高房地产税收,只要这些税收是公平课征的。

④充公权。政府可以在房地产业主死亡或消灭而无继承人或亲属的情况下,无偿收回房地产。

此外,房地产相邻权利人之间对房地产的使用还受到相邻关系的制约。也就是说,房地产所有人或使用人在行使房地产的权利时,负有注意防免损害相邻房地产的义务,而相邻房地产所有人或使用人则享有请求房地产所有人、使用人注意防免损害发生的权利。

（4）难以变现性

房地产的不可移动性、价值量大以及独一无二性,使得同一宗房地产的交易不可能很频繁。一旦需要买卖,要花费相当长的时间,可能是几周,甚至是几个月或者几年来寻找合适的买者,讨价还价的时间通常也比较长。因此,房地产具有难以变现的特性。某宗房地产的价值越高,它面对的购买群体就越狭窄,交易风险相应也越大,变现的可能性通常也越低。特别在急需资金或有其他急需时,房地产更是不易变成现款;如果快速变现,只有相当幅度的降价。当然,即使有一定的降价也有可能在短期内找不到合适的购买者。

（5）保值增值性

所谓保值性,是指房地产投资能够抵消通货膨胀、货币贬值带来的影响,保证在投资一段时间后,变现后的资金能够购买到当初投资金额可以购买到的同等实物或服务。所谓增值性,是指在房地产上投资一段时间后,变现后的资金在扣除通货膨胀率以后能够有所增加。

房地产的保值增值性源于以下方面的影响:对房地产本身进行的投资改良,如装修改造,更新或添置设备,改进物业管理;通货膨胀;需求增加导致稀缺性增加,如人口或收入增加;外部经济或相互影响,如交通条件或周围环境改善。

当然,房地产的保值增值性是从房地产价格变化的总体趋势来说的,是波浪式上升的,不排除房地产价格随着社会经济发展的波动而波动,也不排除某个城市的有些房地产价格上升,而另外一些房地产的价格却下降,或者某个城市的房地产价格上升,而另外某个城市的房地产价格下降。

1.3.2　房地产的类型

房地产按照不同的标准划分可以有多种分类。从房地产估价的角度看,主要有以下分类标准和具体的划分类型。

1）按照房地产的开发程度来划分

房地产按开发程度来划分,主要分成以下几类:

①生地:是指已完成土地使用审批手续,但未经开发农用地、荒地或经开发后才能直接用于城市建设的土地。

②毛地:是指旧城改造中已完成土地使用审批手续,但须先动迁安置原住户、拆除旧有建筑物后方可使用的土地。

③熟地:是指具有较完善的城市基础设施、土地平整,能直接在其上进行房屋建

设的土地。

④在建工程:是指地上建筑物已开始建设但尚未建成,不具备使用条件的房地产。该房地产不一定正在建设,也可能停工了多年。

⑤现房(含土地):是指地上建筑物已建成,可直接使用的房地产。它可能是新的,也可能是旧的。

2)按照房地产的用途来划分

房地产按用途来划分,主要分成以下几类:

①居住地产:包括经济适用房、普通住宅、高档公寓、别墅等。

②商业房地产:包括百货商场、购物中心、商业店铺、超级市场、批发市场等。

③办公房地产:包括商务办公楼(写字楼)、政府办公楼等。

④旅馆房地产:包括饭店、酒店、宾馆、旅店、招待所、度假村等。

⑤餐饮房地产:包括酒楼、美食城、餐馆、快餐店等。

⑥娱乐房地产:包括游乐场、娱乐城、俱乐部、夜总会、影剧院、高尔夫球场等。

⑦工业和仓储房地产:包括工业厂房、仓库等。

⑧农业房地产:包括农地、农场、林场、牧地、果园等。

⑨特殊用途房地产:包括车站、机场、医院、学校、图书馆、教堂、寺院、墓地等。

⑩综合房地产:是指具有两种或两种以上用途的房地产。

3)按房地产是否产生收益来划分

房地产按是否能够产生收益来划分,可以分成两类:

①收益性房地产:是指能直接产生租赁或者其他经济收益的房地产,包括商店、商务办公楼、公寓、旅馆、餐馆、影剧院、游乐场、加油站、厂房、农地等。

②非收益性房地产:是指不能直接产生经济收益的房地产,如私人自住宅邸、政府办公楼、教堂、寺院等。

收益性房地产与非收益性房地产的划分,不是看房地产目前是否正在直接产生经济收益,而是看这种类型的房地产在本质上是否具有直接产生经济收益的能力或潜力。

本章小结

学习房地产估价,首先需要对房地产的概念有一个正确的认识。房地产的定义有多种,一般认为,房地产是指土地以及建筑物等土地定着物。房地产与不动产、地产、房产、物业的含义有所不同。

从房地产估价的角度来看,完整地理解房地产的含义还需要从实物、权益及区位三大方面着手。实物是房地产中看得见、摸得着的部分;权益是指房地产中无形的、看不见、摸不着的部分;区位是指房地产的空间位置。

房地产有3种存在形态,即土地、建筑物和房地合一。如果对房地产进行划分的话,可从不同的标准分为不同的类型,不同类型的房地产都具有不同于一般物体的自然特性和社会经济特性。

重要名词与概念

房地产 不动产 地产 房产 物业 土地 建筑物 房地 实物 权益
区位

复习思考题

1. 房地产的含义是什么? 房地产与不动产、地产、房产、物业的含义有何不同?
2. 房地产的存在形态有哪几种? 分别怎样来理解?
3. 房地产估价中,需要从哪几个方面着手来理解房地产?
4. 房地产有哪些社会经济特性?
5. 房地产的主要类型有哪些?

房地产估价师考试真题

一、单项选择题

1. 房地产具有供给有限特性,本质上在于( )。

    A. 土地总量有限   B. 规划限制

    C. 房地产不可移动   D. 价值量大

2. 房地产的实物通常是指房地产中看得见、摸得着的部分,具体包括有形的实体、该实体的质量以及( )。

    A. 相应配套的基础设施   B. 土地的形状

    C. 组合完成的功能   D. 立体空间

3. 房地产是指土地以及建筑物等土地定着物,是( )的结合体。

    A. 实体、权益、区位   B. 实物、权益、区位

    C. 实物、权利、位置   D. 实物、权益、位置

4. 下列影响某套住宅价格的因素中,不属于实物因素的是( )。

    A. 户型   B. 楼层   C. 层高   D. 装修

二、多项选择题

1.房地产具有保值增值特性,真正的房地产自然增值是由于(   )引起的。

    A.装饰装修改造　　　　　　　　　　B.通货膨胀

    C.需求增加导致稀缺性增加　　　　　D.改进物业管理

    E.周围环境改善

2.从权益的角度来看,现实中的房地产估价对象包括(   )。

    A.有建筑物的土地,包括建筑物尚未建成的土地

    B."干净"的房屋所有权和划拨土地使用权的房地产

    C.有租约限制的房地产

    D.未来状况下的房地产

    E.共有的房地产

3.房地产的独一无二性导致了(   )。

    A.难以出现相同房地产的大量供给

    B.房地产市场不能实现完全竞争

    C.房地产交易难以采取样品交易的形式

    D.房地产价格千差万别并容易受交易者个别因素的影响

    E.房地产价值量大

  4.在一幢住宅附近兴建一座有污染的化工厂可能导致该住宅的价值下降,而兴建一个花园则可能使其价值上升,这体现了房地产特性中的(   )。

    A.用途多样性　　　B.合法性　　　　　C.相互影响性

    D.外部性　　　　　E.易受限制

第2章
房地产价格及其影响因素

【本章导读】

  房地产估价是评估房地产的价值。价格是价值的外在表现。学习房地产估价,不仅需要正确认识房地产,同样需要全面、深入的认识房地产的价格和价值。通过本章学习,应了解房地产价格的基本概念、特征及形成条件;熟悉从不同角度划分的房地产价格与价值的不同类型;掌握房地产价格的影响因素。

2.1 价格与房地产价格及其形成

2.1.1 价格、成本及价值的界定

马克思主义者认为,价格是商品价值的货币表现,成本是商品价值的组成部分,而所谓价值是指凝结在商品中的抽象的人类劳动。

1)价格

所谓价格,是指和平转让或获得若干种商品或服务的条件或代价,是商品的经济价值(交换价值)的货币表现,虽然不一定用货币形式来索取或偿付。

2)成本

根据美国会计学会(American Accounting Association,简称AAA)所属的"成本与标准委员会"对成本的定义,"成本是为达到特定目的而发生或未发生的价值牺牲,它可用货币单位加以衡量。"具体来说,人们要进行生产经营活动或达到一定的目的,就必须耗费一定的资源(人力、物力和财力),其所费资源的货币表现即为成本。

随着商品经济的不断发展,成本概念的内涵和外延都处于不断地变化发展之中。企业为进行生产经营活动,购置各种生产资料或采购商品而支付的价款和费用,就是购置成本或采购成本;而在经营决策中,为达到一种目的而放弃另一种目的所牺牲的经济价值则被称为机会成本。在生活中,有些机会成本是可以用货币进行衡量的。例如,农民在获得更多土地时,如果选择养猪就不能选择养鸡,养猪的机会成本就是放弃养鸡的收益;但有些机会成本往往无法用货币衡量,例如在图书馆看书学习还是享受电视剧带来的快乐之间进行选择。

成本本质上属于商品经济的价值范畴,是商品价值的组成部分,是为实现一定的目的而付出资源的价值牺牲,可以是多种资源的价值牺牲,也可以是某些方面的资源价值牺牲。

3)价值

价值是指凝结在商品中的抽象的人类劳动。在经济学里,广义的价值分为使用价值和交换价值,而狭义的价值仅指交换价值。使用价值是指物品的有用性或效用,即物品能够满足人们某种需要的属性;交换价值是一种使用价值同另一种交换价值相交换的量的比例或关系。使用价值是交换价值的前提,即没有使用价值肯定没有交换价值;但是反过来不一定成立,即没有交换价值不一定没有使用价值。作为商品的房地产,即有使用价值又有交换价值。在房地产估价中通常所指的价值是指交换价值,即房地产估价是评估房地产的交换价值。

理性而谨慎的交易双方,出于利己动机,有较充裕的时间,在充分了解交易对象、知晓市场行情下自愿进行交易条件下形成的价值称为市场价值;而凡不符合上述市场价值形成条件中任意一条的价值,均为非市场价值。非市场价值不是一种价值,是对市场价值以外的各种价值的一个概括性称呼,其主要类型包括快速变现价值、谨慎价值、再用价值、残余价值、投资价值等。

在房地产估价中,卖者急于脱手房地产而要求评估的价值即为快速变现价值;为了防范房地产信贷风险,要求评估的房地产抵押价值即为谨慎价值;在现状利用状况下的价值即为在用价值;在非继续利用条件下的价值即为残余价值(如即将转让的餐厅);投资价值通常是指从某个特定或具体的投资者角度来衡量的价值,它是建立在主观的、个人因素基础上的价值,其大小会因投资者的不同而不同。

2.1.2 房地产价格与一般商品价格

在市场经济条件下,房地产也是商品,房地产价格自然可定义为:房地产价格是人们和平地转让自己的房地产或获得他人的房地产的条件或代价,是房地产的经济价值(交换价值)的货币表示,也可以用实物、劳务等其他形式来表示。

　　房地产作为整体,其价格与其他的商品价格相比,既有相同的地方,也有不同之处。相同之处在于:都是价格,用货币的形式来表示;都有价格波动,受供求关系的影响;都按质论价,质优价高,质劣价低。不同之处则构成了房地产价格的特征,主要表现为:

1)房地产价格实质的权益性

　　房地产在交易中不能发生自然地理位置的转移。也就是说,它不能按照购买者或租赁者等的愿望,从一个地点移动到另外一个地点,房地产交易后发生移动的只是与房地产有关的各种权益,如所有权、使用权、收益权、抵押权等。并且通常房地产价值量大,使得人们对房地产权益的转移更加慎重,因而房地产权益转移的过程和程序较一般商品复杂得多。

　　实物状态相同的房地产,权益状态可能有很大差异,价格或价值也会有较大的不同;甚至实物状态尚好的房地产,由于土地使用年限较短、产权不完全或权属存在争议等情况,价格或价值会较低;相反,实物状态差的房地产,由于产权清晰、完全,价格或价值可能较高。即使同一宗房地产,由于转移的权益不同,其价格也会明显不同。

　　从这个意义上说,房地产价格实质上是房地产权益的价格。这个特征的存在,要求在对房地产估价时,一定要充分了解房地产的权益状况,考虑权益状况对房地产价格的影响。

2)房地产价格形式的双重性

　　房地产价格形式具有双重性,即房地产价格既有交换代价的价格(通常称之为售价),也有使用和收益代价的租金。

　　由于房地产寿命长、价值大,同一宗房地产不可避免地会存在买卖和租赁两种交易方式和两种市场,某些类型的房地产,如普通住宅、经济适用住房的主要交易方式是买卖,交易市场是买卖市场;而另外一些房地产,如商务写字楼、高档公寓、宾馆酒店等的交易方式则主要是租赁,交易市场是租赁市场。因而,房地产会有销售价格和出租租金两种价格形式。

　　房地产价格与租金之间存在一定的转换关系,就如同资本的本金与利息的关系一样。如果要求取房地产价格(相当于资本本金),需要将租金(相当于利息)资本化(资本化率相当于利息率);相反,如果需要求取租金,只要把握价格和资本化率,也可求得。

3）房地产价格范围的地区性

房地产的不可移动性或位置固定性特征,使房地产价格不可避免地呈现出地区性的特征:原因之一是不同地区的建筑物所占用的土地自然地理条件各不相同,对房屋的功能结构和设备有不同的影响,使得相同质量的建筑物在不同地区价格不同;原因之二是不同地区的房地产其周围的社会经济环境不同,包括社会经济发展的程度、市场发达的程度、供求状况等,这些都会影响到房地产的价格,最终导致不同地区的房地产价格呈现出地区差异性。

房地产价格范围上的这种地区差异性表现为两个方面,一是宏观上的地区差异,主要反映在不同城市区域之间的房地产差价。一般来讲,相应土地和同质房屋,其价格大城市大于中小城市,沿海城市高于内地城市,市场经济发达的城市高于发展中城市。二是微观上的地区差异,即地段差异,主要表现在同一城市地区范围内,不同地段之间存在较大的房地产差价。一般来说,土地和同质房屋的价格,城市中心区地段高于一般市区地段和郊区地段,街角地和临街地(商业房地产用地)高于附近非街角地和非临街的土地等。

4）房地产价格形成的长期性

房地产的不可移动性、独一无二性等特征造成人们难以在短时间内对影响房地产价格的产权、质量、功能、环境、物业管理等方面的情况有比较充分的了解,同时房地产本身的价值量较大,所以房地产的交易双方对房地产的价格都相当慎重,正常情况下,具体的交易价格在短期内也就无法形成。

另外,房地产的自然地理位置不可移动,但其交通地理位置和社会经济地理位置却经常处在变化过程之中;而且,房地产本身的质量、功能、物业管理等情况也在随时间发生着变化。所以房地产价格是在考虑该房地产过去如何使用,预计将来能作何种使用,分析各种因素的影响,总结这些考虑结果后才能形成房地产现在或某特定时点的价格。

5）房地产价格表现的个别性

房地产价格具有个别性,即房地产价格通常是一宗房地产一个价格。

房地产具有的不可移动性或位置固定性,使得人们不能把房地产拿到同一处进行比较,不能形成完全自由竞争的市场。房地产的独一无二性也使得人们要认识某宗房地产,只能亲自到实地去查勘、感觉和判断。

同时,人们对同一房地产的看法也会有所不同,交易主体在房地产交易过程中的个别因素也存在差异,如交易主体的知识水平、个人偏好、讨价还价能力、购买动机、购买习惯、性格类型等都会影响其对房地产价格的判断。这样就会产生交易主体不同,房地产价格也会有差异的现象。

6)房地产价格变化的敏感性

房地产价格和一般商品的价格有所不同,因为房地产不仅仅是一种商品,更重要的是,它是人类生产、生活的必需品,是人类最基本的生活和消费资料。人类通过对居住性房地产的消费,才能实现生命的各种机能,才能促进社会文明的进步和发展。同时,房地产也是最重要的生产资料之一,人类需要通过使用它来生产生产资料和消费资料,需要通过使用它来进行政治、经济和社会活动等。因此,房地产价格的变化,不仅影响到经济的发展,而且还涉及广大人们的生活,涉及社会稳定和政治局势等方面。从这个角度看,房地产价格是一种十分敏感的价格。

2.1.3　价格与房地产价格的形成条件

西方经济学认为商品价格是商品的效用、相对稀缺性、有效需求 3 个因素共同作用的结果。房地产价格的形成也符合这一理论。

1)房地产效用或有用性

房地产的效用或有用性,是指房地产能满足人们的某种需要或欲望的能力。如果房地产没有效用,人们就没有占有它的要求或欲望,也就谈不上花钱去租购房地产,房地产也就不会有价格。显然,不同的房地产具有不同的效用,如商业房地产、工业房地产、住宅房地产,其效用不同,相应的价格也有很大的差异。

2)房地产的相对稀缺性

房地产的相对稀缺性,是指房地产的数量是有限的,不能满足所有人的全部需要和欲望。房地产仅具有效用或有用性还不能使其具有价格。比如像空气这样的物品,没有它人类一天也生存不下去,但由于它数量丰富,供给充足,人们随时随地都能自由取用,因而它也就没有价格。因此,房地产要形成价格,还必须要具有稀缺性。只有稀缺,人们才会争相占用它;只有稀缺,人们才会通过价格来限制对它的需求;也只有稀缺,人们才肯付出金钱去占有或使用它。

3)房地产的有效需求

房地产的有效需求,是指由于有购买力而形成的对房地产的需求,或者是有购买力支持的对房地产的需求。这种需求是不但愿意购买或租赁而且有能力购买或租赁的需求。有了有用性和相对稀缺性,房地产并不一定有价格。有用性和相对稀缺性只是房地产价格形成的必要条件,要使房地产真正具有价格,还必须再加上房地产有效需求这一充分条件。

综上所述,任何一个房地产价格的形成都要同时具备有用性、相对稀缺性和有效需求3个条件。影响房地产价格的具体因素都是通过这三者起作用的。不同房地产价格的差异性、同一房地产价格的变化性,归根结底都是由于这三者的程度不同及其变化引起的。

2.2 房地产价格与价值的类型

在房地产经济活动中,房地产价格有多种表现形式。不同的房地产价格其内涵和具体用途也各不相同。房地产估价中必须弄清房地产价格的种类及各自的内涵。

目前,我国房地产价格主要有以下几种划分标准和具体的类型。

2.2.1 按房地产价格形成基础来划分的类型

从形成基础来划分,房地产价格有成交价格、市场价格、理论价格和评估价格4种类型。

1) 成交价格

成交价格简称成交价,是指一笔房地产交易中交易双方协商议定的实际的价格。成交价是一个已完成的价格事实,与成交双方的知识水平、交易动机、对该房地产的信息掌握程度以及各自的讨价还价能力有关。

2) 市场价格

市场价格是指某区域某种房地产在市场上的一般、平均水平价格,是该类房地产大量成交价格的抽象结果。它也是已经发生的价格,是事实,具有统计方面的意义。

与市场价格相似的一个概念是公开市场价值。公开市场价值是在交易双方都追求各自利益最大化、都具有必要的专业知识并了解交易对象、都掌握必要的房地产市场信息、都有充分的时间自愿开展交易,同时不存在买卖双方有特殊兴趣或急于出租、销售(承租、购买)的情况下,最有可能实现的价格。由此可见,公开市场价值和市场价值是有区别的,但一般情况下可以混用。

3）理论价格

理论价格是指如果将该房地产放到一个公平合理的市场上交易，它应该实现的价格。所谓公平合理，包括交易双方的行为是"经济人"的行为，他们对市场的预期是理性的，该房地产市场的真实需求和真实供给是相等的，等等。理论价格不是事实，也不是静止不变的。

4）评估价格

评估价格又称评估价值、估计价值，简称评估价、评估值或评估额，是房地产专业评估人员根据一定的估价方法对房地产的市场价格所作的测算和判定的结果。评估价格不是已发生的价格，它是市场交易价格的参考依据。但由于房地产缺乏完全市场，评估价格往往成为市场价格或成交价格。

由于评估人员的知识、经验、职业道德情况的不同，评估结果有可能不同。但正常情况下不应该有大的差距。从理论上说，一个良好的评估价格等于市场价格，等于成交价格。

2.2.2　按房地产的自身条件来划分的类型

1）土地价格、建筑物价格和房地价格

房地产的基本存在形态有土地、建筑物、房地 3 种。与此相对应，房地产价格也有土地价格、建筑物价格和房地价格之分。

①土地价格简称地价。如果是一块没有地上建筑物的土地，土地价格就是指该块土地的价格；如果是一块附有建筑物的土地，土地价格则是指该房地产中单纯土地部分的价格。土地位置不同，其价格可能会不同；同一块土地，其开发条件不同，也会有不同的价格。根据土地的生熟程度不同，土地可以粗略地分为生地、毛地和熟地，相应地有生地价、毛地价和熟地价。

②建筑物价格是指纯建筑物部分的价格，不包含其占用的土地的价格。

③房地价格又称房地混合价，即人们平常所说的房价，是指建筑物连同其占用的土地的价格。商品房价格通常包含建筑物所占用的土地的价格，与建筑物价格的内涵不同。

对于同一宗房地产来说，房地价格 ＝ 土地价格 ＋ 建筑物价格。

2) 现房价格和期房价格

按照房地产交易时点的房地产存在形态是现状房地产还是未来状况的房地产来划分,可把房地产价格分为现房价格和期房价格。

①房地产现房价格以现状房地产为交易标的。该房地产的现状可能是一块准备建造尚未建造建筑物的土地,可能是一项在建工程,也可能是建筑物已建造完成的房产。通常我们所讲的现房价格是指建筑物已建造完成的房地产价格。

②房地产期房价格是指以目前尚未建造完成而将来建造完成后的建筑物及其占用的土地为交易标的的价格。

如无特殊情况,在期房与现房同品质的情况下,期房价格低于现房价格。

3) 所有权价格、使用权价格、抵押权价格、租赁权价格、地役权价格、 典权等

按照房地产的权属来划分,可把房地产价格主要划分为所有权价格、使用权价格以及抵押权价格等类型。

①所有权价格:是指房屋所有权价格、土地所有权价格或者房屋所有权价格与土地使用权价格。所有权是物权的最高形式,是所有权形式中最完整最重要的权利,其他权利只是对其不同程度的分割或削弱,如使用权、地上权、地役权等。当所有权设定其他权利时,其价格将会有所降低。

②使用权价格:主要是指土地使用权的价格。在中国大陆,城市土地的所有权属于国家,具体的土地使用者拥有的只能是土地的使用权,因此地价一般是土地使用权价格。尽管在法律含义上说,土地所有权价格应该高于土地使用权价格,但在中国大陆复杂的现实情况下,土地使用权具有较特殊的含义,就价格评估而言,两者可能相差不大,也可能会出现土地使用权价格高于所有权价格的情况。

③抵押权价格:是指在设定房地产抵押权时所规定的价格,即是以抵押方式将房地产作为债权担保时的价格,或者是为获抵押贷款而评估的房地产价格。由于要考虑抵押贷款清偿的安全性,抵押价格一般比市价要低。

除此之外,房屋和土地还可能存在设立了租赁权、地役权、典权等权利或者有纠纷、被依法查封、限制交易等情形,因此,除了所有权价格、使用权价格以及抵押权价格3种主要权属价格外,房地产权属价格还有其他权益价格,如租赁权价格、地役权价格、典权价格等。

2.2.3　按房地产交易的价格形式及价格单位来划分的类型

1)起价、标价、均价及成交价

这是在商品房销售中出现的房地产价格类型,主要包括起价、标价、均价及成交价。

①起价:是指所销售的商品房的最低价格。这个价格通常是最差的楼层、朝向、户型的商品房价格,甚至有时这个价格并不存在,仅是为了起到广告作用,为吸引人们对所销售商品房的关注而虚设的价格。

②标价:又称报价、表格价,是商品房出售者在其价格表上标注的不同楼层、朝向、户型的商品房出售价格。一般情况下,这个价格高于成交价格。但购买者可在此价格基础上与出售者讨价还价,可能使实际交易的价格低于标价。

③均价:是所销售商品房的平均价格,有标价的平均价格和成交价的平均价格之分。这个价格反映了所销售商品房的平均价格水平。

④成交价:又称成交价格,是房地产交易双方实际达成交易的价格,也就是买卖价格。成交价格是一个既成的事实。成交价格可分为正常成交价格和非正常成交价格。正常成交价格是指交易双方在正常情况下交易形成的价格,不受一些不良因素的影响。反之则为非正常成交价格。成交价的平均价格一般可以反映所销售商品房的总体价格水平。

2)总价格、单位价格以及楼面地价

这是一组主要与价格的内涵、面积范围和面积内涵相联系的房地产价格类型,具体包括总价格、单位价格以及楼面地价 3 类。

①总价格:简称总价,是指一宗房地产的总体价格,可以是一宗土地的土地总价格,也可以是一宗建筑物的建筑物总价格,或是房与地合一的房地产整体价格。房地产总价格不能反映房地产价格的水平高低。

②单位价格:简称单价,是指分摊到单位面积的价格。其中,对土地而言,是单位地价,即单位土地面积的土地价格;对建筑物而言,是单位建筑物价格,即单位建筑面积上的建筑物价格;对房地产整体而言,是单位房地产价格,即单位建筑面积上的房地产价格。房地产的单位价格能反映房地产价格水平的高低。

弄清单位价格应从两方面考虑:一是单价的货币币种和货币单位,如人民币元;二是单价的面积内含和面积单位,如建筑平方米。

③楼面地价:又称为单位建筑面积地价,是平均到每单位建筑面积上的土地价

格。楼面地价＝土地单价/容积率。

楼面地价在实际工作中有重要意义,其往往比土地单价更能反映土地价格水平的高低,因为土地的单价是针对土地而言的,而楼面地价实质上就是单位建筑面积上的土地成本。

2.2.4 按政府土地与房地产管理方式来划分的类型

1)出让价格、征用价格、征收价格、课税价格、拆迁价格、补地价

按照政府价格行为来划分,可把房地产价格划分为出让价格、征用价格、征收价格、课税价格、拆迁价格以及补地价几类。由于政府价格行为具有较强的政策性和一定的强制性,评估时需要根据具体的政策规定进行评估,其评估机构一般也需要政府主管部门制定。

①出让价格:即土地使用权出让价格,是指政府将国有土地使用权在一定年期内出让给土地使用者,并由土地使用者向国家支付土地使用权出让金的价格。政府根据城市规划和土地利用要求等情况,确定出让土地的位置、面积及有关使用条件,其出让价格因出让方式的不同而不同(见后面拍卖价格、招标价格、协议价格)。

②征用价格:即土地征用价格,是指政府根据公共利益需要而强制取得土地使用权时应给予的补偿价格。征用价格一般是一种补偿性价格,远较正常市场价格为低。

③征收价格:即土地征收价格,是指政府根据公共利益需要而强制取得农用地所有权时应给予的补偿价格。征收价格也是一种补偿性价格,不是市场交易价格。

④课税价格:是指政府为课征赋税而对房地产评定的价格,是作为对房地产计税依据的价格。课税价格一般要按照政府公布的房地产价格标准并适当参考房地产所在区位等因素,或按市场交易价格的一定比例评定。

⑤拆迁价格:是指因城市化和基础设施建设的需要,对已有的房屋进行拆迁而给权利人予以补偿的价格。目前,中国大陆的补偿价格是根据待拆迁房地产的区位和建筑物的重置价格进行评估的,也可以根据市场价格评估。

⑥补地价:是指更改政府原出让土地时规定的用途,或增加容积率,或转让、出租、抵押划拨土地使用权,或出让的土地使用权续期等时需要补交给政府的一笔地价。

对于改变用途来说,补地价的数额通常等于改变用途后与改变用途前的地价的差额,即:

补地价＝改变用途后的地价－改变用途前的地价

对于增加容积率来说,补地价的数额可用下列公式计算:

补地价＝[(增加后容积率－原容积率)/原容积率]×原容积率下的地价

补地价的实质是把由于政策性原因造成的土地的增值部分补交给土地的所有者——政府。

2)协议价格、招标价格、拍卖价格及挂牌价格

按房地产的出让方式划分,房地产价格可分为协议价格、招标价格、拍卖价格及挂牌价格4类。

①协议价格:是指采用协议方式交易(出让)房地产的价格。协议价格是一种优惠性价格。协议方式是由交易双方通过协商而成交的一种交易方式。协议方式一般适用于市政工程、公益事业、福利设施、基础建设以及国家重点扶持的产业用地等。

②招标价格:是指采用招标方式交易(或出让)房地产的成交价。所谓招标方式,是指在制定的期限内,由符合条件的单位或个人以投标的形式,竞投某一标的,而招标者则根据投标价格及开发建设方案、企业资信等其他条件,综合考虑后确定一个合适的投标者的交易方式。招标价格的中标者不一定是出价最高者。

③拍卖价格:是指采用拍卖方式交易(或出让)房地产的成交价。拍卖方式是指在指定的时间、公开场合,在拍卖主持人的主持下,用公开叫价的方法,最终将土地使用权拍卖给最高应价者。这种方式适用于竞争性强、盈利性的房地产,如金融业、商业用地等。

④挂牌价格:是指采用挂牌方式交易(或出让)房地产的成交价。对于招标或拍卖有困难的经营性土地使用权的出让,可先评估出拟出让土地的土地使用权底价并进行挂牌公示,并由各投标者按照时间先后次序的投标价格逐步提高的原则进行投标,其在规定时间内最后投标者即为土地使用权的受让者。

3)基准地价、标定地价、房屋重置价格

基准地价、标定地价和建筑物重置价格是《城市房地产管理法》提到的3种价格。我国《城市房地产管理法》第32条规定:"基准地价、标定地价和各类房屋的重置价格应当定期确定并公布。具体办法由国务院规定"。

①基准地价:根据中华人民共和国国家标准《城镇土地估价规程》的规定,"是指在城镇规划区范围内,对现状利用条件下不同级别或不同均质地域的土地,按照商业、居住、工业等用途,分别评估确定的某一估价期日上法定最高年期土地使用权区域平均价格。"

②标定地价:根据中华人民共和国国家标准《城镇土地估价规程》的规定,"是政府根据管理需要,评估的某一宗地在正常土地市场条件下与某一估价期日的土地使用权价格。它是该类土地在该区域的标准指导价格。"

③建筑物重置价格:是指某一基准日期,不同区域、不同建筑结构、不同用途、不

同档次或等级下的特定状况的房屋,建造它所需的一切合理、必要的费用、税金加上应得的利润。

基准地价、标定地价、房屋重置价格是房地产价格评估的重要依据。

2.3 房地产价格的影响因素

房地产市场价格水平及其变动,归根结底是由房地产的供给和需求这两种相反的力量共同作用的结果。其中,待租售的房地产(含增量和存量房地产)形成房地产市场的供给,房地产的消费者或投资者(购买人和承租人)形成了房地产市场的需求。其他一切因素对房地产价格的影响,要么是通过影响房地产的供给,要么是通过影响房地产的需求,要么是通过同时影响房地产的供给和需求来实现的。

供给和需求对房地产价格的影响,一般规律是:当供给一定时,如果需求增加,价格就会上升,如果需求减少,价格就会下降。而当需求一定时,如果供给增加,价格就会下降;供给减少,价格就会上升。

影响房地产供给和需求的因素众多而且非常复杂,需要进行归纳和分类。常见的归类方法有两种:一种是按影响因素的性质划分,可以分为自然因素、社会因素、经济因素、行政因素、环境因素以及心理因素等方面;另一种是按影响因素的范围划分,可以分为一般因素、区域因素以及个别因素三大方面。本书主要按第二种分类方法,具体对影响房地产供求的相关因素进行分析。当然,需要注意的是,一般因素、区域因素、个别因素的划分尤其是一般因素与区域因素的区别并不是绝对的。

2.3.1 一般因素

一般因素又称宏观因素,是指影响一定区域范围内所有房地产价格及其走势的一般的、普遍的、共同的因素,这些因素通常会对较广泛地区范围内的各宗房地产的价格产生全局性、整体性的影响,其覆盖范围可以是一个地区、一个国家乃至全球。显然,这类影响因素对于具体某一宗房地产价格而言,并不直接,但他们往往是决定具体房地产价格及其走势的基础和关键。一般因素中,主要有行政因素、经济因素、社会因素、人口因素和国际因素等。

1) 行政因素

行政因素是指国家政策、法律、法规和行政法令对房地产市场和房地产价格的影响和干预。行政因素中主要有土地制度、住房制度、房地产税制、城市规划、土地利用规划和行政隶属变更等因子。

（1）土地制度、住房制度

土地制度对土地价格具有重要的影响。在我国传统的土地制度下，土地实行无偿无限期使用，也就无所谓土地价格。目前，我国土地制度规定，城市土地使用权有偿有限期使用，允许土地转让、出租和抵押，有效地激活了土地市场，土地才有了价格形式。住房制度也是这样，有些住房制度可以促进形成住房市场，刺激房地产的交易，使房地产的价格趋于合理，而另外一些住房制度，则会抑制房地产的买卖，不利于房地产价格的合理化。

（2）房地产税制

政府无论对开发商还是对房地产交易者征税，都会提高他们的成本，实质上是减少他们利用房地产的收益，因而影响他们的供给，还会降低房地产的价格。而且，政府对房地产税种、税率的调整，也会影响房地产的供需变化，从而影响到房地产价格的变化。当然，课税对房地产价格的影响，跟课税可否转嫁也有关系。如果课税可以转嫁出去，则该税种对房地产价格的影响就较小。

（3）城市规划与土地利用规划

城市规划及土地利用规划决定了一个城市的性质、发展方向和发展规模，还决定了城市用地结构、城市景观轮廓线、地块用途、利用程度等。特别是城市详细规划中确定的地块的用途、容积率、覆盖率和建筑物的高度等指标，对房地产价格有很大的影响。就土地用途和容积率来说，微观上，规定的土地用途限制了地块用途的可选择范围，设定了土地价格的上限。如果要改变土地的用途，必须得到规划部门的许可，一旦规划部门批准，土地的效用就会发生改变，房地产的价格也会随之发生变化；设定的容积率限定了土地的开发利用规模或土地使用的强度，开发利用规模或不同利用强度的土地的价格是不同的，这也影响了地价的高低。宏观上，对土地用途和容积率的合理限定，有利于形成一个合理的空间地域结构，有利于各种土地利用的相互协调，因此有提高地价的作用。

（4）行政隶属变更

行政隶属变更一般可分为两类：一类是级别升格，如非建制镇升格为建制镇，县级市升格为地级市，省辖市升格为直辖市等。这种行政隶属变更通常会增强人们对房地产价格的信心，刺激人们的需求，从而促进该地区的房地产价格上涨；另一类是级别不变，其管辖权发生变化。例如，原属于某一较落后地区的城市划归另一较发达地区管辖，则人们对该城市的房地产需求通常也会增加，从而促使其房地产价格的上涨；相反，则会导致其房地产价格下落。

2）经济因素

房地产价格本身就是国家或地区经济情况的直接反映。经济发展状况良好，房地产投资与需求旺盛,房地产价格水平就会随之上升;相反,经济不景气,房地产投资不足,需求观望,房地产价格水平就会降低。影响房地产价格的经济因素中,主要的有经济增长状况、物价、居民收入与消费水平以及利率水平等因子。这些因素对房地产价格的影响都较复杂。

（1）经济发展状况

经济发展状况不仅体现在经济总量的持续增加、经济结构的变化以及城市人口的增加,而且还包括居民的生活质量提高以及福利的改善等方面。经济发展状况好,意味着国民经济增速较快,企业经营效益较好,就业岗位和居民收入增加,这必然会促使投资生产活动活跃,对各类房地产的需求不断增加,由此引起房地产价格上涨,尤其是引起地价的上涨。

（2）物价

房地产价格是物价的一部分,但也有前面提到的自己的特性。当物价普遍波动时,实质上是货币购买力在变动,即币值发生变动,房地产价格也随之变动,如果其他条件不变,房地产价格变动的百分比相当于物价变动的百分比,且两者变动方向相同。就房地产价格与一般物价的关系而言,无论一般物价总水平是否变动,如果其中某些物价发生了变动,也会引起房地产价格的变动,如建筑材料,特别是钢材、水泥与木材的价格以及建筑人工费的上涨,都会增加房地产的开发成本,从而有可能推动房地产价格的上涨。由于房地产的稀缺性,从较长时期看,房地产价格（尤其是地价）的上涨率要高于一般物价和国民收入的增长率。

（3）居民收入与消费水平

对房地产价格可能有影响的是居民的可支配收入及可任意支配收入。居民实际收入增加后,对其居住与活动空间的要求也会有所提高,也就是会增加对房地产的需求,影响供求关系,进而可能导致房地产价格的上涨。收入增加对房地产价格的影响程度要视收入水平与边际消费倾向的大小而定。如果居民收入的增加是由于中、低收入者收入增加的结果,则其边际消费倾向较大,在改善了衣食之后,会增加住宅房地产的需求,因此很可能会促使住宅价格的上涨。但如果居民收入的增加是由于高收入者收入增加的结果,那么收入增加的大部分即使是全部都用于储蓄或其他投资,对房地产影响不大。不过,如果高收入者将剩余收入从事房地产投机,则会引起房地产价格上涨。

（4）利率水平

房地产是投资大、高价值的商品,其价格高低与利率水平有密切关系。由于房地产消费中借贷资金的比例通常比较大,若利率水平高（低）,则购买和使用者须支付较高（低）的利息,导致其消费房地产的需求下降（上升）,进而影响房地产的价格。另一方面,利率水平的高低还会影响社会投资收益水平的高低。当利率较低时,社会投资意欲较强,对收益率的要求也较低,投资者愿意支付更高的价格去购买产生同样收益的房地产,从而导致房地产价格的上升。

3)社会因素

社会因素是指一个国家或地区的社会状况,包括政治安定状况、社会治安程度、房地产投机、城市化水平、社会心理等。很显然,社会稳定有利于人们对房地产的投资、消费、持有或交易,有利于房地产市场的繁荣与发展。因此,也会影响房地产的价格变化。社会因素可分为一般社会因素和区域社会因素。

(1)政治安定状况

它是指一国国家现有政权的稳固程度,不同政治观点的党派和团体的冲突情况等。一般来说,政治安定(或不稳定)就意味着社会稳定(或动荡),财产权保障良好(或不足),人们投资、置业的信心会受到有利的(或不利的)影响,当然会造成房地产价格的上升(或低落)。

(2)社会治安程度

它是指偷盗、抢劫、强奸、绑架、杀人等方面的犯罪情况。按影响范围的大小,可把社会治安程度划分为一般社会治安程度和区域社会治安程度。对某一具体房地产价格影响大的是区域社会治安程度。房地产所处的地区,如果治安较差,经常发生各类犯罪案件,则人们会感到在这里生活、工作缺乏安全感,从而减少对该地区房地产的需求,长此以往,必然造成房地产价格的下降。

(3)房地产投机

它是指投机者期望并利用房地产价格的变动获得超常收益的行为。房地产投机对房地产价格的影响有三种情况:房地产供不应求时,投机者的抢购会哄抬房地产价格;房地产供过于求时,投机者的抛售会使房地产价格下跌更快;房地产价格低落时,投机者购置房地产,以待房地产价格上涨时抛出,则有利于稳定房价。

(4)城市化水平

一般来说,城市化意味着人口向城市地区集中,造成对城市房地产,尤其是住宅房地产的需求不断、持续地增加,从而带动城市房地产价格的上涨。

(5)社会心理

在房地产价格的形成过程中,社会心理因素对房地产价格的影响是不可忽视的。影响房地产价格的社会心理因素主要有消费观念、欣赏趣味(偏好)、消费时尚、接近名家住宅与攀比心理、讲究风水、讲究门牌号码、楼宇数字或土地号数、价值观念与宗教等因子。比如,不少人对门牌号"168"(谐音"一路发")的房屋有特别的爱好,出售人就很有可能利用这一点提高该房地产的租售价格。又比如,房地产购买者会出于对某房地产的特殊需要或特殊偏好,在竞价过程中抬高房地产的价格。

4)人口因素

人口因素是一个国家或地区的人口状况。房地产的需求主体是人,人的数量、职业、爱好、年龄等对房地产的总体需求及使用方式有很大影响,进而也影响到房地产的需求及其价格的高低。人口因素主要有人口数量、人口素质、家庭人口规模等因子。

（1）人口数量

一般来说,一个地区的人口数量与该地区的房地产价格呈正相关关系,人口增加,对房地产的需求增加,房地产价格上升。人口数量的相对指标是人口密度,较高的人口密度有可能刺激商业、服务业等产业的发展,从而提高房地产的价格。但人口密度过高可能导致生活环境恶化,也有可能降低房地产价格。

（2）人口素质

人口素质包括人们的教育水平、公民意识、守法程度、收入水平等。一个地区的人口素质总体较高,他们就必然要求附近有充足、完善的公共设施,宽敞舒适的居住环境,这些都会形成较强劲的房地产需求,使房地产价格趋高。

（3）家庭规模

它是指一个国家或某一地区家庭平均人口数量。即使人口总数不变,家庭规模的变化也会影响居住单位数量,从而导致房地产需求的变化而影响房地产价格。目前我国家庭日趋小型化,即大家庭分解为小家庭,单亲家庭也有增加,造成对住宅单位的需求不断增加,带来房地产特别是住宅价格的升高趋势。

5)国际因素

房地产市场的发育与完善离不开国际环境的影响。随着全球经济的一体化,国际环境的变化对任何一个国家或城市房地产价格的影响都日益明显。总体来看,影响房地产价格的国际因素主要有世界经济状况、军事冲突情况、政治对立状况和国际竞争状况等因子。

（1）世界经济状况

如果世界经济发展良好,国际房地产投资者就会对房地产的升值有信心,国际间的商业往来会更加频繁,对写字楼等房地产的需求自然会增加,这些对房地产价格的上涨是一个有力的促进。

（2）军事冲突情况

军事冲突将影响房地产的物质存在,也会影响到房地产占用者的生命与财产安全。因此,一旦发生战争,则战争地区的房地产价格会陡然下跌,而那些受到战争威胁或影响的地区,其房地产价格也会有所下降。

（3）政治对立状况

国家之间的政治对立很可能导致一个国家对另一个国家实施经济封锁、冻结贷款、终止往来等行为,这些很可能会影响房地产的需求,导致房地产价格下跌。

（4）国际竞争状况

国与国之间为吸引外来投资采取的政策,一是低地价政策,这会直接促使房地产价格的低落;二是其他方面的优惠政策,吸引大量外来投资者进入的同时,也带来了这些投资者对房地产需求的增加,这又会导致房地产价格的上涨。

2.3.2　区域因素

区域因素是指某一特定区域内的自然条件与社会、经济等因素结合所产生的区域性特性,对该区域内的各宗房地产价格水平产生影响的因素。相对于一般因素而言,区域因素的影响范围要小一些,但区域因素是房地产市场的直接影响因素,在房地产估价中,区域因素的分析和把握是房地产正确合理估价的关键。区域因素主要有商业服务繁华程度、交通条件、基本设施、区域环境条件等因子。

1）区域商服繁华程度

商服繁华程度也称商业服务繁华程度,是指一个区域的商业服务业的集聚程度和对周围环境的影响程度。商服繁华程度与一个城市的城市性质、规模、人口数量、经济发展水平等直接相关,并影响所在城市或地区的物流、人流和信息流通量,从而影响到所在地区的房地产价格水平。商业服务业的规模等级越高,房地产的使用效益越高,价格相应越高。

2）区域交通条件

交通条件是指一个区域的道路交通通达程度、公共交通的便捷程度以及对外交通的便利状况。交通条件包括通行距离和通行时间两个方面,良好的交通条件既要求通行距离短,以节省运费,又要求交通顺畅,以减少出行时间。交通条件的优劣将直接影响城市人流、物流的通达性及其交通运输成本(包括时间成本、物质成本及资金成本),明显影响人们的出行方便程度,从而影响房地产价格水平的高低。交通条件因素主要有道路通达度、公交便捷度和对外交通便利度等影响因子。

3）区域基本设施状况

基本设施是一个地区的供电、供热、供气、电讯、通信、环保、抗灾、给排水等基础设施和学校、医院、银行、邮局等公用设施与生活设施的基本状况。基本设施的优劣将直接影响人们的生活、学习、工作的方便程度以及效率的高低,从而影响人们对该地区及该地区房地产的认识,进而影响房地产的价格。

4）区域环境条件

区域环境条件是指房地产所在区域的物理性状因素情况。随着人们生活水平的提高,对房地产尤其是住宅类房地产的环境质量的要求将越来越高,环境条件成为人们选购房地产时考虑的重要因素,因而对房地产价格有明显的影响。一般来讲,区域环境条件包括声觉环境、大气环境、水文环境、视觉环境以及卫生环境等因子。

①声觉环境。声觉环境主要是指区域的噪声情况。对于住宅、宾馆、办公、教育、科研等类房地产来说,噪声的大小程度与房地产价格呈负相关关系,即噪声大,房地产价格通常较低;噪声小、比较安静的地方,房地产价格通常较高。

②大气环境。大气即空气的质量情况直接影响人们的身体健康。房地产所处的地区有无难闻的气味、有害物质和粉尘等,或者是否有化工厂、屠宰场、厕所、煤场等,对房地产价格都有一定的影响。因此,凡接近这些地方的房地产,其价格通常相对较低。

③水文环境。房地产所在地区地下水的污染程度如何,直接影响着该地区房地产的价格。饮水水源的水质量及其受到的污染程度,对附近的房地产价格影响更大。

④视觉环境。房地产周围的电线杆、广告牌、标示牌等的状态和设计是否美观,建筑物之间是否协调,空地是否宽敞,公园、绿地等形成的景观是否赏心悦目,都对房地产价格有影响。

⑤卫生环境。房地产所在地区的垃圾堆放状况等卫生环境状况,对房地产价格也有一定的影响。

2.3.3　个别因素

个别因素又称微观因素,是指具体影响某宗房地产价格的因素。这类因素对房地产市场的影响范围和程度最小,但对具体房地产价格的影响却是最直接、最具体的。个别因素包括微观环境条件和房地产本身的物理因素。

1）微观环境条件

微观环境条件是指影响具体房地产或房地产所在地点的微观环境状况,包括大气环境、水文环境、声觉环境、视觉环境、卫生环境以及日照、通风、温度、湿度等因子。具有良好微观环境条件的房地产,其价格通常较高;反之,则房地产价格会相对较低。

2) 物理因素

物理因素是房地产本身的自然条件状况,包括土地的位置、面积、形状、地形、地势、地质与地貌,建筑物的质量、功能、外观、风格、式样、朝向、结构、布局、楼高、楼层、设备配置、装潢、成新,房地产的临街状况、容积率、覆盖率、利用类型等因子。凡是位于良好区位,建筑物外观新颖、优美,容积率适当,布局合理的房地产,其价格通常较高;反之,则房地产价格相对较低。

上述 3 类影响因素对房地产价格的影响或作用程度是不同的。一般来说,一般因素是房地产价格的基础和前提,区域因素是房地产价格的关键,个别因素是房地产价格的具体修正。从某种意义上而言,一般因素决定了房地产价格的存在性,如政策制度;而由于土地本身的特点以及房地产市场的特点,区域因素则是房地产价格的决定性因素;微观因素主要是对已存在价格的微观修正,如朝向、楼层、面积、使用年限等。因此,在房地产价格影响因素分析中,应更注重对区域因素的分析。

本章小结

在市场经济条件下,房地产也是商品,房地产价格的形成是房地产这种商品的效用、相对稀缺性、有效需求 3 个因素共同作用的结果。与一般商品的价格不同,房地产价格具有自己的一系列特征,而且在房地产经济活动中,房地产价格也有多种表现形式。房地产估价中,应该注意这些价格形式的不同内涵。

房地产价格水平及其变动,归根结底是由房地产的供给和需求这两种相反的力量共同作用的结果。影响房地产供给和需求的因素众多,一种分类方法可以把这些因素分为自然因素、社会因素、经济因素、行政因素、环境因素以及心理因素等方面;另一种分类方法可以把这些因素分为一般因素、区域因素以及个别因素三大方面。

重要名词与概念

房地产价格　有用性　相对稀缺性　有效需求　一般因素　区域因素
个别因素

复习思考题

1. 价格、成本及价值的含义分别是什么? 三者之间有何联系?
2. 什么是房地产价格? 与一般商品价格有何异同?
3. 房地产价格的形成条件是什么?

4.房地产价格有哪些具体类型？

5.房地产价格的影响因素有哪些？它们如何影响房地产的价格？

6.假设你要出售自己的住宅并另购新房,房地产估价师需要对你所居住的住宅进行价格评估。你作为专业人士,试对你自己的住宅价格进行影响因素分析,以便与房地产估价师的分析进行比较。

房地产估价师考试真题

一、单项选择题

1.房地产价格是由房地产的(　　　)三者相互结合而产生的。

A.有用性、稀缺性、有效需求　　　　　B.供给、需求、利用状况

C.权利、租金、利率　　　　　　　　　D.价值、使用价值、供求

2.基准地价是城市中均质区域内的土地(　　　)。

A.最低价格　　　　B.最高价格　　　　C.平均价格　　　　D.成交价格

3.房地产估价师从某个特定投资者的角度出发评估出的价值属于(　　　)。

A.市场价值　　　　B.清算价值　　　　C.快速变现价值　　　D.投资价值

4.下列情况中会导致房地产价格上升的是(　　　)。

A.上调贷款利率　　　　　　　　　　　B.收紧房地产开发贷款

C.开征房地产持有环节的税收　　　　　D.增加土地供应

5.二级资质房地产估价机构可以从事的房地产估价业务有(　　　)。

A.公司上市、企业清算　　　　　　　　B.司法鉴定、城市房屋拆迁

C.企业清算、城市房屋拆迁　　　　　　D.司法鉴定、公司上市

二、多项选择题

1.影响房地产价格的区位因素有(　　　)。

A.建筑规模　　　　B.临路状况　　　　C.楼层　　　　D.建筑容积率

E.繁华程度

2.下列关于房地产价格影响因素的表述中,正确的有(　　　)。

A.不同的房地产价格影响因素,引起房地产价格变动的方向和程度是不尽相同的

B.房地产价格影响因素对房地产价格的影响与时间无关

C.理论上,房地产价格与利率因素呈负相关

D.房地产价格影响因素对房地产价格的影响均可用数学公式或数学模型来量化

E.汇率因素对房地产价格影响的表现是:本币汇率上升,会导致房地产价格上涨;相反,则导致房地产价格下降

3. 下列属于土地使用管制的事项有(　　)。

　　A.建筑物四周应留有一定的空地作为建筑物的绿地和交通

　　B.取得的土地使用权不包括地下资源、埋藏物和市政公用设施

　　C.某宗土地使用权中,要求容积率为2.0

　　D.甲乙两宗土地使用权中,甲土地必须为乙土地留出通行道路

　　E.某宗土地只能用于商业房地产开发

4. 影响房地产价格的经济因素有(　　)。

　　A.经济发展状况、储蓄、消费、投资水平

　　B.社会经济发展状况、房地产投资和城市化

　　C.财政收支及金融状况、利率

　　D.物价、汇率、居民收入

　　E.人口数量、行政隶属变更、居民收入

5. 下列房地产价值类型中,属于非市场价值的有(　　)。

　　A.完全产权价值　　　　　　　　　B.出租人权益价值

　　C.快速变现价值　　　　　　　　　D.承租人权益价值

　　E.残余价值

三、判断题

1. 在影响房地产价格的各因素中,如果某影响因素最初对某房地产价格的影响是正向的,但随着该影响因素的变化,其对房地产价格的影响可能出现相反的情况。(　　)

2. 现实中有时评估的不一定是公开市场价值,而是某些特定条件限制下的价值,比如城市房屋拆迁是强制性的,所以城市房屋拆迁估价不应采用公开市场价值。(　　)

3. 一般情况下,商场与住宅相比,楼层对价格的影响比朝向对价格的影响要大。(　　)

第3章
房地产估价及其要素

【本章导读】

　　合理的房地产估价结果的得出,不仅需要专业估价人员掌握扎实的理论知识、具备丰富的估价经验,遵守估价原则以及具备良好的职业道德也非常关键。本章主要介绍房地产估价的基本内涵与要素。通过本章的学习,应了解房地产估价的含义与必要性;熟悉房地产估价的基本要素、专业房地产估价人员及相关机构;掌握房地产估价的基本原则。

3.1 房地产估价阐释

3.1.1 房地产估价的含义

　　房地产估价,英文为 Real Estate Appraisal 或 Real Property Valuation;日本和韩国称为不动产鉴定评价,简称不动产鉴定;中国台湾地区大多称为不动产估价,也有人称为不动产鉴定或不动产鉴价;中国香港地区则常称之为物业估价。中国内地有人称之为房地产评估,但这种说法并不准确,因为房地产评估涵盖房地产价值、质量、功能、政策、投资收益、风险损失评估等。所以,称为房地产价值或价格评估,简称房地产估价的说法更为准确。[①]

　　那么什么是房地产估价呢? 国家标准《房地产估价规范》(GB/T 52091—1999)明确指出,房地产估价是指"专业估价人员根据估价目的,遵循估价原则,按照估价程

---

①柴强.房地产估价[M].6版.北京:首都经济贸易大学出版社,2008.

序,选用适宜的估价方法,并在综合分析影响房地产价格因素的基础上,对房地产在估价时点的客观合理价格或价值进行的估算和判定的活动。"①

由于房地产价格构成及其影响因素非常复杂,所以房地产估价并不是对房地产价格或价值的一种简单估算和判定,而是具有丰富内容的一项技术、一门学科、一个行业。有不少专家称房地产估价是科学和艺术的结合,这其实是对房地产估价的最形象反映,也是对房地产估价特性的一种总结。就是说,房地产估价具有以下两个特性:

①科学性。房地产估价必须依赖和遵循一套科学严谨的房地产估价理论和方法,具有科学性。房地产估价专业人员所估算和判定的是房地产的市场价值或价格,不是估价人员对房地产的主观定价。这一价值的客观反映是在正常市场供需状况和正常交易情况下所产生的价格。也就是说,房地产估价的实质并不是主观臆断,而是把房地产的客观合理价格或价值通过估价活动正确地反映出来,具有很强的客观性和科学性。

②艺术性。房地产估价专业人员在估价活动中遵循房地产估价的理论与方法,但又不能完全拘泥于这些理论和方法。因为房地产价格的形成和影响因素复杂多变,需要房地产估价专业人员具有丰富的实践经验,从而能够准确合理地对相关估价问题进行推理和判断,并利用估价实践中总结的房地产估价技巧,正确地处理房地产估价问题,得出令人信服的估价结论。

房地产估价的艺术性使房地产估价活动表现出一些主观色彩,这其实是一种正常的现象。当然,房地产估价的主观性也可能为估价活动带来一些负面影响。为此,许多国家和地区在房地产估价制度中,规定估价人员与被估价的房地产有利害关系时要回避;有的主张估价收费标准不能与估价额完全挂钩,以免刺激估价人员过分高估价格;有的还制定了估价规范或标准,防止不同估价人员对同一宗房地产的估价结果出现较大的偏差。②

3.1.2　房地产估价术语释义

国家标准《房地产估价规范》中的房地产估价定义,包含着以下关键术语:

1)专业房地产估价人员

专业房地产估价人员,是指经过房地产估价人员职业资格考试合格或者资格认定、资格互认,依法取得相应资格并注册生效,从事房地产估价活动的人员。关于专

---

①中华人民共和国建设部.房地产估价规范[S].北京:中国建筑工业出版社,1999.
②王家庭.房地产估价[M].2 版.大连:东北财经大学出版社,2009.

业房地产估价人员的详细介绍,请参见"3.3节房地产估价专业人员与机构"。

2) 估价对象

《房地产估价规范》指出,估价对象(Subject Property)是"一个具体估价项目中需要估价的房地产"。从实物角度来看,现实中的房地产估价对象主要包括以下几种:

①无建筑物的空地。

②有建筑物(包括尚未建成的建筑物)的土地。

③建筑物(包括尚未建成的建筑物)。

④土地与建筑物(已建成的建筑物)的合成体。

⑤在建工程(土地与尚未建成的建筑物的合成体)。

⑥未来状况下的房地产。

⑦已经灭失的房地产。

⑧现在状况下的房地产与过去状况下的房地产的差异部分。

⑨房地产的局部。

⑩作为企业整体中的一部分或全部的房地产。

需要说明的是,上述估价对象虽然是从实物角度来划分的,但评估其客观合理价格或价值时仍然应该综合考虑实物、权益和区位3个方面。

3) 估价目的

《房地产估价规范》指出,估价目的(Appraisal Purpose)是指"估价结果的期望用途"。或者说,估价目的是委托人委托进行估价的目的,是为了满足何种涉及房地产的经济活动或者民事行为、行政行为等的需要。房地产估价目的的实质作用是规定房地产价格的内涵和房地产价格的实现方式或房地产价格实现时的约束。

估价目的可以划分为:土地使用权出让(可分为招标出让、拍卖出让、挂牌出让、协议出让),房地产转让(又可分为房地产买卖、互换、赠与、以房地产作价入股、以房地产抵债等)、租赁、抵押、典当、征收征用补偿(又可分为土地征收补偿、土地征用补偿、城市房屋拆迁补偿)、税收、保险、损害赔偿、纠纷调处、司法鉴定,企业对外投资、合资、合作、分立、改制、资产重组、资产置换、买卖、租赁、托管经营、清算,设立公司时以房地产作价出资、房地产估价纠纷调处中的房地产估价复核或鉴定,等等。在实际估价中,还可以根据实际情况对上述某些估价目的进行细分或进行进一步的说明。

4) 估价原则

估价原则是指人们在房地产估价的反复实践和理论探索中,在对房地产价格形成和运动的客观规律认识的基础上,总结出的一些简明扼要、在估价活动中应当遵守的法则或标准。估价原则的详细介绍,请见"3.2 节房地产估价基本原则"。

5)估价程序

估价程序是指具体运作一个房地产估价项目的全过程中,各项具体工作的先后次序,简单来说,就是指评估一宗房地产的价格时,从头到尾要做什么,应该先做什么,后做什么。房地产估价程序的详细介绍,请见"第 10 章房地产估价作业准备与实施"及"第 11 章房地产估价报告撰写与交付"。

6)估价方法

"方法"一词,古时指量度方形的法则,现指为达到某种目的而采取的途径、步骤或手段等。房地产估价应借助科学的估价方法来进行,不能单纯的依靠估价人员的经验及其主观判断。房地产估价方法主要有以下几种:市场比较法、成本法、收益法、假设开发法、长期趋势法、路线价法以及基准地价修正法等。每种估价方法都有其特定的适用对象和条件,有时可以同时运用,以相互验证;有时是相互补充的,但不存在替代关系。在评估一宗房地产的价值时,一般要求同时采用两种以上(含两种)估价方法,而且可以同时采用多种估价方法进行估价的,应当同时采用多种估价方法,不得随意取舍。

7)估价时点

《房地产估价规范》指出,估价时点(Appraisal Date,Date of Value)是指"估价结果对应的日期"。具体来讲,即在该时间上估价对象才有的价值。由于同一宗房地产在不同时间其价值会有所不同,所以,估价通常是对估价对象在某个特定时间上的价值做出估价。估价时点应采用公历表示,并应精确到日。有关估价时点的详细介绍,请见"3.2.5 估价时点原则"。

8)客观合理价格或价值

《房地产估价规范》指出,客观合理价格或价值(Value)是指"某种估价目的特定条件下形成的正常价格"。有关专家认为[1],所谓正常价格,第一应是最可能成交的价格,或者是被大多数的卖家和大多数的买家所认可的价格;第二应是成交价格,既不是卖方的期望价,也不是买方的期望价;第三是不附加任何条件的价格,如没有一方代另一方交税的附加条件等。

---

①廖俊平. 房地产估价规范研究与阐释[M]. 广州:广东经济出版社,2000:41.

3.1.3　房地产估价基本假设

房地产在不同的使用条件、不同的经营环境、不同的市场状况、不同的交易目的、不同的交易者自身情况下,其价格或价值会有所不同。《房地产估价规范》指出,专业房地产估价人员所估算和判定的价格应该是房地产的客观合理价格或价值。而要得到客观合理的价格或价值,专业房地产估价人员必须首先对估价前提或房地产的使用环境及未来用途进行假设,这个假设就是房地产估价的假设。它包括 3 种具体的基本假设:

1) 公开市场假设

公开市场假设是大多数房地产估价的基本假设。它假设房地产市场是公开市场,《房地产估价规范》指出,公开市场(Open Market)是指"在该市场上交易双方进行交易的目的在于最大限度地追求经济利益,并掌握必要的市场信息,有较充裕的时间进行交易,对交易对象具有必要的专业知识,交易条件公开并不具有排他性。"公开市场应是一个充分竞争的成熟市场。交易条件的非排他性,则是指所有房地产市场主体都可以平等、自由地参与房地产市场交易。

在公开市场假设下进行房地产估价,得到的房地产的客观合理价格或价值,又称为房地产的"公开市场价值"。《房地产估价规范》指出,公开市场价值(Open Market Value)是指"在公开市场上最可能形成的价格。采用公开市场价值标准时,要求评估的客观合理价格或价值应是公开市场价值。"当然,在现实估价中有时需要评估的不一定是公开市场价值,而是在某些特定条件下的正常价格或金额,如经营中的酒店估价、征用拆迁补偿估价、企业破产清算房地产估价等。这就涉及其他估价假设。

2) 继续使用假设

继续使用假设是指假定房地产仍按当初设计、建造或者经改造后以当前正在使用的方法和目的继续使用下去,即假定房地产的未来用途或使用环境都不改变,构成房地产的各组成部分仍将以原有的方式对房地产整体的价格做出贡献。这种假设下,房地产的价格除包括土地及建筑物外,还有可能包括固定设备、装修及商誉等无形资产。

在继续使用假设条件下,房地产所有者所期盼的,是房地产在再生产过程中得到新的价值,因而需要评估房地产的继续使用价值,包括收益现值及重置成本。当然,确认待估房地产是否满足继续使用假设,主要考虑房地产是否具有显著的剩余使用寿命以及房地产继续使用是否充分发挥了其最高最佳使用效用。如果房地产并没有处于最高最佳使用状态之下,其继续使用价值就会低于公开市场价值。事实上,继续使用假设也确实可能限制房地产选择最高最佳使用的机会。

继续使用假设通常适用于专业性较强、未来用途较为确定的房地产,如大酒店、娱乐场所、加油站、专业厂房等房地产的估价。

3)清偿前提假设

清偿前提假设是指房地产整体或被拆成部分后,在某种强制状态下出售,在这种情况下对房地产的估价。这里的"强制状态"是指交易双方地位不平等,卖方是被迫出售房地产的,而且可以用来交易的时间被一定程度地限制,即交易时间不能太长,甚至可能很短时间内就需要完成房地产的交易。

上述企业破产清算房地产的估价,就是清偿前提假设下的房地产的估价案例。由于清偿期为法律规定,一般要求快速变现,房地产所有者希望结束当时的困境,对房地产清偿得到的收益不会期望太高,因而实际中可能实现的房地产清偿价格通常也会较低。

一定估价目的产生的估价假设前提与该前提下的价格是一致的。因此,估价假设前提可以帮助专业估价人员评估出客观合理的房地产价格或价值,也有利于估价委托人认识估价结论的使用范围,以便在今后正确使用估价结论,避免因交易背景的变化而对估价结论的误用。因此,明确估价目的,认清估价假设前提是估价工作的重要一环。

3.1.4　房地产估价的必要性[①]

房地产之所以需要估价,一是因为房地产市场是一个非完全市场;二是因为房地产价格或价值通常很大,与房地产相关权利人的权益关系密切。前者涉及房地产估价的理论必要性,后者则涉及房地产估价的现实必要性。

1)房地产估价的理论必要性

房地产估价的理论必要性在于房地产市场是一个非完全市场。经济学中的完全市场必须具备 8 个条件:

①同质产品。

②众多的买者和卖者。

③买者和卖者能够自由进入市场。

④买者和卖者对市场价格信息完全掌握,并能预测未来的价格情况。

⑤单笔交易额对成交总额无关紧要。

---

①柴强.房地产估价[M].6 版.北京:首都经贸大学出版社,2008.

⑥买卖双方无串通共谋行为。

⑦买者要求效用最大化，卖者要求利润最大化。

⑧商品可以转让并能发生空间位置的移动。

很明显，房地产市场违反了①，④，⑧条特性，因此，房地产市场是一个典型的非完全市场，它不能自动形成众人都容易识别的适当价格，同时由于房地产价格在形成中有很多影响因素，涉及许多诸如宏观经济、社会政治、建筑、规划、财务、心理、法律、房地产等方面的专业知识，估算和判断房地产价格还需要丰富的实践经验，因此需要专业的房地产估价人员来替代市场的房地产价格评估。房地产估价有助于建立合理的房地产市场秩序，促进房地产公平交易，也能将房地产价格导向正常化、合理化。

2）房地产估价的现实必要性

房地产价格或价值的巨大特性，需要专业房地产估价人员估算或判定房地产的客观合理价格或价值，以便保护房地产权利人各方的正当权益。房地产估价的现实必要性主要体现在以下几个方面：

（1）房地产估价是土地使用权出让的需要

在土地使用权出让中，无论是出让人还是投标人、竞买人或者土地使用者，都需要对出让的土地使用权进行估价。其中，出让人需要根据土地估价结果为确定标底或者底价等（如确定招标标底，拍卖和挂牌的底价、起叫价、起始价）提供参考依据；作为欲取得土地使用权的投标人、竞买人或土地使用者等如何报出适当的价格，也需要以科学的房地产估价为基础来确定。

（2）房地产估价是房地产转让、租赁的需要

房地产转让、租赁双方往往并不是专业人员，他们对影响房地产价格的质量、功能、产权、市场行情等不能全面了解，对市场的整体把握也存在欠缺之处，因此对于房地产转让或租赁交易的当事人而言，确定一个公平合理的转让或租赁参考价格是十分必要的，而这个参考价格必须通过房地产估价来得到。

（3）房地产估价是房地产抵押、保险、典当业务的需要

房地产抵押是指债务人或者第三人（即抵押人）以其合法的房地产以不转移占有的方式向债权人（即抵押权人）提供债务履行担保的行为。债务人不履行债务时，债权人有权依法以抵押的房地产折价或者以拍卖、变卖抵押房地产的价款优先受偿。由于房地产具有不可移动、寿命长久、价值量大以及保值增值的特性，它是一种良好的提供债务履行担保的物品。因此，在现实生活中，从事房地产业务的单位或个人在房地产经营或交易的过程中往往需要向银行贷款，银行从考虑贷款的风险出发，往往要求借款人或第三人以拥有的房地产作为抵押担保物，而贷款额度的大小主要取决于作为抵押担保物的房地产价值的大小，这样银行就需要从抵押贷款的角度进行房地产估价，以决定其贷款的额度及期限。

房地产保险的实质是财产保险，由于土地具有不可毁灭性，因此房地产保险通常

是指地上建筑物的保险,投保估价也主要是对地上建筑物的估价。由于建筑物难免会发生如火灾、爆炸、雷击、暴风、雷雨、泥石流等自然灾害或意外事故而遭受损毁或灭失,从而需要进行投保。房地产保险不仅在投保时需要评估保险价值,为确定保险金额提供参考依据;在保险事故发生后同样需要评估所遭受的损失或重置价格、重建价格,为确定补偿金额提供依据。

房地产典当具体是指出典人当急需资金周转或生活困难时将自己的房地产让与典权人以获取典价的行为。出典人转让自己的占有、使用和收益权,但保留该房地产的所有权,待日后有能力时可以返还典价回赎该房地产;典权人以典价取得该房地产的占有、使用和收益权,并且日后有取得房地产所有权的可能(当典权期限届满后一定期限内出典人未返还典价进行房地产回赎的,典权人即获得该房地产的所有权)。由此可以看出,典价在房地产典当活动中占有十分重要的地位,而典价的确定需要通过房地产估价提供参考依据,同时保障了出典人和典权人的权益。

(4)房地产估价是房地产税收的需要

房地产税收是财政收入的主要来源之一。房地产的税种很多,如房产税、地产税、土地增值税、契税、房屋与土地合征房地产税、房地产与其他财产合征财产税等。上述税种的计税价格,除土地增值税为房地产转让价格减去扣除项目金额后的余额外,其余均以房地产的价值为基础。为了防止偷漏税和课税不公平,税务机关和纳税人都需要对房地产进行估价,掌握正确可靠的房地产价值信息。

(5)房地产估价是房地产征用拆迁补偿的需要

市政基础设施建设、旧城区改造、新辟开发区、征用农田等都会涉及征用方给予原房地产权利人合理的补偿问题。补偿额的确定需要参考房地产估价得到的价格或价值。合理确定补偿金额对征用方和被征用方的意义都很重要。估价不准确会导致补偿不合理,进而影响征用者或被征用者的利益,甚至会引发双方矛盾;若补偿额偏低,还会带来多征少用或土地投机等问题。

(6)房地产估价是房地产损害赔偿的需要

房地产损害赔偿的类型多种多样,如预售的商品房在交付使用后发现墙体开裂等工程质量问题,对购房人造成损失;建造的房屋影响了相邻房屋的采光、通风等,造成相邻房地产价值损失;施工挖基础不慎使邻近房屋倾斜,造成邻近房地产价值损失;因更改城市规划,对房地产权利人造成损失,等等。各种类型的房地产损害赔偿,需要房地产估价为确定赔偿金额提供依据或参考。

(7)房地产估价是房地产纠纷调处和有关司法鉴定的需要

需要进行房地产估价的房地产纠纷通常有两类:一类是有关当事人对房地产买卖、租赁、抵押、土地征收征用补偿、城市房屋拆迁补偿、损害赔偿、课税等其中涉及房地产价格的看法不一致而产生的纠纷;另一类是诸如遗产继承、离婚等案件的处理过程中涉及遗产分配、共有财产分割等引起的纠纷。对于前一类纠纷,通过房地产估价可以给予纠纷双方或有关仲裁、鉴定机构一个有说服力的、公正的关于价格、租金、补偿金额、赔偿金额的参考依据;对于后一类纠纷,通过房地产估价将难以分割的房地产的实物状态转化为能按法律要求进行分配或分割的房地产的价值形态。此外,在某些涉及房地产交易的违纪违法案件中,也需要房地产估价。

(8)房地产估价是企业发生有关经济行为的需要

在企业发生诸如对外投资、合资、合作、合并、兼并、分立、改制、上市、资产重组、资产置换、买卖、租赁、托管经营及破产清算等行为时,往往需要对所涉及的房地产或者企业进行整体估价。现阶段,以土地、房屋作价或者为条件进行合作、合资、联营等情形大量存在。例如一方出土地、房屋,另一方出资金、设备,然后依据出资比例确定双方的利益分配;以土地为条件建住宅、办公楼,一方出土地,另一方出资金,按照出资比例分配所合建的房屋的情况也时有出现,上述这些情况都需要进行房地产估价。经过房地产估价确定的出资额或股本额,不仅可以作为分享收益的依据,而且能够有效防止国有资产流失。

(9)房地产估价是房地产管理的需要

中国经济体制改革将过去高度集权的计划经济转变为市场经济,相应地对于各类资产的管理从过去单纯的实物管理转到重视价值管理,即不仅要搞清楚资产的实物量,更要搞清楚资产的价值量。在这种形势下,房地产管理也不能仅仅停留在有多少数量的土地和房屋上,更需要搞清楚这些房地产的价值量,它们的增值或贬值情况,这就需要房地产估价。

(10)其他方面的需要

除了上述列举的以外,现实中对房地产估价的需要还来自许多方面。例如,在房地产强制拍卖、抵债、土地征用补偿、城市房屋拆迁补偿、损害赔偿等估价中,往往出现一方对原估价结果有异议而要求对原估价结果进行复核或鉴定,所有这些都需要房地产估价提供相关价值依据。在房地产开发经营中,从房地产开发投资决策、可行性研究到房地产的租售,都离不开房地产估价。另外,对于各类房地产违法行为,衡量违法情节轻重的参考依据之一,不仅仅是房地产的实物数量,还应该考虑房地产的价值量。

3.2　房地产估价基本原则

3.2.1　房地产估价原则总述

虽然房地产价格受许多复杂、多变因素的影响,但由于房地产价格的形成和运行有其客观性,并不以个人意志为转移。所以,估价人员在进行房地产估价时要做到客观、合理,不能将自己的主观意愿强加于估价对象之上,而应该按照一定的原则,遵循房地产价格形成和运行的规律,运用科学的评估方法,将待估房地产的客观价值反映出来。

人们在房地产估价的反复实践和理论探索中,在对房地产价格形成和运动的客观规律认识的基础上,总结出了一些简明扼要、在估价活动中应当遵守的法则或标准,他们能够保证估价工作顺利、有效地展开并最终获得合理的估价结果。这些法则或标准就是估价原则。估价原则是房地产估价实践活动的指南,是房地产估价的重要组成部分,它使不同的估价人员对估价的基本前提具有认识上的一致性,使对同一估价对象在同一估价目的、同一估价时点下的估价结果具有近似性。房地产估价人员应该深入、正确理解和掌握房地产估价原则。

房地产估价原则可分为行为准则和技术性原则两大类。

1) 房地产估价的行为准则

房地产估价的行为准则是指估价工作中对估价人员的总要求——独立、客观、公正,它是房地产估价工作开展的基础性原则,是房地产估价的最高行为准则。《房地产估价规范》中明确指出:"房地产估价应独立、客观、公正"。

所谓独立,一是要求估价机构本身应当是一个不依赖于他人、不受他人束缚的独立机构;二是要求估价机构和估价人员与估价对象及相关当事人没有利害关系;三是要求估价机构和估价人员在估价中不应受外部干扰因素的影响,完全凭自己的专业知识、专业经验和道德进行估价。

所谓客观,是要求估价机构和估价人员不带着自己的好恶、情感和偏见,从实际出发,按照事物的本来面目进行估价。房地产估价并非由估价人员主观地确定市场价格,而是客观地反映市场价格的形成过程和结果。房地产估价应力求客观、准确、合理地模拟市场的价格形成过程,将估价对象客观合理的价格或价值反映出来。

所谓公正,是要求估价机构和估价人员应该公平正直,不偏袒任何一方,特别是不可有意无意地偏向委托方。当然,要求估价应公正,并不是说估价人员完全不考虑当事人的利益,只是强调估价人员不应偏袒任何一方。如果与估价对象有利益关系或与委托人等有关当事人有利害关系,就应当回避。

遵循独立、客观、公正原则的核心,是估价机构和估价人员应该站在中立的立场上,评估出一个对各方当事人来说都是公平合理的价值。

2) 房地产估价的技术性原则

众多文献对房地产估价原则的具体阐述或多或少存在差异,表现为所列举的估价原则在数量、名称和内容上各不相同。国家《房地产估价规范》规定,房地产估价人员应遵循的估价技术性原则有:合法原则、最高最佳使用原则、替代原则、估价时点原则及谨慎原则。下面将针对这5个基本的技术性原则逐一进行讲述。

3.2.2 合法原则

国家《房地产估价规范》指出，"遵循合法原则，应以估价对象的合法使用、合法处分为前提。"所谓合法，具体是指符合国家相关法律、法规和相关政策以及当地政府有关政策的规定。

遵守合法原则，具体来说应当注意以下几个方面：

1) 在合法产权方面

在合法产权方面，要求在估价时必须确认估价对象具有合法的产权。如果无法确认估价对象产权的合法性，就必须在估价报告中说明估价过程和结论的假设是估价对象具有合法产权。合法产权应以房地产权属证书和有关证件为依据。现行统一的房屋权属证书主要有《房屋所有权证》《房屋共有权证》和《房屋他项权证》3 种；土地权属证书主要有《国有土地使用证》《集体土地所有证》《集体土地使用证》和《土地他项权利证明书》4 种。有些地方还有统一的房地产权证书，统一的房地产权证书有《房地产权证》《房地产共有权证》和《房地产他项权证》3 种。

值得注意的是，任何产权性质的房地产都可以成为估价对象，关键是合法产权的房地产就应作为合法产权的房地产估价，不合法产权的房地产就应作为不合法产权房地产来估价。在合法产权方面，要注意区分以下情况：违章建筑不能当做合法建筑来估价；临时建筑不能当做永久性建筑来估价；产权有纠纷的房地产不能当作无产权纠纷的房地产来估价；手续不全的房地产不能当做手续齐全的房地产来估价；部分产权的房地产不能当做完全产权的房地产来估价；行政划拨的土地不能当做有偿出让的土地来估价；集体所有的土地不能当做国家所有的土地来估价，等等。

2) 在合法使用方面

在合法使用方面，要求在估价时所涉及的估价对象的用途必须是合法的，这应以城市规划、土地用途管制为依据。房地产估价必须在政府法律、法规规定的房地产使用条件下进行。例如，城市规划规定了土地的用途、容积率、覆盖率和建筑高度等，则房地产估价就必须考虑这些限制，并且在限制的范围内进行。

具体来说，如果城市规划某宗土地为居住用途，即使该宗土地的坐落位置适合于商业用途，评估该宗土地时也必须在该宗土地为居住用途条件下进行，不可作为商业用途来估价；除非申请变更为商业用途，而且能够得到批准。如果城市规划限定了某宗土地的容积率不超过 3，评估该宗土地的价格时就必须以其容积率不超过 3为前提。

3）在合法处分方面

在合法处分方面,要求在估价中如果涉及估价对象的交易或处分方式时,该交易或处分方式必须是合法的,这应以法律、法规或合同(如土地使用权出让合同)允许的处分方式为依据。房地产的处分方式包括买卖、租赁、抵押、抵债、赠与等。以抵押为例:

①法律、法规规定不得抵押的房地产,不能以抵押为目的进行估价,没有抵押价值,或者委托人要求评估其抵押价值的话,其抵押价值应当评估为零。

②法律、法规规定应当符合一定条件才能转让的房地产,评估其抵押价值时应当符合转让条件,否则不能以抵押为目的进行估价,没有抵押价值,或者委托人要求评估其抵押价值的话,其抵押价值应当评估为零。

③评估土地使用权是以划拨方式取得的房地产的抵押价值时,不应包含土地使用权出让金。《中华人民共和国城市房地产管理法》第50条规定:"设定房地产抵押权的土地使用权是以划拨方式取得的,依法拍卖该房地产后,应当从拍卖所得的价款中缴纳相当于应缴纳的土地使用权出让金的款额后,抵押权人方可优先受偿。"

④评估拖欠工程款的房地产的抵押价值时,该房地产的价值扣除拖欠工程款后才是其抵押价值。

⑤评估再次抵押的房地产的抵押价值时,该房地产的价值扣除已担保债权后的余额部分才是其抵押价值。

此外,遵循合法原则,还意味着评估的价格必须符合国家相关的价格政策。出于协调经济发展、兼顾多层次收入群体购房需求的需要,政府对商品房、经济适用房、售后房、动拆迁房等有不同的定价或建议指导价时,评估相关房地产的价值时,应该控制在政府定价和指导价范围之内。

3.2.3　最高最佳使用原则

1）最高最佳使用释义

《房地产估价规范》指出,"遵循最高最佳使用原则,应以估价对象的最高最佳使用为前提估价。"所谓最高最佳使用,是指法律上允许、技术上可能、经济上可行,经过充分合理的论证,能够使估价对象价值达到最大的一种最可能的使用。可见,最高最佳使用不是无条件的,而是在法律、法规(包括城市规划、土地用途管制)等允许范围内的最高最佳使用,这也是合法原则的要求。房地产的最高最佳使用必须同时符合4个标准:法律上许可、技术上可能、经济上可行及价值最大化。

由于同宗房地产可以有多种不同的用途,每一种用途为使用者带来的收益都不同,因此,人们都期望选择最佳用途,以达到获取最大收益的目的。最高最佳使用是估价的基础,它反映了人们对房地产市场行为的基本假设条件:购买者为购买房地产愿意支付和出售者愿意出售的价格是依据他们对房地产利润最大化的使用情况而定的。在估价时所确定的最高最佳使用,可能与现有使用情况符合,也可能不符合。最高最佳使用的确定必须依据估价当时的市场情况、估价对象房地产的使用现状、影响市场预期的趋势及其变动等具体情况仔细分析研究。

2)最高最佳使用的判断程序

最高最佳使用具体包括最佳用途、最佳规模和最佳集约度3个方面:

①最佳用途:即合法情况下,能最大限度发挥房地产效用的用途。在合法的前提下,商业用途显然比农业用途更能最大限度地发挥房地产的效用。

②最佳规模:是指房地产使用的规模效益最佳。相对于土地,建筑物的面积太大或太小,都可能不能充分发挥房地产的最佳效益:太大,则场地空间不够,人流及物流拥挤,影响其整体效益的发挥;太小,则造成资源浪费,资产效益降低。

③最佳集约度:是指房地产使用在生态环境、社会经济要素在内的综合集约利用度。它要求土地、建筑物与周围环境,如生态环境、人文环境、配套设施等方面相协调。否则就会出现价值的减损。

寻找最高最佳使用的方法,是先尽可能地设想出各种潜在的使用方式,然后从以下4个方面进行依次(而不是无次序)筛选:

①法律上的许可性。对于每一种潜在的使用方式,首先检查它是在法律允许的范围之内。如果不被法律所允许的,应该被淘汰。例如,如果一个住宅小区旁有一待开发的空地,在此空地上建造商业物业会获得较高回报,但根据有关规划,这块土地只能建住宅,所以使用该土地建造商业物业应当被淘汰。

②技术上的可能性。对于法律所允许的每一种使用方式,要检查它在技术上是否具备可操作性,是否能够实现,包括建筑材料性能、施工技术手段等能否满足要求。如果是技术达不到的,应该被淘汰。例如,当有一座工厂进行最高最佳使用分析时,认为改成商场或娱乐中心比较合适,但是具体分析时要根据土地面积大小是否合适、结构改变是否有可能、设计变更能否实现等技术因素综合考虑。

③经济上的可行性。对于法律上允许、技术上可能的每一种使用方法,还要进行经济可行性分析:针对每一种使用方法,首先估计未来的收入和支出流量,然后将未来的收入和支出流量用现值表示,只有收入现值大于支出现值的使用方式才具有经济可行性,否则应该被淘汰。

④价值是否最大化。在所有具备经济可行性的使用方式中,能使估价对象的价值达到最大的使用方式,才是最高最佳的使用方式。这里的价值最大化,应该是指净现值的最大化,同时,应该是在最短的时间内取得最大的净现值。关于价值是否最大化,实践中是比较复杂的,也是不好判断的。因为还涉及时间的因素、投资多少因素等诸多方面,也就是说涉及方案比选的问题。当然,我们可以简化一下,只看价值是

否最大化。

【例3.1】 在一个住宅规划区内有一宗空地需要估价,按照最高最佳使用原则,该空地如果作为住宅开发使用,土地的价值就变为正值,那么作为空地的最高最佳使用就是开发成住宅。问题是,开发成何种类型的住宅呢? 开发商在综合分析该区域规划情况,进行市场调查分析以后提出了两种方案,A方案是建造普通住宅,B方案是建造高档公寓,两种方案开发完成后的市场价值、建造成本以及开发费用的现值如表3.1所示。

表3.1　某地块开发方案价值比较　　　　　　单位:万元

方　案	A	B
市场价值	100 000	80 000
建造成本	−66 800	−50 000
开发费用	−20 000	−18 000
土地价值	13 200	12 000

由以上分析可以看出,该地块建造成普通住宅的方案是合适的,因为建造成普通住宅使土地价值最大。

3)最高最佳使用的判断选择

《房地产估价规范》对最高最佳使用的判断选择做出了明确规定,"当估价对象已做了某种使用,估价时应根据最高最佳使用原则对估价前提做出下列之一的判断和选择,并应在估价报告中予以说明"。

(1)保持现状前提

认为保持现状继续使用最为有利时,应以保持现状继续使用为前提估价。其判断条件是:

新建房地产价值 − 现有建筑物拆除费用 − 新建筑物建造费用 < 房地产现状价值

【例3.2】 有一房地产现状下其价值为3 000元/m^2,如果将其拆除重新建造,拆除费用为200元/m^2,建造费用为2 500元/m^2,根据市场分析其新建房地产的价值为5 500元/m^2,则:

5 500元/m^2 −200元/m^2 −2 500元/m^2 =2 800元/m^2 < 3 000元/m^2

所以,该房地产估价应以保持现状为前提进行。

(2)转换用途前提

认为转换用途再予以使用最为有利时,应以转换用途后再予以使用为前提估价。其判断条件是:

转换用途后房地产价值 − 转换用途前房地产价值 > 转换用途费用

【例3.3】 有一位置较差的住宅房地产项目,现状下其价值为4 000元/m^2,如果将其用途转换为宾馆,依据其将来可能获得的收益分析计算得到其价值为8 000

元/m²。转换用途所需费用为 2 000 元/m²,则:

$$8\ 000\ 元/m^2 - 4\ 000\ 元/m^2 = 4\ 000\ 元/m^2 > 2\ 000\ 元/m^2$$

所以,该房地产估价应以转换用途为前提。

(3)装修改造前提

认为装修改造但不转换用途再予以使用最为有利时,应以装修改造但不转换用途再予以使用为前提估价。其判断条件是:

装修改造后房地产价值 – 装修改造前房地产价值 > 装修改造费用

【例3.4】 有一房地产现状下其价值为 2 500 元/m²,如对其花费 1 200 元/m² 进行装修改造,根据市场分析其装修改造后价值为 5 000 元/m²,则:

$$5\ 000\ 元/m^2 - 2\ 500\ 元/m^2 = 2\ 500\ 元/m^2 > 1\ 200\ 元/m^2$$

所以,该房地产估价应以装修改造为前提进行。

(4)重新利用前提

认为拆除现有建筑物再予以利用最为有利时,应以拆除建筑物后再予以利用为前提估价。其判断条件是:

新建房地产价值 – 现有建筑物拆除费用 – 新建筑物建造费用 > 房地产现状价值

【例3.5】 有一房地产现状下其价值为 2 000 元/m²,如将其拆除重新建造,拆除费用为 200 元/m²,建造费用为 2 500 元/m²,根据市场分析其新建房地产的价值为 5 500 元/m²,则:

$$5\ 500\ 元/m^2 - 200\ 元/m^2 - 2\ 500\ 元/m^2 = 2\ 800\ 元/m^2 > 2\ 000\ 元/m^2$$

所以,该房地产估价应以重新利用为前提进行。

(5)上述情形的某种组合

最常见的是转换用途前提与装饰装修改造前提的组合。

3.2.4 替代原则

替代原则(Principle of Substitution)是基于经济学中的替代原理,主要以消费者正常的和理性的消费行为为基础而形成的基本原则。《房地产估价规范》指出,“遵循替代原则,要求估价结果不得明显偏离类似房地产在同等条件下的正常价格。”并同时指出,类似房地产(Similar Property)是“与估价对象处在同一供求圈内,并在用途、规模、档次、建筑结构等方面与估价对象相同或相近的房地产”。同一供求圈(Comparable Search Area)是指“与估价对象具有替代关系、价格会相互影响的适当范围”。

根据经济理性主义的假定,消费者的消费行为总是使其消费效果的满足程度,即效用达到最大为目的。换言之,就是人们总是会追求商品的经济合理性。在同一市场上,对于两种或两种以上价格不等而效用相等或效用可相互替代的商品,人们总是会选择价格便宜的;当价格相同时,人们又总是会选择效用最大的。卖者为了使其商品尽快销售出去,也会展开价格竞争,最终导致市场上同种效用的商品产生相同的价格。房地产价格同样符合这一规律。房地产价格的形成本质上反映了买卖双方不断根据市场行情及其影响因素的比较而逐渐调整的过程。但是由于房地产的独一无二性,使得完全相同的房地产几乎没有,但是在同一市场上具有相近效用的房地产,其价格也应该互相接近。因此,替代原则不仅体现于市场上相同或相近房地产的价格最终将趋于一致或形成均衡的比较关系,成为比较法的理论依据,同时也体现在所有其他房地产估价方法及有关参数的分析与确定过程中,还体现在各类估价材料的综合分析,试算价格的比较与调整等许多方面。例如,收益法中最重要参数——资本化率的分析、计算与确定,必须进行各种比较才能确定。当然,替代原则与成本法也有密切关系。在成本法中,所有成本,如建筑成本、重置成本都是客观的,须经房地产市场上同类成本的比较修正而得到,即坚持替代原则。假设开发法中也会用到替代原则,如假设开发法中要从未来开发完成后的房地产价值中减去未来开发成本、税费、利润等求取。

替代原则是反映合理经济行为的基本原则,是估价原则的中心内容之一。因此,专业房地产估价人员遵循和应用替代原则时,应做到熟练、正确和合理,在实际估价中着重注意以下两个方面的问题:

①在评估同一宗房地产的价格时,如果附近有若干相近效用的房地产存在着价格,则可以依据替代原则,由这些相近效用的房地产的价格推算出估价对象的价格。实际上,由于估价人员很难找到各种条件完全相同的、可供直接比较的房地产作为估价依据,因此,具体操作过程中经常寻找一些与估价对象具有一定替代性的房地产作为参照物来进行估价,然后根据它们之间的差别来进行适当地调整修正。

②在评估一宗房地产,不能孤立地思考其价格,而应该综合相近效用的房地产的价格进行考虑。特别是作为同一个估价机构,在同一个城市、同一时期,按照同一估价目的,对不同位置、档次的房地产进行估价的估价结果应该有一个合理的价格差,尤其是好的房地产的价格不能低于差的房地产的价格。在现实中有时会出现这种情况:单就一宗房地产的估价结果来看似乎有道理或没有什么问题,但当把它与其他房地产的估价结果放到一起进行比较时却显得不合理,没有明显差价,甚至有可能会出现价格次序颠倒的状况。

3.2.5　估价时点原则

估价时点,又称评估基准日、估价期日、评估时日,是一个具体日期。这个特定的时间既不是委托人也不是估价人员可以随意假定的,它必须根据估价目的来确定。估价时点一般用公历年、月、日表示。随着房地产市场的不断变化,影响房地产价格的因素会发生变化,房地产价格具有很强的时间性。同一宗房地产在不同的估价时点上往往会有不同的价格。对房地产进行估价时,必须假定市场停留在某一时点上,估价只是对待估房地产在该估价时点上的价格进行估算。估价不是求取估价对象在所有时间上的价值,这既不可能,也没必要。

《房地产估价规范》指出,"遵循估价时点原则,要求估价结果应是估价对象在估价时点的客观合理价格或价值。"需要说明的是,估价时点确定在先,评估价值估计在后,而不是有了评估价值之后,再将它说成是某个时间上的价值。

强调估价时点原则的意义在于:估价时点是估价责任交代的时间界限和评估房地产价格的时间界限。如政府规定的有关法律、法规、标准、税收等政策的发布、变更、实施日期等均有可能影响房地产的价格,因此在估价时,是采用发布、变更、实施日期之前还是之后,就需要通过估价时点来确定。此外,在采用市场比较法评估某宗房地产的价格时,需要选用数个比较实例,如果选用的不是估价时点的交易实例作为估价依据(通常都是这种情况),这些交易实例的成交日期和估价时点不同,其价值也不同,因此估价人员需要把这些不同时点上的交易实例的价格调整到某个标准时间上,此标准时间就是估价时点。只有这样,这些交易实例的价格才是估价对象所评估价格的依据。

实际估价中通常将估价人员实地踏勘估价对象期间的某一个日期定为估价时点,但估价时点并非总是在"估价作业日期"(估价的起止年月日,即正式接受估价委托的年月日至完成估价报告的年月日)期间,也可因特殊需要将过去或未来的某一日期定为估价时点。在具体的一个估价项目中,估价时点究竟是现在、过去还是未来,是由估价目的决定的,并且所对应的估价对象状况和房地产市场状况也不相同。因此,在估价中要特别注意估价目的、估价时点、估价对象状况和房地产市场状况四者的内在联系。

不论是何种估价目的和估价时点,房地产市场状况始终是估价时点的状况,但估价对象状况不一定是估价时点时的状况。不同估价目的的房地产估价,其估价时点与估价所依据的估价对象状况与房地产市场状况的关系见表3.2。

表3.2 估价时点、估价对象状况和房地产市场状况的关系

估价时点	估价对象状况	房地产市场状况
过 去	过 去	过 去
现 在	过 去	现 在
	现 在	
	未 来	
未 来	未 来	未 来

各种情形具体说明如下:

(1)估价时点和估价对象都为过去的情况

这种情况多出现在房地产纠纷案件中,特别是对过去的估价结果有异议而引起的复核估价或估价鉴定。例如:在以城市房屋拆迁为目的的房地产估价中,某被拆迁

人对估价时点为 2010 年 5 月 1 日的估价结果不满,认为其评估结果过低而于 2010 年 8 月 1 日提出复估申请。这一估价面对的具体情况是:接受估价委托和进行估价作业的日期是 2010 年 5 月;当时的房地产情况是由于城市整体房价明显上涨,再加上估价对象所处区域正面临市政基础设施状况的整体改善,房地产价格上涨速度非常快;估价对象的现实情况是周边的房屋大多数已经拆除,原先繁荣的商业氛围已经不复存在。此种情况下,该估价对估价时点、市场状况以及房地产市场状况的正确处理应该是:估价时点为过去即 2010 年 5 月 1 日,估价所依据的市场状况应该是估价时点的市场状况;房地产市场的状况也应该是过去的估价时点即 2010 年 5 月 1 日而非现在的 2010 年 8 月 1 日。

(2)估价时点为现在、估价对象为过去的情况

这种情况多出现在房地产损害赔偿和保险理赔案件中。例如,建筑物被大火烧毁后,评估其损失价值或损失程度时,通常是将烧毁后的状况恢复到烧毁前的状况(估价对象现在已经不存在或不完整了)进行估价。此时估价时点是现在,而估价对象则是过去的历史情况。

(3)估价时点和估价对象都为现在的情况

这种情况是估价中最常出现和遇到最多的。这种情况下遇到的估价目的有:土地使用权出让,房地产转让、租赁、抵押、典当、保险、课税,城市房屋拆迁补偿,企业合资、合作、合并、兼并、买卖经营、改制上市、破产清算,等等。这种情形下估价对象的状况有:生地、毛地、熟地,尚未竣工的在建工程,新建房地产、旧有房地产等。

(4)估价时点为现在、估价对象为未来的情况

这种情况比较特殊,多用于评估房地产的预售或预购价格。此种情况下的房地产状况多半是在建工程,但估价所依据的房地产状况则是已经建设完成后的情形。

(5)估价时点为未来的情况

这种情况多出现在房地产市场预测、为房地产投资分析提供价值依据的情况中,特别是预估房地产在未来开发完成后的价值。

总之,估价时点原则要求房地产估价结果应该是估价对象在估价时点的客观合理价格或价值。

3.2.6　谨慎原则

谨慎原则是评估房地产抵押价值时应当遵循的一项原则。

《房地产抵押估价指导意见》中指出,"房地产抵押估价,是指为确定房地产抵押贷款额度提供价值参考依据,对房地产抵押价值进行分析、估算和判定的活动。"房地产抵押价值为抵押房地产在估价时点的市场价值,等于假定未设立法定优先受偿权利下的市场价值减去房地产估价师知悉的法定优先受偿款。法定优先受偿款是指假定在估价时点实现抵押权时,法律规定优先于本次抵押贷款受偿的款额,包括发包人

拖欠承包人的建筑工程价款,已抵押担保的债权数额,以及其他法定优先受偿款。房地产抵押估价应当遵守独立、客观、公正、合法、谨慎的原则。

谨慎原则要求在存在不确定性因素的情况下作出估价相关判断时,应当保持必要的谨慎,充分估计抵押房地产在抵押权实现时可能受到的限制、未来可能发生的风险和损失,不高估假定未设立法定优先受偿权利下的价值,不低估房地产估价师知悉的法定优先受偿款。

理解谨慎原则的关键是要弄清"在存在不确定性因素的情况下"所指为何。在实际估价中,房地产估价师如果面临的是确定性因素,则不存在谨慎问题,应依据确定性因素进行估价;如果面临的是不确定性因素,当对该因素的乐观、悲观(保守)和折中判断或估计会导致对房地产抵押价值的相对偏高、偏低和居中估计时,则应采取导致对房地产抵押价值相对偏低的估计。例如,运用收益法评估收益性房地产的抵押价值,当估计未来的收益可能会高也可能会低时,遵循谨慎原则应采用保守的较低的收益估计值。

此外,《房地产抵押估价指导意见》针对不同的估价方法,提出了遵循谨慎原则的下列要求:

①在运用市场法估价时,不应选取成交价格明显高于市场价格的交易实例作为可比实例,并应对可比实例进行必要的实地查看。

②在运用成本法估价时,不应高估土地取得成本、开发成本、有关税费和利润,不应低估折旧。

③在运用收益法估价时,不应高估收入或者低估运营费用,选取的报酬率或者资本化率不应偏低。

④在运用假设开发法估价时,不应高估未来开发完成后的价值,不应低估后续开发建设必要支出及应得利润。

3.3 房地产估价专业人员与机构

3.3.1 专业房地产估价人员

1)专业房地产估价人员的类型

目前,我国房地产估价人员职业资格有房地产估价师职业资格和房地产估价员职业资格两种。专业房地产估价人员则有房地产估价员和房地产估价师两类。

（1）房地产估价员

房地产估价员是指经过房地产估价员从业资格考试合格，依法取得房地产估价员资格证书并从事房地产估价活动的人员。房地产估价员的考试办法，由省、自治区人民政府建设行政主管部门和直辖市房地产管理部门制订。

（2）房地产估价师

房地产估价师是指注册房地产估价师，它可以分为专职和兼职两类。专职注册房地产估价师是指与所注册的房地产估价机构签订了劳动合同，该机构委托当地人才服务中心为其托管人事档案并为其缴纳社会保险的注册房地产估价师。除专职注册房地产估价师之外的注册房地产估价师，为兼职注册房地产估价师。房地产估价师的考试办法，由国务院建设行政主管部门和人事主管部门共同制订。

与房地产估价师相类似的估价人员还包括土地估价师和资产评估师。其中，土地估价师是为特定目的对土地的特定权益在某一时点上的价值进行评估的专业人员。国家实行土地估价师资格认证制度。土地估价师由国土资源管理部门管理。资产评估师是指为特定目的对资产的特定权益在某一时点上的价值进行评估的专业人员。国家实行资产评估师资格认证制度。资产评估师由财政主管部门管理。

2）专业房地产估价人员资格的取得

这里主要介绍房地产估价师资格的取得。根据有关规定，房地产估价师资格的取得方式有 3 种：一是经过全国房地产估价师执业资格考试合格，这是现在和未来取得房地产估价师资格的唯一途径；二是通过国家建设部的资格认定，1993 年和 1994 年建设部两次认定了共 346 名房地产估价师，奠定了房地产估价执业队伍的基础；三是通过不同国家或不同地区之间估价师资格的互认。自中国房地产估价师与房地产经纪人学会与香港测量师学会签署了内地房地产估价师与香港测量师互认协议书之后，符合一定条件的香港测量师可以通过"互认"方式取得内地房地产估价师资格。

根据《房地产估价师执业资格制度暂行规定》规定，房地产估价师执业资格考试原则上每两年举行一次。考试科目有：房地产基本制度与政策、房地产投资经营与管理、房地产估价理论与实务、房地产估价案例与分析。符合下列条件之一者均可报名：

①取得房地产估价相关学科（包括房地产经营、房地产经济、土地管理、城市规划等，下同）中等专业学历，具有 8 年以上相关专业工作经历，其中从事房地产估价实务满 5 年。

②取得房地产估价相关学科大专学历，具有 6 年以上相关专业工作经历，其中从事房地产估价实务满 4 年。

③取得房地产估价相关学科学士学位，具有 4 年以上相关专业工作经历，其中从事房地产估价实务满 3 年。

④取得房地产估价相关学科硕士学位或第二学位、研究生班毕业,从事房地产估价实务满2年。

⑤取得房地产估价相关学科博士学位的。

⑥不具备上述规定学历,但通过国家统一组织的经济专业初级资格或审计、会计、统计专业助理级资格考试并取得相应资格,具有10年以上相关专业工作经历,其中从事房地产估价实务满6年,成绩特别突出的。

房地产估价师执业资格考试合格者,由人事部或其授权的部门颁发执业资格证书,该证书经建设部或其授权的部门注册后在全国范围内有效。

3) 专业房地产估价人员的职业道德

一名合格的专业房地产估价人员,除必须具备扎实的估价理论知识、丰富的估价实践经验之外,特别需要拥有良好的估价职业道德。具有扎实的理论知识和丰富的估价实践经验,是对估价能力的要求,而具有良好的估价职业道德,是对估价诚信的要求。

《房地产估价规范》规定,房地产估价师应遵守的职业道德包括以下6个方面:

①估价人员和估价机构不得做任何虚伪的估价,应做到公正、客观、诚实。

②估价人员和估价机构应保持估价的独立性,必须回避与自己、亲属及其他有利害关系人有关的估价业务。

③估价人员和估价机构若感到自己的专业能力所限而难以对某房地产进行估价时,不应接受该项估价委托。

④估价人员和估价机构应妥善保管委托方的文件资料,未经委托方的书面许可,不得将委托方的文件资料擅自公开或泄漏给他人。

⑤估价机构应执行政府规定的估价收费标准,不得以不正当理由或名目收取额外的费用,或降低收费标准,进行不正当的竞争。

⑥估价人员和估价机构不得将资格证书借给他人使用或允许他人使用自己的名义,不得以估价者身份在非自己估价的估价报告上签名、盖章。

3.3.2 专业房地产估价机构

专业房地产估价机构是指依法设立并取得房地产估价机构资质,从事房地产估价活动的中介服务机构。我国房地产估价机构应当由自然人出资,以有限公司或者合伙企业形式设立。

根据《房地产估价机构管理办法》(2005年9月27日建设部发布)规定,我国房地产估价机构实行资质等级管理。按照专职注册房地产估价师的数量、经营业绩和注册资本等条件,房地产估价机构的资质等级分为三级:一级、二级和三级。

1）一级资质估价机构

一级资质估价机构要求从事房地产估价活动连续 6 年以上且取得二级房地产估价机构资质 3 年以上；有限责任公司的注册资本人民币 200 万元以上，合伙企业的出资额人民币 120 万元以上；有 15 名以上专职注册房地产估价师；法定代表人或者执行合伙人是注册后从事房地产估价工作 3 年以上的专职注册房地产估价师；有限责任公司的股东中有 3 名以上、合伙企业的合伙人中有 2 名以上专职注册房地产估价师，股东或者合伙人中有一半以上是注册后从事房地产估价工作 3 年以上的专职注册房地产估价师等。

2）二级资质估价机构

二级资质估价机构必须取得三级房地产估价机构资质后从事房地产估价活动连续 4 年以上；有限责任公司的注册资本人民币 100 万元以上，合伙企业的出资额人民币 60 万元以上；有 8 名以上专职注册房地产估价师；法定代表人或者执行合伙人是注册后从事房地产估价工作 3 年以上的专职注册房地产估价师，有限责任公司的股东中有 3 名以上、合伙企业的合伙人中有 2 名以上专职注册房地产估价师；股东或者合伙人中有一半以上是注册后从事房地产估价工作 3 年以上的专职注册房地产估价师等。

3）三级资质估价机构

三级资质估价机构必须有 3 名以上专职注册房地产估价师；有限责任公司的注册资本人民币 50 万元以上，合伙企业的出资额人民币 30 万元以上；法定代表人或者执行合伙人是注册后从事房地产估价工作 3 年以上的专职注册房地产估价师；在暂定期内完成估价标的物建筑面积 8 万 m^2 以上或者土地面积 3 万 m^2 以上；有限责任公司的股东中有 2 名以上、合伙企业的合伙人中有 2 名以上专职注册房地产估价师，股东或者合伙人中有一半以上是注册后从事房地产估价工作 3 年以上的专职注册房地产估价师等。

国务院建设行政主管部门负责一级房地产估价机构资质许可。省、自治区人民政府建设行政主管部门、直辖市人民政府房地产行政主管部门负责二、三级房地产估价机构资质许可，并接受国务院建设行政主管部门的指导和监督。

新设立中介服务机构的房地产估价机构资质等级应当核定为三级资质，设 1 年的暂定期。已经具有资质等级的估价机构，其资质等级实行动态管理，每两年重新评定 1 次。根据房地产估价机构的实际发展情况，重新授予资质等级证书。房地产资质等级升级采取依次逐级上升，每次申请升级要间隔 2 年以上，并不得越级升级。

从事房地产估价活动的机构在依法取得房地产估价机构资质后,方可在其资质等级许可范围内从事估价业务。一级资质房地产估价机构可以从事各类房地产估价业务;二级资质房地产估价机构可以从事除公司上市、企业清算以外的房地产估价业务;三级资质房地产估价机构可以从事除公司上市、企业清算、司法鉴定以外的房地产估价业务;暂定期内的三级资质房地产估价机构可以从事除公司上市、企业清算、司法鉴定、城镇房屋拆迁、在建工程抵押以外的房地产估价业务。

3.3.3 专业房地产估价管理机构

中国房地产估价师与房地产经纪人学会(China Institute of Real Estate Appraisers and Agents,简称 CIREAA)是中国内地的全国性房地产估价行业组织,其前身是成立于 1994 年 8 月的中国房地产估价师学会,隶属于中华人民共和国建设部。学会由从事房地产估价或房地产经纪活动的专业人士、机构及有关单位自愿组成。学会下设考试注册专业委员会、教育培训专业委员会、学术专业委员会、国际交流专业委员会、标准专业委员会。

1) 学会的主要宗旨

①开展房地产估价、经纪方面的研究、教育和宣传。
②拟订并推行房地产估价、经纪执业标准、规则。
③加强自律管理及国际间的交流与合作。
④提高房地产估价、经纪专业人员和机构的服务水平,并维护其合法权益。
⑤促进房地产估价、经纪行业规范、健康、持续发展。

2) 学会的主要业务范围

①组织房地产估价与房地产经纪的理论、方法及其应用的研究和交流;拟订并推行房地产估价和房地产经纪执业标准、规则。
②协助行政主管部门组织实施全国房地产估价师、房地产经纪人执业资格考试。
③办理房地产经纪人执业资格注册。
④开展房地产估价与房地产经纪业务培训,对房地产估价师、房地产经纪人进行继续教育。
⑤建立房地产估价师和房地产估价机构、房地产经纪人和房地产经纪机构信用档案,开展房地产估价机构、房地产经纪机构资信评价。
⑥提供有关房地产估价与房地产经纪咨询和技术支持服务。
⑦编辑出版房地产估价与房地产经纪方面的刊物和著作,建立有关网站,开展行

业宣传。

⑧代表中国房地产估价、经纪行业开展国际交往活动。

⑨反映会员的意见、建议和要求,支持会员依法执业,维护会员合法权益。

⑩办理法律、法规规定和行政主管部门委托或授权的其他有关工作。

3) 学会的作用

中国房地产估价师与房地产经纪人学会是房地产估价、房地产经纪领域的唯一全国性行业组织,在引领行业发展,努力协助政府开展房地产估价、房地产经纪行业管理工作方面积极发挥行业组织的自律管理,在行业发展和会员开展服务方面起了重要的作用。具体包括:

①在住房和城乡建设部、人力资源和社会保障部的领导下,承担了全国房地产估价师执业资格考试和全国房地产经纪人执业资格考试的具体工作。

②起草了国家标准《房地产估价规范》和《城市房屋拆迁估价指导意见》等技术法规。

③对房地产估价师普遍开展了继续教育。

④多次承担一级房地产估价机构资质专家评审工作。

⑤组织开展了《中国房地产估价业与经纪业规范管理研究》《房地产估价机构、房地产经纪机构资信评价研究》等多项科研课题。

⑥出版了《房地产估价报告精选》等多部著作。

⑦组织专家对有关重大房地产估价案件进行了查处。

⑧开展了与国际测量师联合会(FIG)、美国估价学会(AI)、英国皇家特许测量师学会(RICS)等国际、国外相关组织以及中国香港地产代理监管局、香港测量师学会等的交流与合作,并于2004年8月完成了首批共208名内地房地产估价师和香港测量师的资格互认。

本章小结

房地产估价是指专业房地产估价人员以房地产为估价对象,根据估价目的,遵循估价原则,按照估价程序,选用估价方法,并在综合分析影响房地产价格因素的基础上,对房地产在估价时点的客观合理价格进行的估计、推测或判定的活动。

社会生活的方方面面都需要进行房地产估价,诸如土地使用权出让,房地产转让、租赁,房地产抵押、保险、典当,房地产税收,房地产征用拆迁补偿,房地产损害赔偿,房地产纠纷调处和有关司法鉴定,企业有关经济行为,房地产管理以及其他方面。

房地产估价原则包括行为准则和技术性原则两类。独立、客观、公正是进行房地产估价的最高行为准则。房地产估价的技术性原则包括合法原则、最高最佳使用原则、估价时点原则、替代原则及谨慎原则。

专业房地产估价人员主要包括经过考试合格的房地产估价师和房地产估价员两类。专业房地产估价机构根据不同情况分为一级、二级和三级资质。我国专业的房地产估价管理机构主要是指中国房地产估价师和房地产经纪人学会。

重要名词与概念

房地产估价　　专业房地产人员　　估价目的　　最高最佳使用　　估价时点
专业房地产估价机构

复习思考题

1. 怎样全面理解房地产估价的含义?
2. 何谓专业房地产估价人员? 要求具备哪些条件?
3. 房地产估价的目的有哪些?
4. 房地产估价的原则有哪两类? 具体包括哪些内容?
5. 房地产估价的合法原则包括哪些方面?
6. 最高最佳使用原则的判断标准有哪些?
7. 简述我国专业房地产估价机构的资质等级管理。
8. 谈谈你对我国专业房地产估价管理机构的认识。
9. 有一住宅区用地经过合法的用途分析,趋向于建成普通住宅或高档住宅两种,在这两种使用情况下,土地的剩余价值均为正值,因此应该开发该宗土地。市场分析人员获得了以下开发完成后的市场价值、开发成本、建造费用等资料,见表3.3,请你判断开发成何种用地类型用途最佳。

表3.3　该宗土地不同用途情况表　　　单位:万元

方　案	普通住宅	高档住宅
市场价值	1 500	2 000
开发成本	600	750
建造成本	800	1 050

10. 有一位置较佳的工业房地产,现状下其价值为 3 000 元/m², 如对其进行装修改造并将其用途改变为大型超市,依据其将来可能获得的收益分析计算得到其价值为 6 000 元/m²,转换用途及装修改造费用总和为 2 000 元/m²,请判断该宗房地产估价的前提。

房地产估价师考试真题

一、单项选择题

1. 下列关于房地产估价本质的表述中,错误的是(　　　)。

　　A. 房地产估价是模拟市场定价而不是替代市场定价

　　B. 房地产估价是提供价值意见而不是作价格保证

　　C. 房地产估价会有误差而且不能有误差范围限制

　　D. 房地产估价是评估房地产的价值而不是价格

2. 如果某房地产现状价值大于新建房地产的价值减去拆除现有建筑物的费用及建造新建筑物的费用之后的余额,则应以(　　　)进行估价。

　　A. 保持现状前提　　　　　　　　　　B. 装修改造前提

　　C. 转换用途前提　　　　　　　　　　D. 重新利用前提

3. 运用收益法评估房地产价值时,要求利用与估价对象所在区域相同或相似房地产的客观收益来推算估价对象预期收益,这主要是依据房地产估价中的(　　　)。

　　A. 合法原则　　　　　　　　　　　　B. 最高最佳使用原则

　　C. 替代原则　　　　　　　　　　　　D. 公平原则

4. 城市房屋拆迁补偿估价中,实行房屋产权调换且所调换房屋为期房的,为结清产权调换的差价而对该期房进行估价,则(　　　)。

　　A. 估价时点为未来,估价对象为未来状况

　　B. 估价时点与房地产状况均为现在

　　C. 估价时点为现在,估价对象为未来状况

　　D. 估价时点为现在,估价对象为过去状况

5. 按照谨慎原则,运用收益法评估房地产抵押价值时,当估计未来收益可能会高也可能会低时,一般采用(　　　)的收益估计值。

　　A. 较高　　　　　　B. 较低　　　　　　C. 最高　　　　　　D. 最低

二、多项选择题

1. 在房地产估价中,如果估价目的不同,则(　　　)。

　　A. 估价的依据有可能不同　　　　　　B. 估价的方法有可能不同

　　C. 估计对象的范围有可能不同　　　　D. 不影响估价结果的公正性

　　E. 不影响估价报告的用途

2. 估价中的最高最佳使用具体包括(　　　)。

　　A. 最佳用途　　　　　　　　　　　　B. 最佳位置

　　C. 最佳规模　　　　　　　　　　　　D. 最佳环境

　　E. 最佳集约度

3.根据适合原理、均衡原理以及收益递增递减原理,当房地产(　　　)时,便为最高最佳使用。

　　A.与外部环境最协调　　　　　　　　B.达到规模递增

　　C.内部构成要素的组合最恰当　　　　D.外部环境与内部因素相关联

　　E.外部环境要素为最适当的组合

4.房地产估价报告中专门列出估价的假设和限制条件的目的是(　　　)。

　　A.说明估价报告的合法性、真实性

　　B.说明估价的独立、客观、公正性

　　C.规避估价风险

　　D.保护估价报告使用者

　　E.防止委托人提出高估或低估要求

5.下列关于房地产估价人员应遵守的职业道德的表述中,正确的有(　　　)。

　　A.应做到诚实正直,公正执业

　　B.为了提高业务水平,可以接受超过自己专业能力的估价项目

　　C.未经委托人的书面许可,不得将委托人的文件资料擅自公开

　　D.应执行政府规定的收费标准,只能适当收取额外的费用

　　E.不得以估价者的身份在非自己估价的估价报告上签字、盖章

三、判断题

1.房地产估价师不得将资格证书借给他人使用,但可以以估价者的身份在非自己所作的估价报告上签字、盖章。　　　　　　　　　　　　　　　　　　(　　　)

2.在进行房地产估价时,对房地产市场情况的分析始终应针对估价时点的状况。

(　　　)

3.在房地产损害赔偿估价中,一般来说,估价时点为过去,估价对象为历史状况下的情形。　　　　　　　　　　　　　　　　　　　　　　　　　　　　(　　　)

4.房地产估价是客观存在的,是不以个人意志为转移的,因此,房地产估价实际上是房地产专业估价人员对房地产价格形成进行市场模拟的过程,所要揭示的是房地产的理论价格。　　　　　　　　　　　　　　　　　　　　　　　(　　　)

5.不论是何种估价目的,估价对象价值所依据的市场状况一定是估价时点时的状况,但估价对象状况不一定是估价时点时的状况。　　　　　　　　　　(　　　)

第2篇　房地产估价方法

本篇导读

　　房地产估价应采用科学的方法进行分析、测算和判断，不能仅凭经验进行主观判断。房地产估价的三大基本方法是市场法、成本法和收益法。此外，在基本估价方法基础上衍生了诸如假设开发法、长期趋势法、路线价法、基准地价修正法等其他估价方法。每种估价方法都有其适用的估价对象和估价需要具备的条件。估价人员应熟知、理解并正确运用各种估价方法进行估价。本篇将对各种常用估价方法进行一一介绍。

第4章
市场法

【本章导读】

市场比较法又称市场法,是房地产估价基本方法中最重要、最常用的一种,在估价实务中往往为估价人员首先选用。而在运用其他估价方法时,也必须以市场比较法为辅助,所以它又是最基础的方法。通过本章的学习,应了解市场比较法的基本概念、理论依据和相关概念,熟悉市场比较法的适用范围和条件,重点掌握市场比较法的计算公式和评估操作。

4.1 市场比较法基本原理

4.1.1 市场比较法及其理论依据

1)市场比较法的含义

市场比较法(The Sales Comparison Approach or Market Comparison Approach)又称市场法、交易实例比较法、市价比较法、现行市价法、买卖实例比较法、市场资料比较法等。它是房地产估价中最常用的基本方法之一,也是目前国内外广泛应用的经典估价方法。

所谓市场比较法是指将估价对象与估价时点的近期有过交易的类似房地产加以比较,对这些类似房地产的成交价格做适当修正,以此估算估价对象的客观合理价格或价值的方法。这里所谓的类似房地产是指包括区位、实物和权益3个方面应与待估房地产相同或相近。根据《房地产估价规范》,类似房地产主要是指:

①区位。处于同一供求圈内,具体说就是地段相近(或类似地区),在同一街区或土地利用类型相同或相似。

②实物。在用途、规模、档次、建筑结构等方面与估价对象相同或相近。如同是住宅或写字楼或商场,同是高层并且都是混凝土结构。在大类结构相同的情况下,最好还要小类相同,如同为砖木等。

③权益。权益相同或相似,如同为所有权或同为使用权。

2)市场比较法的理论依据

市场比较法的理论依据是替代原则。根据经济学理论,在同一市场上,具有相同效用的物品,应具有同一的价格,即具备完全的替代关系。这样,在同一市场上,两个以上具有替代关系的商品同时存在时,商品的价格就是由这种有替代关系的商品相互竞争,使其价格相互牵制而终趋于一致。市场上经济主体的这种交易行为的结果,是在效用均等的物品之间产生相同的价格。具体到房地产上,在从事房地产交易时,任何有理性的当事人都会依据替代原理将拟交易的房地产的价格与类似房地产的价格进行比较,然后决定其行动。

但由于房地产的独特性,交易实例与待估房地产之间总是存在一定的差异,这些差异便影响和决定了两者之间价格的差异。因此,在根据交易实例的价格来推测待估房地产价格的过程中,必须要对交易实例和待估房地产进行认真比较,分析两者之间的差异,进而定量估算出由这些差异影响所产生的价格差异,最终求得待估房地产的合理市场价格。

4.1.2 市场比较法适用范围与条件

市场比较法的优点是具有很强的现实性,适用范围宽,简单明了,易于采用。但运用市场比较法也有一定的前提条件。具体来说,采用市场比较法有 3 个条件:

1)要有足够数量的、正常的房地产交易比较案例

市场比较法的应用必须以一个发育健全的房地产市场为基本条件,并保证获取充分有效的市场交易资料。这说起来简单,但实际上有一定困难。即使房地产交易的数据相当多,但是由于房地产地理位置的特殊性,建筑结构、质量、用途等各不相同,要找到在位置、结构、规模、质量等指标上都基本类似的住宅绝非易事。在收集数据过程中还要剔除那些非正常交易,例如债务清偿、亲友间交易、人为哄抬、隐瞒价格等案例。房地产交易的时间越近越好,对于多年前的房地产交易不仅要考虑通货膨胀的影响,还要考虑当时的周边环境、社会和经济状况。要花费相当长时间通过各种

渠道,例如政府资料、市场交易记录、纳税记录等收集、掌握大量的历史数据,然后才有条件采用市场比较法。

很显然,诸如房地产开发用地、普通商品住房、高档公寓、写字楼、商铺及标准厂房等交易频繁或交易案例很多的房地产,适合采用市场比较法。而对于某些交易实例极少、类型特殊的房地产,如园林、特殊厂房、学校、纪念馆、古建筑、教堂、寺院等,则不宜应用市场比较法进行估价。另外,一些房地产市场尚不发达或交易规模很小的地区,因为交易案例缺乏或很少,则也不宜采用市场比较法进行估价。

市场比较法的运用完全取决于市场信息。一般认为评估者掌握的初始资料,即供筛选的房地产交易实例至少应有 10 个以上,其中有不少于 3 个最终可以选定为比较实例。

2) 交易实例与估价对象具有替代性,市场供给方面存在充分竞争

通过市场供求和竞争机制的作用,效用均等的商品之间将产生替代效应,最终使得市场上具有同等效用的商品获得相同的市场价格。因此,交易实例必须与估价对象有替代关系,其市场价格才能成为估价对象价格评估的依据。

市场比较法的使用前提是充分竞争。供给和需求双方作用的结果产生了均衡价格。人们可以按照市场提供的信息来估计房价。可是,假若在某个地区只有一个或者几个房地产商,而他们又形成了价格联盟,或者当地政府强力干预房地产市场,那么价格信号反映的是这些具有垄断地位的集团的利润最大化或利润目的,而不是房地产市场上的供求关系。如果不注意这一点,根据扭曲的信号做出的判断肯定也是扭曲的。

3) 收集的交易资料要可靠

市场交易资料的可靠性是市场比较法评估正确度的根本保证。因此,要保证资料来源的可靠和资料内容的真实,在具体利用资料时还要对确定为交易实例的有关因素进行修正,以切实保证资料的可靠和适用。

4.1.3 市场比较法估价操作步骤

市场调查是采用市场比较法估价的基础。通过调查,寻找近期成交的与估价对象具有类似特性的房地产交易实例,选取可比实例。然后,根据对影响房地产市场价格形成的因素分析,对确定为比较实例的价格进行调整,以修正其与待估房地产存在的差异,通过具体比较的评估过程得出估价结果。

市场比较法估价操作步骤具体可以分为以下 7 个步骤:

①搜集交易实例。

②选取比准实例。

③建立价格比较修正的基础。

④交易情况修正。

⑤交易日期修正。

⑥房地产状况修正。

⑦综合求取比准价格。

这 7 个步骤一般也可以归并为 4 大步骤,即:

①搜集交易实例。

②选取可比实例。

③可比实例成交价格的处理以及比准价格的综合估算与求取。其中,可比实例成交价格处理包括价格换算、价格修正和价格调整。价格换算即建立价格可比基础,价格修正即交易情况修正,价格调整即交易日期调整和房地产状况调整。

④综合求取比准价格。

4.2　交易实例的搜集与可比实例的选取

4.2.1　交易实例与可比实例的概念

交易实例,指在房地产市场中已经真实发生的房地产交易案例。拥有大量房地产交易实例资料,是运用市场比较法估价的先决条件。如果交易实例资料太少,不仅会影响估价结果的准确性和客观性,甚至会使市场比较法无法采用。

虽然估价人员搜集的交易实例或房地产交易实例库中存放的交易实例较多,但针对某一具体的估价对象、估价目的和估价时点,不是任何交易实例都可以拿来参照比较的,有些交易实例并不适用。

因此,需要从中选择符合一定条件的交易实例作为参照比较的交易实例。这些用于参照比较的交易实例,称为可比实例。具体来说,可比实例是指交易实例中房地产状况与估价对象房地产状况相同或相当、成交日期与估价时点接近、交易类型与估价目的吻合、成交价格为正常市场价格或能够修正为正常市场价格的交易实例。[①]

①柴强. 房地产估价理论与方法[M]. 北京:中国建筑工业出版社,2011:171.

4.2.2　交易实例搜集的内容与途径

市场比较法需要拥有大量真实、可靠的交易实例。只有拥有了大量真实、可靠的交易实例,才能把握正常的市场价格行情,才能评估出客观合理的价格或价值。所以,首先应尽可能地搜集较多的交易实例。交易实例在平时就应留意搜集和积累。

1)交易实例搜集的途径

①上网查询各地房地产交易网站案例。
②征得各地区土地、房产管理部门配合,上门采集资料。
③取得物业管理部门配合,核实不可售公房等交易底稿。
④走访工商行政主管部门,查阅非居住用房的合法性。
⑤通过房屋中介机构获得挂牌、交易价格。
⑥通过深入现场,直接调查交易当事人,了解多方面信息。
⑦通过市场调查,到房地产公司、售楼处、房展会了解情况。
⑧查阅各种报刊有关房地产交易的消息。
⑨同行之间互相提供信息资料。
⑩其他途径。

2)交易实例的搜集内容

在搜集交易实例时,可以与收集房源信息结合起来。搜集交易实例资料需要搜集的主要内容包括:

①交易双方的基本情况及交易目的。交易双方情况不仅包括交易者的名称、性质、法人代表、住址等基本情况;更重要的是要说明交易双方是否在公开的市场状况下进行公平自愿的交易,即属正常交易还是非正常交易。交易目的是指交易双方为什么而交易,一般包括买卖、入股、抵债等交易目的。

②交易实例房地产状况。一般应包括区位、实物及权益状况。如坐落位置、形状与面积;地质条件;购物、交通等环境条件;土地利用现状与规划用途;有关地上建筑物的基本情况;所有权、使用权、抵押权等的权利状况等。

③成交价格。成交价格应包括房地总价、房屋总价、土地总价及相应的单价和房屋租金等内容,同时应说明价格类型、价格水平及货币种类和货币单位等情况。

④付款方式。付款方式包括一次付清、分期付款及比例、抵押贷款比例、租金支付方式等内容。

⑤成交日期。以确定交易实例的可比性,进行交易日期修正。

⑥交易情况。如交易税费的负担方式,有无隐瞒价格的情况以及有无债务清偿、人为抬价或亲友间交易,合并土地的买卖等特殊交易情况。

3)搜集交易实例的注意事项

①搜集交易实例应注意交易实例内容的真实可靠性。这是提高估价精度的一个最基本的保证。对于搜集到的每个交易实例及其每项具体内容,都应进行查证和核实。

②搜集交易实例应注意交易实例的客观性。即所搜集的资料要尽可能地代表市场的客观水平,交易价格和评估价格之间有较好的替代性。

③搜集交易实例应注意交易实例的完整性与规范性。即所搜集的交易案例资料内容应全面,不能漏项。通常应搜集的交易案例的上述6个方面内容,应完整无缺。为此,需要搜集的内容应事先针对不同类型的房地产,如分为居住、商业、办公、旅馆、餐饮、娱乐、工业、农业等,将所要搜集的内容制作成统一的调查表格(参见表4.1),这样既方便又可避免重要事项的遗漏。将搜集交易实例时填写好的调查表格及有关资料(如照片等),以交易实例卡片或档案袋的形式,一个交易实例一张卡片或一个档案袋,分门别类保存起来。有条件的,可以开发有关的计算机软件,将所搜集到的交易实例信息输入计算机中,建立资料库,方便估价时查找、调用。

表4.1　交易实例调查表格

实例名称		房地产类型	
区域位置			
交易双方	买方:		
	卖方:		
成交价格	总价:		
	单价:		
成交日期		货币种类	
付款方式			
房地产状况	区位状况:		
	权益状况:		
	实物状况:		
交易情况具体说明			
位置图		套型图	
资料来源			

调查人员:　　　　　　　　　　　调查日期:　　　年　　月　　日

④搜集交易实例应注意累积性。要实现房地产估价机构的可持续发展，估价机构必须将一手的、基础的市场资料及时、准确地搜集和积累起来，建立和充分运用房地产估价的实例库和资料库，形成良好的估价资料收集与整理的运行机制。实际工作中，可以将估价人员与交易实例搜集者分开，某些人专门从事交易实例的搜集与整理工作。

4.2.3　可比实例的选取要求与程序

由于可比实例的选择会直接影响估价结果，因此，正确选择可比实例是市场比较法评估的基础。对搜集到的案例，选择要慎重，严格实施必要的选择程序。尤其是拆迁评估，要对所有的案例经过筛选—调查—了解—专家评审4个阶段，最终选择出具有可比性的案例。

1）可比实例选取的要求

选用市场比较法，首先就是要选择好恰当的、合适的、具有可比性的交易案例。《房地产估价规范》指出，根据估价对象状况和估价目的，应从搜集的交易实例中选取3个以上的可比实例。选取的可比实例应符合下列要求：是估价对象的类似房地产；成交日期与估价时点相近，不宜超过1年；成交价格为正常价格或可修正为正常价格。

在实际选取可比实例时，上述3个方面可具体化为下列几点：

（1）区位的同一性或类似性

可比实例应与估价对象最好处在同一地区，越近越好。如果同一地区或临近地区内没有可选取的交易实例，则可以在处于同一供求范围内的类似地区选取可比实例。

（2）物质的同一性或类似性

具体体现在：

①可比实例的用途应与估价对象的用途相同。不同用途的房地产价格通常相差很大，所以首先需要选取用途相同的实例。房地产的用途一般包括：居住、商业、办公、旅馆、工业、农业等。

②可比实例的权利性质应与估价对象的权利性质相同。如待估房地产的价格和交易实例的价格都是买卖价格。

③可比实例的建筑结构应与估价对象的建筑结构相同。大类建筑结构应相同，小类建筑结构相同则更好。

④可比实例的档次应与估价对象的档次相当。如住宅有别墅、高档公寓和普通商品住宅之分，不同档次住宅之间的价格通常缺乏可比性。最多能作为参考，比如普

通商品住宅的价格一般不能高于别墅的价格。

⑤可比实例的规模应与估价对象的规模相当。选取的可比实例规模一般应在估价对象规模的 0.5～2 范围内，即：0.5≤可比实例规模/估价实例规模≤2。

（3）时间的同一性或接近性

可比实例的成交日期应与估价时点相同或接近。这里的"接近"是相对而言的，如果房地产市场比较平稳，则较早之前发生的交易实例可能仍然有参考价值，也可以被选作可比实例；但如果房地产市场变化快，则此期限应缩短，可能只有近期发生的交易实例才有说服力。《房地产估价规范》指出，"成交日期与估价时点相近，不宜超过 1 年"，因为难以对其进行交易日期调整。有时即使进行交易日期调整，可能也会出现较大的偏差，所以最好选择近期 1 年内成交的房地产作为可比实例。如果房地产市场相对比较平稳，可适当延长间隔时间，但最长时效不宜超过 2 年。

（4）交易情况的同一性或类似性

首先，可比实例的交易类型应与估价目的相吻合；其次，可比实例的成交价格应是正常成交价格或能够修正为正常成交价格。

选取可比实例的数量从理论上讲是越多越好，但是，如果要求选取的数量过多，一是可能由于交易实例缺乏而难以做到，二是后续进行比较修正的工作量大，所以，一般要求选取 3 个以上（含 3 个）、10 个以下（含 10 个）的可比实例即可。

【例 4.1】 某一幢砖混结构的住宅，建筑层数为 9 层，地区级别为 5 级。要求用市场比较法评估其出售价格，请从下表 4.2 中所给出的资料中选取合适的比较实例。

表 4.2 交易实例表

实 例	房屋性质	估价时间与目的	地区级别	市场价格/(元·m⁻²)
A	钢混结构 9 层综合楼	近期/出售	5	5 700
B	砖混结构 9 层住宅	5 年前/出售	8	2 960
C	砖混结构 5 层写字楼	近期/出租	5	1 690
D	砖混结构 9 层住宅	半年前/抵押	5	抵押价值 5 100
E	砖混结构 9 层住宅	近期/出售	5	5 500

【解】 分析交易实例，确定可比实例。

实例 A：房屋结构和使用性质与待估房地产不同，不适合做可比实例。

实例 B：出售时间距今时间太长，且地区级别与待估对象相差较大，不适合做可比实例。

实例 C：房屋使用性质、交易目的与价格类型同待估房地产不同，不适合做可比实例。

实例 D：评估目的不同，不适合做可比实例。

实例 E：房屋性质、状态、估价时间、估价目的、地区级别等均与待估对象房地产的条件基本相同,是理想的房地产估价可比实例。

结论:可选取实例 E 做为待估房地产的可比实例之一。

2)可比实例的选取程序

(1)寻找可比实例

根据估价对象状况和估价目的,在交易实例库中进行检索,当然,也可以根据估价对象、估价时点等情况,有针对性地搜集一些交易实例。

(2)进行可比实例的质量判断

从以下 9 个方面进行可比实例的质量判断:是否与估价对象处在同一供求范围内;用途是否与估价对象的用途相同;规模是否与估价对象的规模相当;建筑结构是否与估价对象的建筑结构相同;档次是否与估价对象的档次相当;成交日期是否应与估价时点接近;权利性质是否与估价对象的权利性质相同;交易类型是否与估价目的吻合;成交价格是否正常市场价格或能够修正为正常市场价格。

当符合要求的交易实例较多时,应选取与估价对象最为类似的交易实例作为可比实例。

(3)选取可比实例

一般从搜集的交易实例中选取 3 个以上(含 3 个)、10 个以下(含 10 个)可比实例即可。当有较多的交易实例符合可比实例要求时,应选取其中与估价对象最为类似的交易实例作为可比实例。

针对某些估价对象,有时难以直接选取到与其范围完全相同的房地产交易实例作为可比实例,只能选取"主干"相同的房地产交易实例作为可比实例。这种情况在实际估价中主要有以下 3 类:

①房地产实物范围不同。例如估价对象为土地,选取的是含有类似土地的房地交易实例。还有诸如估价对象是一套封阳台的住房,选取的可比实例是未封阳台的住房,等等。

②含有非房地产成分。例如,估价对象是单纯的房地产,而选取的类似房地产则带有附赠家具、家用电器、汽车等非房地产成分,等等。

③带有债权债务的房地产。例如,估价对象是没有债权债务的房地产,而选取的类似房地产交易实例却有诸如设立了抵押权、拖欠建设工程价款,或者由买方代付欠缴的水费、电费、燃气费、供暖费、通信费、有线电视费、物业服务费用、房产税等方面的债权债务。①

在上述第一类情况下,可比实例的范围统一,一般是统一到估价对象的房地产范围,补充可比实例房地产缺少的范围,扣除可比实例房地产多出的范围,相应地对可

---

①柴强.房地产估价理论与方法[M].北京:中国建筑工业出版社,2011:183.

比实例的成交价格进行加减。

在上述第二类情况下,可比实例的范围统一,一般是统一到单纯的房地产范围,并利用下列公式对价格进行换算处理:

房地产价格 = 含非房地产成分的房地产价格 - 非房地产成分的价格

如果估价对象含有非房地产成分,在市场法最后步骤求出了不含非房地产成分的房地产价值后,再加上非房地产成分的价值,就可得到估价对象的价值。

在上述第三类情况下,可比实例的范围统一,一般是统一到单纯的房地产范围,并利用下列公式对价格进行换算处理:

房地产价格 = 带债权债务的房地产价格 - 债权 + 债务

如果估价对象带有债权债务,在市场法最后步骤求出了不带债权债务的房地产价值后,再加上债权减去债务,就可得到估价对象的价值。

4.3　可比实例成交价格的处理

4.3.1　价格可比基础的建立

《房地产估价规范》规定,"选取可比实例后,应对可比实例的成交价格进行换算处理,建立价格可比基础,统一其表达方式和内涵"。换算处理包括下列内容:

1)统一付款方式

将分期付款的可比实例成交价格折算为在其成交日期时一次付清的数额。具体方法是资金时间价值中的折现计算。

【例 4.2】　某宗房地产交易总价为 50 万元,其中首期付款 30%,余款于 1.5 年后支付。假设月利率为 0.5%,试计算该宗房地产在成交日期一次付清的价格。

【解】　该宗房地产在成交日期一次付清的价格计算如下:

$$50 \text{ 万元} \times 30\% + 50 \text{ 万元} \times \frac{1 - 30\%}{(1 + 0.5\%)^{18}} = 46.99 \text{ 万元}$$

如果不是按月复利计算,而是:①按年复利计算,则计算中的 $(1 + 0.5\%)^{18}$ 就变为 $(1 + 6\%)^{1.5}$;②按半年复利计算,则计算中的 $(1 + 0.5\%)^{18}$ 就变为 $(1 + 3\%)^3$;③按季度复利计算,则计算中的 $(1 + 0.5\%)^{18}$ 就变为 $(1 + 1.5\%)^6$。

2)统一采用单价

在统一采用单价方面,通常为单位面积上的价格(建筑面积、使用面积等)。根据估价对象的具体情况,还可以有其他的比较单位,如仓库以单位体积为比较单位,停车场以每个车位为比较单位,旅馆以每个房间或床位为比较单位,电影院以每个座位为比较单位。

3)统一币种和货币单位

在统一币种方面,不同币种之间的换算,应按中国人民银行公布的成交日期时的市场汇率中间价计算。但如果先按原币种的价格进行交易日期修正,则应对进行了交易日期修正后的价格,采用估价时点时的市场汇价进行换算。在统一货币单位方面,按照使用习惯,人民币、美元、港币等,通常都换算成人民币"元"。

4)统一面积内涵

在现实房地产交易中,不同面积价格之间的换算公式如下:

$$建筑面积下的价格 = 套内建筑面积下的价格 \times \frac{套内建筑面积}{建筑面积}$$

$$建筑面积下的价格 = 使用面积下的价格 \times \frac{使用面积}{建筑面积}$$

$$套内建筑面积下的价格 = 使用面积下的价格 \times \frac{使用面积}{套内使用面积}$$

5)统一面积单位

在面积单位方面,中国内地通常采用 m^2(土地的面积单位有时还采用公顷、亩);中国香港地区及美、英国等习惯采用平方英尺;中国台湾地区及日本、韩国一般采用坪。它们之间的换算如下:

$$平方米下的价格 = 亩下的价格 \div 666.67$$

$$平方米下的价格 = 公顷下的价格 \div 10\,000$$

$$平方米下的价格 = 平方英尺下的价格 \times 10.764$$

$$平方米下的价格 = 坪下的价格 \times 0.303$$

【例4.3】 现搜集甲、乙、丙三宗交易实例。甲实例使用面积140 m^2,成交总价95万元,一次付清,该类房地产的建筑面积与使用面积的关系为1 m^2建筑面积等于0.78 m^2使用面积;乙实例建筑面积180 m^2,成交总价120万元,分2次支付,首付40万元,余额于1年后付清,月利率为0.6%;丙实例建筑面积为40坪,成交总价1 200万日元,一次付清。丙实例交易当时的人民币与日元的市场汇价为1元=15日元,估价时点人民币与日元的市场汇价为1元=15日元。试将上述资料整理成一次付清每平方米建筑面积人民币价格。

【解】 (1)统一付款方式

甲总价 = 95 万元

乙总价 = 40 万元 + 80 万元 ÷ $(1 + 0.6\%)^{12}$ = 114.46 万元

丙总价 = 1 200 万日元

(2)统一采用单价

甲单价(使用面积) = 950 000 元 ÷ 140 m² = 6 785.71 元/m²

乙单价(建筑面积) = 1 144 600 元 ÷ 180 m² = 6 358.89 元/m²

丙单价(建筑面积) = 1 200 万日元 ÷ 40 坪 = 30 万日元/坪

(3)统一币种和货币单位

以人民币元为基准,则需要将丙交易实例的日元换算为人民币元。

甲单价(使用面积) = 950 000 元 ÷ 140 m² = 6 785.71 元/m²

乙单价(建筑面积) = 1 144 600 元 ÷ 180 m² = 6 358.89 元/m²

丙单价(建筑面积) = 300 000 日元/坪 ÷ 15 日元/元 = 20 000 元/坪

(4)统一面积内涵

甲单价(建筑面积) = 6 785.71 元/m² × 0.78 = 5 292.85 元/m²

乙单价(建筑面积) = 6 358.89 元/m²

丙单价(建筑面积) = 20 000 元/坪

(5)统一面积单位

以 m² 为基准,1 m² = 0.303 坪,则:

甲单价(建筑面积) = 5 292.85 元/m²

乙单价(建筑面积) = 6 358.89 元/m²

丙单价(建筑面积) = 20 000 元/坪 × 0.303 坪/m² = 6 060 元/m²

以上建立价格可比基础可以如下计算:

甲单价(建筑面积) = 一次性付清的人民币总价 ÷ 总建筑面积

　　　　　 = 950 000 元 ÷ (140 ÷ 0.78) m² = 5 292.85 元/m²

乙单价(建筑面积) = 一次性付清的人民币总价 ÷ 总建筑面积

　　　　　 = [400 000 元 + 800 000 元 ÷ $(1 + 0.6\%)^{12}$] ÷ 180 m²

　　　　　 = 6 358.89 元/m²

丙单价(建筑面积) = 一次性付清的人民币总价 ÷ 总建筑面积

　　　　　 = (12 000 000 ÷ 15) 元 ÷ (40 ÷ 0.303) m² = 6 060 元/m²

4.3.2　房地产交易情况修正

选定了可比实例后,要根据可比实例和待估房地产二者各项因素与条件的差异程度对其价格进行修正。需注意的是,所有的修正情况都是将可比实例房地产向待估房地产修正,以待估房地产的基本因素和各项条件为基准进行修正。因为评估最终要反映的是待估房地产的市场价格。

1) 交易情况修正的含义与必要性

可比实例的成交价格可能是正常的,也可能是不正常的。由于要求评估的估价对象的价格是客观合理的,所以,如果可比实例的成交价格是不正常的,则应将其调整为正常的,如此才能作为估价对象的价格。这种对可比实例成交价格进行的调整称为交易情况修正。

造成成交价格不正常的原因很复杂,其中主要原因包括:

①政府为了对某种产业进行鼓励、扶持或控制,在政策上给予优惠或限制,甚至对房地产交易进行干预和管制。

②有特别利害关系的人或业主之间低于市场价格的交易,如亲友、有利害关系的公司、合作伙伴、生产协作密切的单位、单位与其职工之间的交易。

③有特别动机的交易,如急于出售的房地产、商业机构急欲购买的店铺等。急欲脱售的价格往往偏低,急欲购买的价格往往偏高。

④买方或卖方无知,不了解行情而盲目购置,往往使交易价格偏高;反之,卖方不了解行情而盲目出售,往往使交易价格偏低。

⑤购买相邻房地产,由于合并后会增加原有房地产的效用,所以购买价格有时要高于单独存在时的正常价格。

⑥特殊方式的交易,如拍卖时通常价格偏高,招标因注意其整体方案效用,所以招标的价格可能偏高或偏低。

⑦特殊交易条件,如卖方在房地产脱手后的半年内还能继续使用而不必支付租金。

⑧优惠的融资条件,如房地产交易的新买主能借到低于现行市场贷款利率的购买资金。

⑨受债权债务关系影响的交易,如设立了抵押权、典权或有拖欠工程款的房地产交易。

⑩其他特殊情况,如房地产增值税本应由卖方负担,却转嫁给了买方;契税本应由买方负担,却转嫁给了卖方等,这些都会造成交易价格的不正常。

对于上述情况造成的不正常交易,乃至不正常价格,在房地产估价中是不能直接参考的。但当可供选择的交易实例较少,确需选用上述情形的交易实例时,应对其进行交易情况修正。

2) 交易情况修正的方法

交易情况修正的方法,主要有百分率法和差额法。采用百分率法进行交易情况修正的一般公式为:

可比实例成交价格 × 交易情况修正系数 = 正常价格

采用差额法进行交易情况修正的一般公式为：

可比实例成交价格 + 交易情况修正数额 = 正常价格

其中，交易情况修正系数一般是以正常价格为基准来确定的。因为只有以正常价格为基准，比较的基准才会只有一个。因为比较法评估要求选取多个可比实例来进行比较修正，如果以每个可比实例的实际成交价格为基准，就会出现多个比较基准，这样不利于得出统一的评估价格。

假设可比实例的成交价格比其正常市场价格高 $S\%$，则：

$$可比实例的成交价格 \times \frac{1}{1+S\%} = 正常价格$$

或 $$可比实例的成交价格 \times \frac{100}{100+S} = 正常价格$$

假设可比实例的成交价格比其正常市场价格低 $R\%$，则：

$$可比实例的成交价格 \times \frac{1}{1-R\%} = 正常价格$$

或 $$可比实例的成交价格 \times \frac{100}{100-R} = 正常价格$$

对交易税费非正常负担的修正，应将成交价格调整为依照政府有关规定，交易双方负担各自应负担的税费下的价格：

正常成交价格 − 应由卖方负担的税费 = 卖方实际得到的价格

正常成交价格 + 应由买方负担的税费 = 买方实际付出的价格

【例 4.4】　某地区房地产交易中卖方、买方应交纳的税费分别为正常成交价格的 2% 和 3%。某宗房地产交易，买方付给卖方 92.7 万元，应交纳的税费均由卖方负担，则该宗房地产的正常成交价格是多少？

【解】　买方实际付出的价格 = 92.7 万元

正常成交价格 + 应由买方负担的税费 = 买方实际付出的价格

正常成交价格 + 正常成交价格 × 3% = 92.7 万元

正常成交价格 = 92.7 万元 ÷（1 + 3%）= 90 万元

【例 4.5】　某地区房地产交易中卖方、买方应交纳的税费分别为正常成交价格的 2% 和 3%。某宗房地产交易，买方付给卖方 90 万元，应交纳的税费均由买方负担，则该宗房地产的正常成交价格是多少？

【解】　卖方实际得到的价格 = 90 万元

正常成交价格 − 应由卖方负担的税费 = 卖方实际得到的价格

正常成交价格 − 正常成交价格 × 2% = 90 万元

正常成交价格 = 90 万元 ÷（1 − 2%）= 91.84 万元

4.3.3 房地产交易日期调整

1）交易日期调整的含义与必要性

可比实例的成交价格是其成交日期时的价格,待估房地产的价格是估价时点时的价格。如果可比实例的成交日期与待估房地产的估价时点不同,房地产市场状况发生了变化,如政府出台新的政策措施、利率发生变化、出现通货膨胀或通货紧缩等,从而房地产价格就有可能不同。因此,应将可比实例在其成交日期时的价格调整为在待估房地产估价时点时的价格。这种对可比实例成交价格进行的调整,称为交易日期调整。

交易日期调整实质上是对房地产市场状况影响房地产价格的调整,所以又称房地产市场状况调整。经过交易日期调整后,就将可比实例在其成交日期时的价格变成了在估价时点时的价格。

2）交易日期调整的方法

在可比实例的成交日期至估价时点期间,随着时间的推移,房地产价格可能保持平稳,或者上涨或下跌。当房地产价格为平稳发展时,可不进行交易日期调整。而当房地产价格为上涨或下跌时,则必须进行交易日期调整。交易日期调整主要采用百分率法。

（1）百分率法

采用百分率法进行交易日期调整的一般公式为:

可比实例在成交日期时的价格 × 交易日期调整系数 = 可比实例在估价时点时的价格

其中,交易日期调整系数应以成交日期时的价格为基准来确定。假设从成交日期到估价时点,可比实例价格涨跌的百分率为 $\pm T\%$（从成交日期到估价时点,当可比实例的价格上涨的为 $+T\%$;下跌的为 $-T\%$）,则:

可比实例在成交日期时的价格 $\times (1 \pm T\%)$ = 可比实例在估价时点时的价格

或　　可比实例在成交日期时的价格 $\times \dfrac{100 \pm T}{100}$ = 可比实例在估价时点时的价格

其中,$(1 \pm T\%)$ 或 $\dfrac{100 \pm T}{100}$ 是交易日期调整系数。

交易日期调整的关键是要把握可比实例及估价对象房地产的价格随时间变化而发生的涨落变动情况。这就需要调查和分析变动的具体情况与规律。调整的具体方法,可以采用价格指数法或价格变动率法,也可以采用时间序列分析法（可参见"第8

章长期趋势法")。

(2)价格指数法

价格指数有定基价格指数和环比价格指数。在价格指数编制中,需要选择某个时期作为基期。如果是以某个固定时期作为基期,称为定基价格指数;如果是以上一时期作为基期,称为环比价格指数。价格指数编制原理见表4.3,定基价格指数以第1期为基期。

表4.3　价格指数的编制原理

时　间	价　格	定基价格指数	环比价格指数
1	P_1	100	P_1/P_0
2	P_2	P_2/P_1	P_2/P_1
3	P_3	P_3/P_1	P_3/P_2
⋮	⋮	⋮	⋮
$n-1$	P_{n-1}	P_{n-1}/P_1	P_{n-1}/P_{n-2}
n	P_n	P_n/P_1	P_n/P_{n-1}

①采用定基价格指数进行交易日期调整的公式为:

可比实例在成交日期时的价格×交易日期调整系数 = 可比实例在估价时点时的价格

【例4.6】　某地区某类房地产2011年4月1日至10月1日的价格指数分别为79.6,80.1,82.7,85.0,89.2,92.5,98.1(以2010年1月1日的价格指数为100)。其中有一房地产在2011年6月1日的价格为6 000元/m²,试修正该价格为2011年10月1日的价格。

【解】　该宗房地产2011年10月1日的价格计算如下:

$$6\ 000\ 元/m^2 \times \frac{98.1}{82.7} = 7\ 117.29\ 元/m^2$$

②采用环比价格指数进行交易日期调整的公式为:

可比实例在成交日期时的价格×成交日期的下一时期的价格指数×再下一时期的价格指数×…×估价时点时的价格指数 = 在估价时点时的价格

【例4.7】　某地区某类房地产2011年4月1日至10月1日的价格指数分别为79.6,80.1,82.7,85.0,89.2,92.5,98.1(均以上个月的价格指数为100)。其中有一房地产在2011年6月1日的价格为6 000元/m²,试修正该价格为2011年10月1日的价格。

【解】　该宗房地产2011年10月1日的价格计算如下:

$$6\ 000\ 元/m^2 \times 0.981 \times 0.925 \times 0.892 \times 0.85 = 4\ 128.06\ 元/m^2$$

（3）价格变动率法

房地产价格变动率有逐期递增或递减或不变的情况，也有期内平均上升或下降的情况。逐期的价格变动率进行交易日期修正的公式为：

可比实例成交日期的价格 $\times (1 \pm$ 价格变动率$)^{期数} =$ 可比实例估价时点的价格

期内平均上升或下降的价格变动率进行交易日期修正的公式为：

可比实例成交日期的价格 $\times (1 \pm$ 价格变动率 $\times$ 期数$) =$ 可比实例估价时点的价格

以上价格指数和价格变动率可以参考同期的全国房地产价格指数，也可以参考本地区房地产的价格指数，或者参考全国本类房地产的价格指数，但最好采用的是本地区本类房地产的价格指数，也可采用与该地区有相似的价格变动过程的地区的价格变动指数。

目前，我国已经编制了几种房地产价格指数，如中房指数、国房指数、城市低价指数等，为房地产估价中的交易日期调整提供了依据。

【例 4.8】 某宗房地产 2011 年 2 月 25 日的价格为 1 000 美元/m²，汇率 1 美元 = 6.58 元人民币。该类房地产以美元为基准的价格月均递减 0.5%，计算其交易日期修正至 2011 年 10 月 25 日的价格。2011 年 10 月 25 日的汇率为 1 美元 = 6.34 元人民币。

【解】 该宗房地产 2011 年 10 月 25 日的价格计算如下：

$$1\ 000\ 美元/m^2 \times (1 - 0.5\%)^8 \times 6.34\ 元/美元 = 6\ 091\ 元/m^2$$

【例 4.9】 某宗房地产 2011 年 2 月 25 日的价格为 1 000 美元/m²，汇率 1 美元 = 6.58 元人民币。该类房地产以人民币为基准的价格月均递增 0.5%，计算其交易日期修正至 2011 年 10 月 25 日的价格。2011 年 10 月 25 日的汇率为 1 美元 = 6.34 元人民币。

【解】 该宗房地产 2011 年 10 月 25 日的价格计算如下：

$$1\ 000\ 美元/m^2 \times 6.58\ 元/美元 \times (1 + 0.5\%)^8 = 6\ 847.9\ 元/m^2$$

以上两个例子最主要的区别是以不同货币的价格指数递增或递减。当以人民币为基准递增或递减时，要先把外币按成交日期的汇率转化成人民币，然后再修正；当以外币为基准递增或递减时，要先修正至估价时点，然后再把外币按估价时点的汇率转化成人民币。

4.3.4 房地产状况调整

1）房地产状况调整的含义与内容

房地产状况包括区位状况、权益状况以及实物状况，它是影响房地产价格的一个重要因素。因此，如可比实例房地产与估价对象房地产本身有差异，则在进行了交易情况和交易日期修正后，还应进行房地产状况的修正。进行房地产状况调整，是将可比实例在其房地产状况下的价格,调整为在估价对象房地产状况下的价格。

房地产状况调整包括区位状况调整、权益状况调整以及实物状况调整 3 个方面。由于房地产状况的构成因素多而复杂,因此,在这 3 个因素调整中,还可以进一步细分为若干比较小的具体因素的调整。

(1)区位状况调整的内容

区位状况是对房地产价格有影响的房地产区位因素的状况。区位状况调整的内容主要包括:繁华程度、交通便捷程度、环境景观、外部配套设施(基础设施、公共服务设施)、临路状况、朝向、楼层等影响房地产价格的因素。调整时应根据不同类型房地产分别选择有关的因素进行调整。

(2)权益状况调整的内容

权益状况是对房地产价格有影响的房地产权益因素的状况。权益状况调整的内容主要包括:土地使用年限、城市规划限制条件(如容积率)等影响房地产价格的因素。在实际估价中,遇到最多的是土地使用年限调整。其调整的具体方法参见"第 6 章收益法"。

(3)实物状况调整的内容

实物状况是对房地产价格有影响的房地产实物因素的状况。进行实物状况调整,是将可比实例房地产在其实物状况下的价格,调整为在估价对象房地产实物状况下的价格。实物状况调整的内容很多,对于土地来说,主要包括:面积大小、形状、基础设施完备程度(属于可比实例、估价对象之内的部分)、场地平整程度、地势、地质水文状况等影响房地产价格的因素;对于建筑物来说,主要包括:新旧程度、建筑规模、建筑结构、设备、装修、平面格局、工程质量等影响房地产价格的因素。

2)房地产状况调整的思路和方法

房地产状况调整的思路是:首先列出对估价对象价格有影响的房地产状况各方面的因素,包括区位方面的、权益方面的和实物方面的;其次判定估价对象房地产和可比实例房地产在这些因素方面的状况;然后将可比实例房地产与估价对象房地产在这些因素方面的状况进行逐项比较,找出它们之间的差异所造成的价格差异程度;最后根据价格差异程度对可比实例价格进行调整。总的来说,如果可比实例房地产优于估价对象房地产,则应对可比实例价格做减价调整;反之,则应做增价调整。

具体进行房地产状况调整的方法,有直接比较调整和间接比较调整两种。

(1)直接比较调整

直接比较调整一般是采用评分的办法,以估价对象房地产状况为基准(通常定为100 分),将可比实例房地产状况与它逐项进行比较、打分。如果可比实例房地产状况比估价对象房地产状况差,则打的分数就低于 100;相反,打的分数就高于 100。然后将所得分数转化为调整价格的比率。采用直接比较(参见表 4.4)进行房地产状况调整的表达式为：

$$可比实例在其房地产状况下的价格 \times \frac{100}{(\quad)} = 在估价对象房地产状况下的价格$$

其中括号内应填写的数字，为可比实例房地产状况相对于估价对象房地产状况的得分。

表4.4　房地产状况直接比较表

房地产状况	权　重	估价对象	可比实例A	可比实例B	可比实例C	可比实例D
因素1	F_1	100				
因素2	F_2	100				
因素3	F_3	100				
⋮	⋮	⋮				
因素n	F_n	100				
综　合	1	100				

（2）间接比较调整

间接比较调整与直接比较调整相似，所不同的是设想一个标准房地产状况，然后以此标准房地产状况为基准（通常定为100分），将估价对象及可比实例的房地产状况均与它逐项进行比较、打分。如果估价对象、可比实例的房地产状况比标准房地产状况差，则打的分数就低于100；相反，打的分数就高于100，再将所得的分数转化为调整价格的比率。参见表4.5。

采用间接比较进行房地产状况调整的表达式为：

$$可比实例的价格 \times \frac{100}{(\quad)} \times \frac{(\quad)}{100} = 估价对象房地产状况下的价格$$

上式分母的括号内应填写的数字为可比实例房地产状况相对于标准房地产状况的得分；位于分子的括号内应填写的数字为估价对象房地产状况相对于标准房地产状况的得分。

表4.5　房地产状况间接比较表

房地产状况	权重	估价对象	标准状况	可比实例A	可比实例B	可比实例C	可比实例D
因素1	F_1		100				
因素2	F_2		100				
因素3	F_3		100				
⋮	⋮		⋮				
因素n	F_n		100				
综　合	1		100				

【例 4.10】 比较法中,采用间接比较对某一评估对象的可比实例价格进行房地产状况修正,其中可比实例的房地产状况优于标准房地产状况得 102 分,估价对象的房地产状况劣于标准房地产状况得 97 分,则房地产状况修正系数是多少?

【解】 房地产状况修正系数: $\dfrac{100}{102} \times \dfrac{97}{100} = 0.95$

3)房地产状况调整应注意的问题

除了期房交易的成交价格之外,可比实例的房地产状况,无论是区位状况、权益状况还是实物状况,都应是成交价格所对应或反映的房地产状况,而不是在估价时点或其他时候的状况。

不同使用性质的房地产,在进行区位状况和实物状况调整时,具体调整的内容及权重应有所不同。例如,居住房地产讲求宁静、安全、舒适;商业房地产着重繁华程度、交通条件;工业房地产强调对外交通运输;农业房地产重视土壤、排水和灌溉条件等。对应不同类型房地产的这些状况,其权重通常应在相应的调整时取比较高的数值。

4.4 比准价格的综合估算与求取

4.4.1 求取与某个可比实例对应的比准价格的方法

市场比较法估价经过交易情况、交易日期、房地产状况三大方面的修正、调整后,就把可比实例房地产的实际成交价格,变成了估价对象房地产在估价时点时的客观合理价格。如果把这三大方面的修正、调整综合起来,则可得到如下计算公式:

1)修正、调整系数连乘形式

估价对象价格 = 可比实例价格 × 交易情况修正系数 × 交易日期修正系数 × 房地产状况修正系数

修正公式分为直接比较修正公式和间接比较修正公式。

直接比较修正公式表示为一般的格式为:

$$估价对象价格 = P_{实例} \times \frac{100}{(\ )} \times \frac{(\ )}{100} \times \frac{100}{(\ )}$$

间接比较修正公式表示为一般的格式为:

$$\text{估价对象价格} = P_{实例} \times \frac{100}{(\quad)} \times \frac{(\quad)}{100} \times \frac{100}{(\quad)} \times \frac{(\quad)}{100}$$

间接比较修正公式的房地产状况修正是将可比实例的房地产状况先修正到标准房地产的状况,再以标准房地产的状况为基准,修正到估价对象的房地产状况。

2)修正、调整系数累加形式

估价对象价格 = 可比实例价格 × (1 + 交易情况修正系数 + 交易日期调整系数 + 房地产状况调整系数)

上述连乘形式和累加形式不仅形式不同,对于相同的修正率,其结果也会有所不同。假设交易情况修正中可比实例的成交价格比其正常高 $S\%$,交易日期修正中从成交日期到估价时点时可比实例价格涨幅为 $T\%$,房地产状况修正中可比实例的房地产状况比估价对象的房地产状况优 $R\%$,则:

修正、调整系数连乘形式为:

$$\text{估价对象价格} = P_{实例} \times \frac{100}{100 + S} \times \frac{100 + T}{100} \times \frac{100}{100 + R}$$

修正、调整系数累加形式为:

$$\text{估价对象价格} = P_{实例} \times \frac{100 + T}{100 + S + R}$$

连乘形式和累加形式相比,连乘形式更加科学,应用更广泛。公式中的交易情况、交易日期和房地产状况的修正,可视具体情况采用百分率法、差额法或回归分析法等。

4.4.2 比准价格的综合估算方法

将多个可比实例对应的比准价格综合成一个最终比准价格的方法主要有 3 种:平均数法、中位数法、众数法。其中平均数法最常用。

1)平均数法

平均数法有简单算术平均数法和加权算术平均数法。

简单算术平均数法是把修正出的各个价格相加,再除以其个数,求出综合价格的方法。如:有 4 个同等重要性的可比实例 A,B,C,D 修正出的价格分别是 6 000 元/m²,6 200元/m²,6 100 元/m²,5 900 元/m²,则求得一个综合价格 = (6 000 元/m² + 6 200 元/m² + 6 100 元/m² + 5 900 元/m²) ÷ 4 = 6 050 元/m²。用简单算术平均数法求出综合价格的可比实例的重要性程度都应差不多。

加权算术平均数法是把修正出的各个价格综合成一个价格时,考虑到每个价格的重要程度不同,先赋予每个价格不同的权数,然后求出综合价格的方法。对于与估价对象最类似的可比实例修正出的价格,赋予最大的权数,反之,赋予最小的权数。如:有 3 个重要程度不同的可比实例 A,B,C 修正出的价格分别是 5 500 元/m²,5 800 元/m²,5 650 元/m²,可比实例 A 与估价对象的各种情况相差最远,可比实例 B 次之,可比实例 C 与估价对象的各种情况最接近,则其相应赋予的权数为 25%,35%,40%,则可求得一个综合价格 = (5 500 元/m² × 25% + 5 800 元/m² × 35% + 5 650 元/m² × 40%) ÷ 100% = 5 665 元/m²。

2)中位数法

中位数法是指将多个可比实例经修正后的价格数额按大小顺序排列后,将居于数列中点位置的可比实例价格作为综合价格。例如:简单算术平均数法例子中的 3 个可比实例的价格按大小顺序排列分别是 A,C,B,即 5 500 元/m²,5 650 元/m²,5 800 元/m²,位于中点位置上的为 C,则可确定综合价格为 5 650 元/m²。若可比实例项数为偶数时,则把位于中间的 2 个可比实例平均数作为综合价格。如:加权算术平均数法例子中的 4 个可比实例的价格按大小顺序排列分别是 D,A,C,B,位于中间的 2 个可比实例 A,C 的价格分别是 6 000 元/m²,6 100 元/m²,则确定的综合价格 = (6 000元/m² + 6 100元/m²) ÷ 2 = 6 050 元/m²。

3)众数法

与中位数一样,是一种位置平均数,它是将各总体单位按某一标志排序后整理成分布数列,如果其中有某一标志值出现的次数最多,即为众数值。在房地产估价中,则需要选择 10 个以上的可比实例,才可能用这种方法确定综合结果,目前采用较少。

4.4.3　比准价格综合估算方法的选用判断

对于同一个案例,使用不同的综合估算方法,其结果通常是不同的。即采用平均数法、中位数法或者众数法,对估价结果的影响是不同的。即使采用平均数法,具体是采用简单算术平均数法,还是加权算术平均数法,以及加权算术平均数法中采用不同的权重,其最终估价结果也是不同的。

实际估价中,如何选用不同的综合估算方法也是一个难点,它需要专业房地产估价人员有丰富的估价经验和较强的分析影响因素重要性的判断力

4.5 市场法估价总结与应用实例

4.5.1 市场比较法估价总结

采用市场比较法进行估价,首先要从现实的房地产市场中搜集大量的交易实例,并针对具体的估价对象、估价时点及估价目的,从中选取至少 3 个符合条件的可比实例。然后对这些可比实例的成交价格进行依次换算、修正和调整。"换算"即建立价格可比基础,"修正"即交易情况修正,"调整"即交易日期和房地产状况的调整。最后,将这些经过处理的可比实例价格,采用平均数、中位数或众数等方法,综合得出一个价格,这个价格就是估价对象房地产的最终比准价格。

市场比较法估价的上述操作内容可用图 4.1 表示如下:

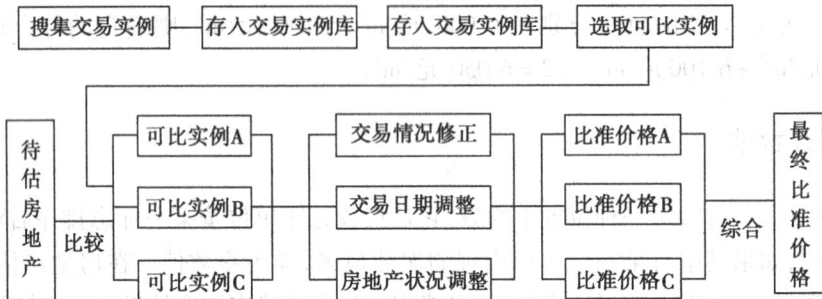

图 4.1 市场比较法估价操作图

4.5.2 市场比较法应用举例

【例 4.11】 为评估某办公楼 2010 年 10 月 10 日的正常市场价格,估价人员在附近地区调查选取了类似办公楼 A,B,C 三宗作为可比实例,相关资料见表 4.6。

调查获知该类办公楼的市场价格,2009 年 12 月 10 日至 2010 年 6 月 10 日平均每月比上月上涨 1.5%,2010 年 6 月 10 日至 2010 年 12 月 10 日平均每月比上月上涨 2%。

房地产状况中的 3 个因素对价格影响的重要程度是:因素 1 为 0.6,因素 2 为 0.25,因素 3 为 0.15。房地产状况各因素的正值表示可比实例的状况优于估价对象状况幅度,负值表示劣于估价对象状况的幅度。

试利用上述资料估算该办公楼 2010 年 10 月 10 日的正常市场价格。综合价格采用简单算术平均法。

表4.6　可比实例情况表

比较因素	物业名称	可比实例A	可比实例B	可比实例C
交易均价/(元·m⁻²)		5 600	5 800	5 900
交易情况		+3%	-1%	+2%
交易日期		2010.4.10	2010.2.10	2010.5.10
房地产状况	因素1	+2%	-3%	+6%
	因素2	+4%	-2%	+2%
	因素3	0	+5%	-3%

【解】　(1)计算公式

估价对象价格 = 可比实例价格 × 交易情况修正系数 × 交易日期调整系数 × 房地产状况调整系数

(2)交易情况修正系数

可比实例A：$\dfrac{100}{100+3} = \dfrac{100}{103}$

可比实例B：$\dfrac{100}{100-1} = \dfrac{100}{99}$

可比实例C：$\dfrac{100}{100+2} = \dfrac{100}{102}$

(3)交易日期调整系数

可比实例A：$(1+1.5\%)^2 \times (1+2\%)^4 = 1.115\,1$

可比实例B：$(1+1.5\%)^4 \times (1+2\%)^4 = 1.148\,9$

可比实例C：$(1+1.5\%)^1 \times (1+2\%)^4 = 1.098\,7$

(4)房地产状况调整系数

可比实例A：$100/(102 \times 0.6 + 104 \times 0.25 + 100 \times 0.15) = \dfrac{100}{102.2}$

可比实例B：$100/(97 \times 0.6 + 98 \times 0.25 + 105 \times 0.15) = \dfrac{100}{98.45}$

可比实例C：$100/(106 \times 0.6 + 102 \times 0.25 + 97 \times 0.15) = \dfrac{100}{103.65}$

(5)计算比准价格(单价)

比准价格A $= 5\,600$ 元 $/\text{m}^2 \times \dfrac{100}{103} \times 1.115\,1 \times \dfrac{100}{102.2} = 5\,932.17$ 元/m²

比准价格B $= 5\,800$ 元 $/\text{m}^2 \times \dfrac{100}{99} \times 1.148\,9 \times \dfrac{100}{98.45} = 6\,836.90$ 元/m²

$$比准价格\ C = 5\ 900\ 元/m^2 \times \frac{100}{102} \times 1.098\ 7 \times \frac{100}{103.65} = 6\ 131.43\ 元/m^2$$

将上述 3 个比准价格的简单算术平均数作为市场比较法的估算价格,则:

$$估价对象价格(单价) = \frac{(5\ 932.17\ 元/m^2 + 6\ 836.90\ 元/m^2 + 6\ 131.43\ 元/m^2)}{3}$$

$$= 6\ 300.17\ 元/m^2$$

估价实务中,经常使用 Excel 表格来计算,上例的具体做法见表 4.7。

表 4.7 办公楼正常市场价格估算表

		文件(F) 编辑(E) 视图(V) 插入(I) 格式(O) 工具(T) 数据(D) 窗口(W) 帮助(H)			键入需要帮助的问题		
					宋体	10	**B**
	D5	fx	1+0				
	A	B	C	D	E	F	G
1							
2							
3			房地产状况修正				计算说明	修正值计算结果
4	可比实例	因素1	因素2	因素3			
5	可比实例A	1+2%	1+4%	1+0		1/(B5×0.6+C5×0.25+D5×0.15)	100/102.2
6	可比实例B	1-3%	1-2%	1+5%		1/(B6×0.6+C6×0.25+D6×0.16)	100/98.45
7	可比实例C	1+6%	1+2%	1-3%		1/(B7×0.6+C7×0.25+D7×0.17)	100/103.65
8							
9	可比实例	交易价格(元/m²)	交易情况修正值	交易日期修正值	房地产状况修正值	计算说明	比准价格(元/m²)
10	可比实例A	5 600	100/103	(1+1.5%)² (1+2%)⁴	100/102.2	B10×C10×D10×E10	5 932.17
11	可比实例B	5 800	100/99	(1+1.5%)⁴ (1+2%)⁴	100/98.45	B10×C10×D10×E11	6 836.90
12	可比实例C	5 900	100/102	(1+1.5%)¹ (1+2%)⁴	100/103.65	B10×C10×D10×E12	6 131.43
13							
14		**办公楼市场价格**				AVERAGE (G10, G11, G12)	6 300.17

上例的测算过程,分别对交易日期、交易情况、房地产状况等因素进行分步修正,这样的测算使得其中若有一个因素计算错误,不会影响其他因素的修正。但有时为了简便,也可以不用各因素分步修正,可以一步到位。

【例 4.12】 为评估某写字楼的价格,在该写字楼附近地区调查选取了 A,B,C 三宗类似写字楼的交易实例作为可比实例,有关资料见表 4.8。

表 4.8 可比实例情况表

内 容 \ 可比实例 比较因素	可比实例 A	可比实例 B	可比实例 C
成交价格/(元·m⁻²)	5 000	5 200	4 900
成交日期	2010.1.31	2010.3.31	2010.7.31
交易情况	+2%	-2%	-3%
房地产状况	-1%	+3%	+1%

从 2010 年 1 月 1 日到 2010 年 6 月 30 日该类写字楼的市场价格基本不变,以后月均递增 1%。试利用上述资料估算该写字楼在 2010 年 10 月 31 日的正常单价。

表 4.8 的交易情况中,正值表示可比实例的成交价格高于其正常价格的幅度,负值表示可比实例的成交价格低于其正常价格的幅度;房地产状况中,正值表示可比实例的房地产状况优于估价对象的房地产状况导致的价格上升的幅度,负值表示可比实例的房地产状况劣于估价对象的房地产状况导致的价格下降的幅度。

【解】　(1)计算公式

估价对象价格 = 可比实例价格 × 交易情况修正系数 × 交易日期修正系数 × 房地产状况修正系数

(2)计算比准价格(单价)

$$比准价格 A = 5\ 000\ 元/m^2 \times \frac{100}{100+2} \times (1+1\%)^4 \times \frac{100}{100-1}$$

$$= 5\ 000\ 元/m^2 \times \frac{100}{102} \times 1.040\ 6 \times \frac{100}{99} = 5\ 152.51\ 元/m^2$$

$$比准价格 B = 5\ 200\ 元/m^2 \times \frac{100}{100-2} \times (1+1\%)^4 \times \frac{100}{100+3}$$

$$= 5\ 200\ 元/m^2 \times \frac{100}{98} \times 1.040\ 6 \times \frac{100}{103} = 5\ 360.73\ 元/m^2$$

$$比准价格 C = 4\ 900\ 元/m^2 \times \frac{100}{100-3} \times (1+1\%)^3 \times \frac{100}{100+1}$$

$$= 4\ 900\ 元/m^2 \times \frac{100}{97} \times 1.030\ 3 \times \frac{100}{101} = 5\ 153.08\ 元/m^2$$

将上述 3 个比准价格的简单算术平均数作为市场比较法的估算价格,则:

$$估价对象价格(单价) = \frac{(5\ 152.51\ 元/m^2 + 5\ 360.73\ 元/m^2 + 5\ 153.08\ 元/m^2)}{3}$$

$$= 5\ 222.11\ 元/m^2$$

上例使用 Excel 表格来计算更简洁明了,具体做法见表 4.9。

表 4.9　写字楼价格估算表

	A	B	C	D	E	F	G
	可比实例	交易价格 (元/m²)	交易情况 修正值	交易日期 修正值	房地产状况 修正值	计算说明	比准价格 (元/m²)
1							
2	可比实例A	5000	100/102	(1+1%)⁴	100/99	B2×C2×D2×E2	5152.51
3	可比实例B	5200	100/98	(1+1%)⁴	100/103	B2×C2×D2×E3	5360.73
4	可比实例C	4900	100/97	(1+1%)³	100/101	B2×C2×D2×E4	5153.08
5							
6		写字楼价格				AVERAGE (G2, G3, G4)	5222.11

【例4.13】 本次估价对象为××公司拥有的××新区E区的14,15,16号楼的房地产。总建筑面积为21 445.49 m²,分摊的土地面积为5 924.17 m²。估价人员根据现场勘察收集的有关资料,依据国家及北京市颁布的有关房地产评估的法律、法规和政策以及委托方提供的有关资料,本着独立、客观、公正、科学、合理的原则,遵循法定或公允的估价程序,经过周密、准确的测算,对待估房地产在估价时点的公允价格进行了估价。

【解】 1)估价对象

本次估价对象为××新区E区的14,15,16号楼的房地产。总建筑面积为21 445.49 m²,其中14号建筑面积为6 969.47 m²,15号建筑面积为6 969.47 m²,16号建筑面积为7 506.55 m²,分摊的土地总面积为5 924.17 m²,其中14号楼分摊1 925.27 m²,15号楼分摊1 925.27 m²,16号楼分摊2 073.63 m²。估价对象中土地使用权和房屋所有权属××公司所有。

估价对象坐落于××区××乡××村,建成后为封闭式管理,绿化率较高的高品质住宅区。其东至××居住区E区二期用地,西至规划的××中路,南至规划的××大街,北至规划的××北街,地处××商圈内,邻××三环路和××四环路。土地开发程度达到"七通一平"。根据北京市地价区类划分标准,待估土地位于五类地价区。附近有多路公交车通过,交通便捷。

(1)房地产权利状况

估价对象中土地使用权属××公司所有,建筑物为××公司开发建设。证明文件详见后附《中华人民共和国国有土地使用证》[京××国用(2001 出)字第××号];《中华人民共和国建设用地规划许可证》[2000—规地字—××];《中华人民共和国建设工程规划许可证》[2000—规建字—××];《北京市建设工程开工证》[京建开字(2000)第××号];《北京市商品房预售许可证》[京房内证字第××号]。待估房地产产权清晰,无纠纷。

(2)待估物业概况

估价土地为住宅用地,使用权类型为出让类型,使用权终止日期为2071年8月29日。土地开发程度达到七通一平:通水(上水、下水)、电、天然气、热力、通信、道路和场地平整。

估价对象为多层轻框剪力墙结构,地下1层,地上6.5层,标准层层高2.7 m,6~6.5层为复式结构,每层层高2.4 m,檐高19.5 m。建筑物设计抗震烈度为8度,筏板基础,加气混凝土砌块填充外墙,90厚轻陶粒混凝土隔墙条板。普通水、电、暖配置。布局结构:14号、15号楼地下1层为四室一厅一厨两卫,1~5层为二室一厅一卫二阳台,6~6.5层为复式四室二厅二卫四阳台户型,目前已通过竣工验收,具备入住条件。16号楼户型布局同14号、15号楼。至估价期日,主体结构工程已完工,安装、装饰工程尚未开始。待估对象使用功能齐全,设计有上(冷、热)、下水系统,室内外消防系统,采暖系统,电气系统(包括安全防盗、有线电视接收),天然气系统,并预留分体式空调位置。小区24 h热水供应,24 h保安。

(3)建筑物装修情况

外墙为防水涂料,塑钢窗,公共部分(楼梯、走廊)为水泥地面。楼内公共部分墙面及顶面用涂料刷白;厨、卫精装:瓷砖墙、地面,配置中档厨、卫用具;其余房间为水泥毛地面,涂料墙(顶)面,入户有对讲防盗门,户内为镶板门;所有窗户均为塑钢推拉窗。

2)价值定义

本次估价采用市场价值标准和重置价值标准(在下一章介绍)。

本次估价的房地产价格为现行市价之体现。现行市价指待估物业在估价时点的市场公允价值。

3)估价方法

根据通行的评估惯例,以及国家和北京市有关政策、法规的规定,遵循估价原则,依据评估目的,并结合待估物业的特点和我们所掌握的资料,确定对估价对象采用"市场比较法"和"重置成本法"进行评估。

市场比较法估算房地产价值的计算公式为:

委托评估房地产的评估价格=交易案例房地产成交价格×交易情况修正系数×交易日期修正系数×房地产状况修正系数

4)估价过程

(1)选取比较实例

根据待估对象所处位置,通过市场调查和比较分析,选取位于同一供需范围内近期成交的,与待估对象位置、设施、楼层、装修及结构等类似的多个商品房作为参照物,在充分了解参照物及待估对象状况的前提下,以参照物的平均成交价格为基础,通过修正得出评估对象的公平市价。

待估对象与比较实例的因素比较详见表4.10。

(2)因素修正

①交易情况修正:由于所选取的3个比较实例,均为自由竞争市场上的正常成交价,设待估房地产交易情况修正指数为100,则A,B,C 3个实例修正系数分别为100,100,100。

②交易日期修正:评估对象与比较案例的交易日期比较接近,且本地区2005年9月至12月,房价保持平稳。设待估房地产交易日期修正指数为100,确定A,B,C 3个实例分别为100,100,100。

③房地产状况修正:估价人员所选取的3个比较实例位于同一供求圈内,根据所处地理位置、基础设施保证度、公共设施保证度、交通、环境等确定区域状况修正系数;实物状况因素修正主要考虑楼层、结构布局、设施、建材及装修、户型、成新程度等。对各因素进行比较,具体见表4.11。

表 4.10　待估房地产比较实例的因素比较

	估价对象及可比实例 比较因素	估价对象	实例A：××园	实例B：××嘉园	实例C：××苑
	交易均价（元/m²）	待估	6200	6300	5900
	交易情况	正常	正常	正常	正常
	交易日期	2005.10	2005.10	2005.11	2005.12
房地产状况	地理位置	××小区	××小区	××小区	××小区
	基础设施状况	较好	较好	好	较好
	公共设施状况	较齐全	较齐全	齐全	较齐全
	环境质量	好	较好	较好	较好
	交通便捷度	便捷	便捷	便捷	便捷
	场地条件	七通一平	七通一平	七通一平	七通一平
	成新度	全新	全新	全新	九成新
	装修程度	毛坯房	毛坯房	毛坯房	毛坯房
	户型	合理	较合理	合理	合理
	楼层	多层	高层	高层	高层
	工程质量	优	优	优	优
	使用性能	较齐全	较齐全	齐全	较齐全
	物业管理	较好	较好	较好	较好
	结构类型	框架	框架	框架	框架

　　房地产状况修正主要包括区域状况修正、权益状况修正和实物状况修正。区位状况修正综合值根据表 4.11 计算，实例 A 为 98.05，实例 B 为 100.95，实例 C 为 97.70；权益状况估价对象与可比实例相同，修正值都为 100；实物状况修正综合值根据表 4.11 计算，实例 A 为 98，实例 B 为 98，实例 C 为 94。综合区位状况修正值、权益状况修正值和实物状况修正值，采用简单算术平均数法，房地产状况修正值实例 A 为 98.68，实例 B 为 99.65，实例 C 为 97.23。

表 4.11　房地产状况调整表

比较因素		物业名称及权重　指数	权重	估价对象	实例 A：××园	实例 B：××嘉园	实例 C：××苑
房地产状况	区位状况	地理位置	0.3	100	98.5	101.5	94
		基础设施状况	0.2	100	100	105	100
		公共设施状况	0.2	100	100	105	100
		环境质量	0.15	100	90	90	90
		交通便捷度	0.15	100	100	100	100
	实物状况	使用性能	0.10	100	100	100	100
		成新度	0.40	100	100	100	90
		装修程度	0.30	100	100	100	100
		户型、楼层、工程质量、物业管理、结构类型等	0.20	100	90	90	90

使用 Excel 表格来计算,见表 4.12。

表 4.12　房地产状况调整计算表

综合考虑交易情况因素、交易日期因素和房地产状况因素,结果见表4.13。

$$比准价格 = 可比实例价格 \times \frac{估价对象交易情况条件分值}{可比实例交易情况条件分值} \times \frac{估价对象交易时间因素分值}{可比实例交易时间因素分值} \times$$

$$\frac{估价对象房地产状况因素分值}{可比实例房地产状况因素分值}$$

表4.13 房地产各因素修正、调整表

指数 估价对象及可比实例 比较因素	估价对象	实例A:××园	实例B:××嘉园	实例C:××苑
交易均价(元/m²)	100	6 200	6 300	5 900
交易情况	100	100	100	100
交易日期	100	100	100	100
房地产状况	100	98.68	99.65	97.23

$$比准价格 A = 6\ 200\ 元/m^2 \times \frac{100}{100} \times \frac{100}{100} \times \frac{100}{98.68} = 6\ 282.93\ 元/m^2$$

$$比准价格 B = 6\ 300\ 元/m^2 \times \frac{100}{100} \times \frac{100}{100} \times \frac{100}{99.65} = 6\ 322.13\ 元/m^2$$

$$比准价格 C = 5\ 900\ 元/m^2 \times \frac{100}{100} \times \frac{100}{100} \times \frac{100}{97.23} = 6\ 068.09\ 元/m^2$$

(3)计算待估房地产的评估价格

取所选3个实例比准价格的算术平均值作为待估房地产的评估全价,则评估对象单位建筑面积的评估价格为:

$$地上评估单价 = \frac{(6\ 282.93\ 元/m^2 + 6\ 322.13\ 元/m^2 + 6\ 068.09\ 元/m^2)}{3}$$

$$= 6\ 224.38\ 元/m^2$$

根据房地产的市场交易状况,地下部分售价为地上部分平均售价的50%~70%,结合待估物业实际情况,此项比率取50%,则地下部分评估单价为:

地下评估单价 = 6 224.38 元/m² × 50% = 3 112.19 元/m²

14号楼地下1层,地上6.5层,总建筑面积为6 969.47 m²,其中地下建筑面积827.59 m²,地上建筑面积6 141.88 m²,则:

地下部分评估值 = 3 112.19 元/m² × 827.59 m² = 2 575 617.32 元

地上部分评估值 = 6 224.38 元/m² × 6 141.88 m² = 38 229 395.03 元

14号楼的总评估值 = 地下部分评估值 + 地上部分评估值

= 2 575 617.32 元 + 38 229 395.03 元 = 40 805 012.35 元

15 号楼的评估方法及过程同上,其结构布局、建筑过程、完工时间均与 14 号楼相同,其所处位置与 14 号楼相邻,则 15 号楼评估值约为 4 080.50 万元。

使用 Excel 表格来计算,见表 4.14。

表 4.14　14 号楼价值估算表

	A	B	C	D	E	F	G
	文件(F)　编辑(E)　视图(V)　插入(I)　格式(O)　工具(T)　数据(D)　窗口(W)　帮助(H)						宋体　　　　　▼ 12
	H18 ▼	fx					
1							
2							
3	可比实例	交易价格 (元/m²)	交易情况 修正值	交易日期 修正值	房地产状况 修正值	计算说明	比准价格(元/m²)
4	可比实例A	6200	100/100	100/100	100/98.68	B4×C4×D4×E4	6282.93
5	可比实例B	6300	100/100	100/100	100/99.65	B4×C4×D4×E5	6322.13
6	可比实例C	5900	100/100	100/100	100/97.23	B4×C4×D4×E6	6068.09
7							
8	14#楼地上部分评估单价					AVERAGE(G4,G5,G6)	6224.38
9	14#楼地上部分评估总价					G8×6141.88	38229395.03
10	14#楼地下部分评估总价					G8×50%×827.59	2575617.32
11	14#楼评估总价					SUM(G9:G10)	40805012.35

本章小结

市场比较法,是指将估价对象与估价时点的近期有过交易的类似房地产加以比较,对这些类似房地产的成交价格做适当修正,以此估算估价对象的客观合理价格或价值的方法。该方法的理论依据是替代原则。利用市场比较法估价,需要具备 3 个条件。

市场比较法估价操作步骤具体可以归并为 4 大步骤:

①搜集交易实例。搜集交易实例有多种途径,但应注意搜集的交易实例内容真实性、完整性与规范性。同时,也要注意搜集交易实例的累积性。

②选取可比实例。选取的可比实例应符合下列要求:是估价对象的类似房地产;成交日期与估价时点相近,不宜超过 1 年;成交价格为正常价格或可修正为正常价格。

③可比实例成交价格的处理。根据处理的具体内涵,分为价格换算、价格修正和价格调整。价格换算即建立价格可比基础,价格修正即交易情况修正,价格调整即交易日期调整和房地产状况调整。

④综合求取比准价格。将多个可比实例对应的比准价格综合成一个最终比准价格的方法主要有 3 种:平均数法、中位数法、众数法。其中平均数法最常用。

重要名词与概念

市场比较法　类似房地产　交易实例　可比实例　交易情况修正　交易日期调整　房地产状况调整　比准价格

复习思考题

1. 简述市场比较法的概念、理论依据、适用的条件和范围。

2. 搜集交易实例的途径与具体内容主要有哪些?

3. 可比实例选取的要求具体有哪些?

4. 价格可比基础的建立包括哪些内容?

5. 交易情况修正的具体情况及方法有哪些?

6. 为什么要进行交易情况修正? 如何修正?

7. 为什么要进行交易日期和房地产状况的调整? 如何调整?

8. 某地区某类房地产于 2009 年 10 月末至 2010 年 2 月末平均每月比上月下降 2.5%,2010 年 2 月末至 2010 年 6 月末平均每月下降 0.8%,而 2010 年 6 月末至 2010 年 10 月末平均每月比上月上涨 1.5%,2009 年 11 月末成交的实例价格为 4 500 元/m²,若修正至 2010 年 9 月末,其价格是多少?

9. 某宗房地产交易,买卖双方在合同中写明付给 2 325 元/m²,买卖中涉及的税费均由买方来负担。该地区房地产买卖中的税费买卖双方分别为 5%,7%。则该宗房地产的正常成交价格是多少?

10. 搜集了甲、乙两个交易实例,甲交易实例建筑面积 200 m²,成交总价为 80 万元人民币,分 3 期付款,首期付 16 万元人民币,第二期于半年后付 32 万元人民币,余款 32 万元人民币于一年后付清。乙交易实例的使用面积 2 500 ft²,成交总价 15 万美元,于成交时一次付清。如果选取该两个交易实例为可比实例,试在对其成交价格做有关修正、调整之前进行建立价格可比基础处理(假设当时人民币的年利率为 8%,乙交易实例成交当时的人民币与美元的市场汇率为 1 美元等于 8.3 元人民币,该类房地产的建筑面积与使用面积的关系为 1 m² 建筑面积等于 0.75 m² 使用面积,1 m² = 10.764 ft²)。

11. 评估位于深圳某金融贸易区内一建筑物。土地面积为 6 252 m²,土地用途为综合楼,建筑容积率为 6,建筑覆盖率不大于 50%,绿地率不小于 30%。现已收集与评估项目有关的市场若干交易实例,实例有关情况见表 4.15。

试用简单平均数法评估该房地产 2012 年 1 月 1 日的总价和单价(2012 年 1 月 1 日人民币兑换美元的汇率为 6.33 : 1,2011 年 1 月人民币兑换美元的汇率为 6.60 : 1,2010

年4月人民币兑换美元的汇率为6.83∶1,2010年3月人民币兑换美元的汇率为6.83∶1)。

表4.15 可比实例情况表

实例名称	可比实例A	可比实例B	可比实例C	备 注
交易价格/(美元·m^{-2})	900	1 000	850	
交易情况	偏高	正常	偏高	
修正系数	10%	0%	10%	
房地产状况	略低	一样	略低	
修正系数	4%	0%	7%	
交易日期	2011.1	2010.4	2010.3	每月房价按美元上涨0.25%

房地产估价师考试真题

一、单项选择题

1.某宗房地产交易,买卖双方约定:买方付给卖方2 385元/m²,买卖中涉及的税费均由买方负担。据悉,该地区房地产买卖中应由卖方缴纳的税费为正常成交价格的6.8%,应由买方缴纳的税费为正常成交价格的3.9%。若买卖双方又重新约定买卖中涉及的税费改由卖方负担,并在原价格基础上相应调整买方付给卖方的价格,则调整后买方应付给卖方的价格约为(　　)元/m²。

    A.2 139   B.2 146   C.2 651   D.2 659

2.为评估某套建筑面积为120 m²的住宅在2010年9月底的市场价值,收集了以下4个交易实例,其中最适合作为可比实例的是(　　)。

交易实例	建筑面积/m²	用途	价格/(元·m^{-2})	成交日期	区位	正常情况
甲	120	居住	5 800	2009年8月	同一供需圈	正常交易
乙	105	居住	6 000	2010年6月	同一供需圈	正常交易
丙	140	办公	6 500	2010年9月	同一供需圈	正常交易
丁	115	旅馆	6 100	2010年7月	不同供需圈	正常交易

    A.甲   B.乙   C.丙   D.丁

3.某房地产2010年4月的价格为6 500元/m²,已知该类房地产2010年3月至10月的价格指数分别为105.53,103.85,100.04,99.86,98.28,96.45,92.17,90.08(均以上个月为基数100),该房地产2010年10月价格为(　　)元/m²。

    A.5 110.51   B.5 307.26   C.5 549.95   D.5 638.13

4.评估甲别墅的市场价值,选取了乙别墅为可比实例。乙别墅的成交价格为8 000元/m²,装修标准为1 000元/m²(甲别墅的装修标准为800元/m²),因乙别墅位置比甲别墅好,在同等条件下,单价比甲别墅高10%,若不考虑其他因素,则通过乙别墅求取的比准价格为(   )元/m²。

  A.7 020   B.7 091   C.7 380   D.8 580

5.为评估某房地产2009年10月1日的市场价格,选取的可比实例资料是:交易日期为2009年4月1日,合同约定买方支付给卖方3 500元/m²,买卖中涉及的税费全部由买方支付,该地区房地产交易中规定卖方、买方需缴纳的税费分别为正常交易价格的6%和3%。自2009年2月1日起到2009年10月1日期间,该类房地产价格平均每月比上月上涨0.3%,则该可比实例修正、调整后的价格为(   )元/m²。

  A.3 673.20   B.3 673.68   C.3 790.43   D.3 790.93

二、多项选择题

1.选取可比实例时,应符合的要求包括(   )等。

  A.可比实例与估价对象所处的地区必须相同

  B.可比实例的交易类型与估价目的吻合

  C.可比实例的规模与估价对象的规模相当

  D.可比实例的成交价格是正常价格或可修正为正常价格

  E.可比实例大类用途与估价对象的大类用途相同

2.运用市场法时,估价人员根据基本要求选取可比实例后,需要建立价格可比基础,主要包括(   )等。

  A.统一采用总价   B.统一采用单价

  C.统一币种和货币单位   D.统一面积内涵和大小

  E.统一付款方式

三、判断题

1.对于估价人员搜集的交易实例,只要是估价对象的类似房地产就可以作为可比实例。   (   )

2.交易税费非正常负担的房地产交易,其成交价格比正常价格可能偏高也可能偏低。   (   )

第5章
成本法

【本章导读】

　　本章主要介绍成本估价法的基本原理和操作要点。通过本章学习,应了解成本、重置成本、重建成本、实际成本、客观成本、减价修正、折旧等基本概念,熟悉成本法的基本原理、适用范围与操作步骤,以及造成建筑折旧的原因,掌握成本法的基本公式、重新构建价格的构成与求取方法以及建筑物折旧的估算方法。

5.1　成本法基本原理

5.1.1　成本法及其理论依据

1) 成本法的含义

　　成本法(Cost Approach)又称原价法、重置成本法、承包商法、加合法、成本逼近法,是房地产估价的三大基本估价方法之一。成本法是指在估价时点以假设重新建造(开发)待估房地产所需耗费的各项必要费用以及正常的利润、税金为依据来评估估价对象房地产价格的一种估价方法。对于旧有的房地产,成本法指估价对象房地产在估价时点的重新购建价格(重置价格或重建价格),扣除折旧,以此估算估价对象房地产客观合理价格或价值的方法。由于成本法求出的价格是由房地产价格各构成部分的累加而得,因而被称为积算价格。成本法的本质是以房地产的开发建设成本为导向求取估价对象的价值。

成本法中的"成本",并不是通常意义上的成本,而是指价格,即估价对象房地产在估价时点的重置价。而且"成本"还具有完全性、现时性和客观性。

①完全性:是指它不仅包括开发商的成本,还包括开发商的正常利润和应纳税金。

②现时性:是指待估房地产在估价时点的重新建造成本,而不是其当初建造时所发生的成本(历史成本),但还要考虑建筑物的折旧,即还要减价。

③客观性:即在估价时点的经济、技术条件下,重新开发估价对象房地产所必须花费的正常成本,而非估价对象房地产开发的实际花费的成本。或者说,这里的成本是社会成本、机会成本而非私人成本。

2) 成本法的理论依据

成本法的理论依据是生产费用价值论——商品的价格是依据其生产所必要的费用而决定。从卖方角度来看,房地产的价格是基于其过去的"生产费用",重在过去的投入,具体讲就是卖方愿意接受的最低价格,不能低于他为开发建设该房地产已花费的代价。如果低于该代价,他就要亏本;从买方角度来看,房地产的价格是基于社会上的"生产费用",类似于"替代原理",具体讲就是买方愿意支付的最高价格,不能高于他所预计的重新开发建设该房地产所需花费的代价。如果高于该代价,他还不如自己开发建设(或者委托另外的人开发建设)。

由此可见,一个是不低于开发建设已经花费的代价,一个是不高于预计重新开发建设所需花费的代价,买卖双方可以接受的共同点必然是正常的代价(包含正常的费用、税金和利润)。因此,估价人员便可以根据开发建设估价对象所需的正常费用、税金和利润之和来评估其价格。

5.1.2　成本法的适用范围与条件

归结起来,成本法适用范围包括:

①适用于无收益又很少发生交易(没有市场)的房地产的估价,如学校、图书馆、体育馆、医院、政府办公楼、军队营房、公园等公用、公益房地产的估价。

②对于一些特殊用途的并独特设计的房地产,如化工厂、钢铁厂、发电厂、油田、码头、机场等房地产的估价。

③用于房地产保险(包括投保与理赔)、抵押贷款、物业拍卖"底价"确定、拆迁物业补偿及其他损害赔偿的房地产估价。

④对于新开发的土地,如新城区、各类开发区,往往由于已完成开发的土地尚未

形成活跃的土地市场,也常常采用成本法进行估价。

⑤适用于衡量非常投资效益,为投资者进行可行性分析提供依据,同时也能为消费者提供更为有利的市场目标的选择。

在现实中,房地产的价格直接取决于其效用,而非花费的成本,成本的增减一定要对效用有所作用才能影响价格。价格等于"成本加平均利润"是在长期内平均来看的,而且还需要具备两个条件:一是自由竞争(即可以自由进入市场),二是该种商品本身可以大量重复生产。房地产的开发建设成本高并不一定意味着房地产的价格就应该高,开发建设成本低也不一定说明房地产的价格就不该高。要注意如下两个方面:一是要区分实际成本和客观成本。实际成本是某个具体的开发商的实际花费,客观成本是假设开发建设时大多数开发商的正常花费。在估价中应采用客观成本,而不是实际成本。二是要结合市场供求分析来确定评估价值。当市场供大于求时,价值应向下调整,当求大于供时,价值应向上调整。

成本法估价比较费时费力,测算重新购建价格和折旧需要相当的经验和专业技巧,尤其是对过于老旧的房地产,利用成本法估价通常比较困难。从这个角度看,成本法主要适用于建筑物是新的或比较新的房地产估价,不大适用于建筑物过于老旧的房地产估价。而且,运用成本法估价,还要求估价人员具有良好的建筑、建材、设备、装饰装修、工程造价和技术经济等方面的专业知识,以及丰富的成本法估价的经验。

5.1.3　成本法估价基本公式

成本法最基本的公式可表示为:

$$P = L + C - D$$

式中　P——待估房地产在估价时点的价格;

　　　L——待估房地产在估价时点的土地价格;

　　　C——建筑在估价时点的重新建造成本;

　　　D——建筑在估价时点的减价修正额,又可称为累计折旧。

对于不同情况下的房地产,成本法基本公式有不同的表示:

1) 旧房地产估价的成本法基本公式

　　　旧房地产价格 = 房地重新建造完全价值 - 建筑物折旧

或　　　旧房地产价格 = 土地的重新购建价格 + 建筑物的重新购建价格 - 建筑物折旧

上述公式中,必要时还要扣除由于旧建筑物的存在而导致的土地价值减损。

在旧有建筑物情况下,成本法估价的基本公式为:

　　　旧建筑物价格 = 建筑物的重新购建价格 - 建筑物折旧

2）新建房地产估价的成本法基本公式

新建房地产价格＝土地取得成本＋土地开发成本＋建筑物建造成本＋管理费用＋投资利息＋销售费用＋销售税费＋开发利润

土地取得成本包括：征地费；拆迁补偿费和拆迁安置费；地价款及有关费用。

土地取得成本的构成（根据房地产开发取得土地的途径）分为：征用农地取得的，土地取得成本包括农地征用费和土地使用权出让金等；通过在城市中进行房屋拆迁取得的，土地取得成本包括城市房屋拆迁安置补偿费和土地使用权出让金等；通过市场"购买"取得的，包括地价款和税费。

在新建建筑物的情况下，上述公式中不含土地取得成本、土地开发成本及应归属于土地的管理费用、投资利息、销售费用、销售税费和开发利润，即：

新建建筑物价格＝建筑物建造成本＋管理费用＋投资利息＋销售费用＋销售税费＋开发利润

在实际估价中应根据估价对象和当地的实际情况，对上述公式进行具体化。

3）新开发土地成本法估价的基本公式

新开发土地价格＝土地费用＋开发费用＋正常利税

新开发土地包括填海造地、开山造地、征用农地后进行"三通一平"等开发的土地，在旧城区中拆除旧建筑物等开发的土地。在这些情况下，成本法更具体的公式可表示为：

新开发土地价格＝取得待开发土地的成本＋土地开发成本＋管理费用＋投资利息＋销售费用＋销售税费＋开发利润

对于成片开发完成后的熟地（如新开发区土地）的分宗估价，上述公式又可具体化为：

新开发区某宗土地单价＝（取得待开发土地的总成本＋土地开发总成本＋总管理费用＋总投资利息＋总销售费用＋总销售税费＋总开发利润）÷（开发区用地总面积×开发完成后可转让土地面积的比率）×用途、区位等因素调整系数

实际测算时通常分为3个步骤进行：

①计算开发区全部土地的平均价格。

②计算开发区可转让土地的平均价格。

③计算开发区某宗土地的价格。

对于新开发区而言，由于处于初期，房地产市场一般还未形成，也没有土地收益，所以，新开发区土地的分宗估价，成本法是一种有效的估价方法。

5.1.4 成本法估价操作步骤

根据《房地产估价规范》第 5.2 条,运用成本法估价应按下列步骤进行:
①搜集成本、税费、开发利润等资料。
②测算重新购建价格。
③估算折旧。
④求取积算价格。

5.2 房屋重新购建价格估算

5.2.1 重新购建价格界定

重新购建价格又称重新购建成本,是假设在估价时点重新取得全新状况的估价对象所必需的合理、必要的支出,或者重新开发建设全新状况的估价对象所必需的合理、必要支出和应获得的正常利润之和。这里的重新取得,也可以简单理解为重新购买、重新开发,也可以简单理解为重新生产。

完整地把握重新购建价格,应特别注意以下几点:
①重新购建价格是估价时点的价格。但估价时点并非总是"现在",也可能为"过去"。
②重新购建价格是客观的。具体来说,重新取得或者重新开发建设全新状况的估价对象所必要的支出,不是个别单位或个人的实际耗费,而是社会一般的平均耗费,即是客观成本,不是实际成本。
③建筑物的重新购建价格是全新状况下的价格,未扣除折旧;土地的重新购建价格(具体为重新取得价格或重新开发成本)是在估价时点状况下的价格。

建筑物的重新购建价格可分为重建成本与重置成本两种。

● 重建成本(Reproduction Cost) 重建成本又称为重建价格,是指根据估价时点的人工与材料价格,重建一幢在材料、工艺、式样、风格上与待估建筑物完全相同的建筑物所需要的成本,又称"复制成本"。重建价格进一步来说,是在原址,按照原规模和建筑形式,使用与原建筑材料、建筑构配件和建筑设备相同的新的建筑材料、建筑构配件、建筑设备,采用原建筑技术和工艺等,按照估价时点时的价格水平,重新建造与原建筑物完全相同的新建筑物的正常价格。适用于具有保护价值的建筑物,如文物性建筑物、纪念性建筑物的评估。

• 重置成本(Replacement Cost)　重置成本是指根据日前的人工与材料价格,利用日前的材料标准与设计,建造与待估建筑相同效用的建筑物所需花费的成本。广泛应用于普通建筑物,估价人员在实际工作中更多地使用。通常重置价格要比重建价格低。

5.2.2　重新购建价格的构成

重新购建价格是建筑物全新状况下的价格,它的构成包括多方面内容。以"取得房地产开发用地进行房屋建设,然后销售所建成的商品房"这种典型的房地产开发经营方式为例,并从便于测算各构成项目的金额的角度,来划分房地产的价格构成。在这种情况下,房地产价格通常由 6 项构成。

1) 土地取得成本

土地取得成本是指取得房地产开发用地所需的费用、税金等。在完善的市场经济条件下,土地取得成本一般是由购置土地的价款和在购置时应由开发商(作为买方)缴纳的税费(如契税、交易手续费)构成。在目前情况下,土地取得成本的构成根据房地产开发用地取得的途径,可分为下列 3 种:

①通过征用农地取得的,土地取得成本包括农地征用中发生的费用和土地使用权出让金等。

②通过在城市中进行房屋拆迁取得的,土地取得成本包括城市房屋拆迁中发生的费用和土地使用权出让金等。

③通过在市场上"购买"取得的,如购买政府出让或其他开发商转让的已完成征用或拆迁补偿安置的熟地,土地取得成本包括购买土地的价款和在购买时应由买方缴纳的税费等。

2) 开发成本

开发成本是指在取得房地产开发用地后进行土地开发和房屋建设所需的直接费用、税金等,在理论上可以将其划分为土地开发成本和建筑物建造成本。在实际中主要包括下列几项:

①勘察设计和前期工程费,包括可行性研究、规划、勘察、设计及"三通一平"等工程前期所发生的费用。

②基础设施建设费,包括所需的道路、给水、排水、电力、通信、燃气、热力等设施的建设费用。

③建筑安装工程费,包括建造房屋及附属工程所发生的土建工程费用和安装工

程费用。

④公共配套设施建设费,包括所需的非营业性的公共配套设施的建设费用。

⑤开发建设过程中的税费。

3)管理费用

管理费用是为管理和组织房地产开发经营活动所发生的各种费用,包括开发商的人员工资及福利费、办公费、差旅费等,可总结为土地取得成本与开发成本之和的一定比率(如5%)。在实际估价时,管理费用通常可按土地取得成本与开发成本之和乘以这一比率来测算。

4)投资利息

此处投资利息与会计上的财务费用不同,它包括土地取得成本、开发成本和管理费用的利息,无论它们的来源是借贷资金还是自有资金,都应计算利息。另外,从估价的角度看,开发商自有资金应得利息也要与开发商应获得的利润分开,不能算作利润。

5)销售费用

销售费用是指销售开发完成后的房地产所需的税金及费用,主要包括:

①销售费用,包括广告宣传、销售代理费。

②销售税金及附加,包括营业税、城市维护建设税和教育费附加。

③其他销售税费,包括应由卖方负担的交易手续费等。

销售费用通常是按售价乘以一定比率来测算。

6)开发利润

开发利润是指销售收入(售价)减去各种成本、费用和税金后的余额。成本法估价中,"售价"是未知的,是需要求取的,开发利润则是需要事先测算的。所以,运用成本法估价需要先测算出开发利润。测算开发利润应掌握下列几点:

①开发利润是所得税前的利润,即:

$$开发利润 = 开发完成后的房地产价值 - 土地取得成本 - 开发成本 - 管理费用 - 投资利息 - 销售费用 - 销售税费$$

②开发利润是在正常条件下开发商所能获得的平均利润,而不是个别开发商最终获得的实际利润,也不是个别开发商所期望获得的利润。

③开发利润是按一定基数乘以同一市场上类似房地产开发项目所要求的相应平均利润率来计算。

开发利润的利润率有下列几种：

$$直接成本利润率 = \frac{开发利润}{直接成本} \times 100\%$$

$$= \frac{开发利润}{土地取得成本 + 开发成本} \times 100\%$$

$$投资利润率 = \frac{开发利润}{土地取得成本 + 开发成本 + 管理费用} \times 100\%$$

$$= \frac{开发利润}{项目总投资} \times 100\%$$

$$成本利润率 = \frac{开发利润}{土地取得成本 + 开发成本 + 管理费用 + 销售费用} \times 100\%$$

$$= \frac{开发利润}{总成本} \times 100\%$$

$$销售利润率 = \frac{开发利润}{开发完成后的房地产价值} \times 100\%$$

【例 5.1】 某开发项目的总投资为 12 000 万元，其销售收入为 19 500 万元，销售税及附加为 3 100 万元，总成本费用为 13 000 万元，其中管理费用和销售费用分别为 500 万元和 1 000 万元，投资利息为 1 000 万元。则该项目的直接成本利润率、投资利润率、成本利润率、销售利润率分别是多少？

【解】 该项目的开发利润 = 19 500 万元 − 13 000 万元 − 3 100 万元 − 1 000 万元
= 2 400 万元

$$直接成本利润率 = \frac{开发利润}{土地取得成本 + 开发成本} \times 100\%$$

$$= \frac{2\ 400\ 万元}{13\ 000\ 万元 - 500\ 万元} \times 100\%$$

$$= 19.2\%$$

$$投资利润率 = \frac{开发利润}{土地取得成本 + 开发成本 + 管理费用} \times 100\%$$

$$= \frac{2\ 400\ 万元}{13\ 000\ 万元} \times 100\% = 18.46\%$$

$$成本利润率 = \frac{开发利润}{土地取得成本 + 开发成本 + 管理费用 + 投资利息 + 销售费用} \times 100\%$$

$$= \frac{2\ 400\ 万元}{14\ 000\ 万元} \times 100\% = 26.15\%$$

$$销售利润率 = \frac{开发利润}{开发完成后的房地产价值} \times 100\%$$

$$= \frac{2\ 400\ 万元}{19\ 500\ 万元} \times 100\% = 17.44\%$$

从理论上讲,同一个房地产开发项目的开发利润,无论是采用哪种计算基数与其相对应的利润率来测算,所得的结果都是相同的。

5.2.3 重新购建价格的求取

1)重新购建价格的求取思路

重新购建价格的求取,是先求取土地的重新取得价格或重新开发成本,再求取建筑物的重新购建价格,然后相加。在实际估价中,也可以采用类似于评估新建房地产价格的成本法来求取。

求取土地的重新购建价格,通常是假设土地上的建筑物不存在,再采用市场法、基准地价修正法等求取其重新取得价格,这特别适用于城市建成区内的难以求取其重新开发成本的土地。采用基准地价修正法时,要特别注意土地的剩余使用年限。求取土地的重新购建价格,也可采用成本法求取其重新开发成本。

求取建筑物的重新购建价格,是假设旧建筑物所在的土地已取得,且该土地为空地,但除了旧建筑物不存在之外,其他的状况均维持不变,然后在此空地上重新建造与旧建筑物完全相同或具有同等效用的新建筑物所需的一切合理、必要的费用、税金和正常利润,即为建筑物的重新购建价格;或是设想将建筑物发包给建筑承包商建造,由建筑承包商将直接可使用的建筑物移交给发包人,在这种情况下发包人应支付给建筑承包商的费用,再加上发包人应负担的正常费用、税金和利润,即为建筑物的重新购建价格。

2)建筑物重新购建价格的求取方式

评估建筑物重新购建价格可采用成本法、比较法来求取,或通过政府确定公布的基准房屋重置价格、房地产市场价格扣除其中可能包含的土地价格后的比较修正来求取,也可以按照工程造价估算的方法来求取。具体求取方法有直接法和间接法两种。

（1）直接法

直接法具体包括以下方法:

• 工料测量法　工料测量法也叫数量调查法,是先估算建筑物所需各种材料、设备的数量(包括直接和间接成本)和人工时数,然后逐一乘以估价时点时相应的单价和人工费标准,再将其相加来估算建筑物重新购建价格的方法。这种方法与编制建筑概算或预算的方法相似,即先估算工程量,再配上概(预)算定额的单价和取费标准来估算。简化例子见表5.1。

表5.1 工料测量法

项　目	数　量/t	单　价/(元·t⁻¹)	成本/万元
水　泥	200	300	6
沙　石			2.5
砖　块			8
木　材			4
铁　钉			0.2
人　工			10
税　费			1
其　他			3
重新购建价格			34.7

工料测量法的优点是详实,缺点是费时费力并需有其他专家,如造价工程师的参与。这种方法是所有成本估算中最精确的一种,但它对操作人员在建筑概预算知识方面所要求的程度是大多数房地产估价人员所难以达到的,而它所需要的大量时间和精力在房地产估价工作中是难以得到保证的。工料测量法主要用于具有历史价值的建筑物估价。

●分部分项法(面积比较法) 这种方法是以建筑物的各个独立构件或工程的单位价格或成本为基础来求取建筑物重新购建价格的方法。即将待估建筑物先分成各个分部分项工程,如基础、地面、楼板、门窗、装修等,分别估算出各分部分项工程的数量单位,然后乘以相应的单位价格或成本,再将它们相加。这种方法需要评估人员会查概预算定额,通过定额来查出各分部分项工程的单位成本。采用分部分项法的一个简化例子见表5.2。

表5.2 分部分项法

项　目	数　量/m³	单　价/(元·m⁻³)	成本/万元
基础工程	200	300	6
墙体工程			10
楼地面工程			6
屋面工程			5
给排水工程			5
供暖工程			3.5
电气工程			4.5
税费、利息及管理费		以上合计的15%	6
重新购建价格			46

运用分部分项法估算建筑物的重新购建价格时,需要注意如下两点:一是应结合各构件或工程的特点使用计量单位;二是不要漏项或重复计算,以免造成估算不准。

(2)间接法

间接法主要有以下两种:

• 指数法　指数法又称为指数调整法,是运用物价指数、建筑成本(造价)指数或变动率,将估价对象建筑物的原始价值调整到估价时点时的现行价值来求取建筑物重新购建价格的方法。它类似于市场比较法中的日期调整。此法的精确度较低,故主要用于一些具有特殊结构的建筑物的成本估算,对大多数建筑物而言,它通常是一种成本估算的补充方法,即主要用于检验其他方法的测算结果。

• 单位比较法　单位比较法是以建筑物为整体,选取与建筑物价格或成本密切相关的某种计量单位为比较单位,通过调查了解类似建筑物的这种单位价格或成本,并对其做适当的修正、调整来求取建筑物重新购建价格的方法。这种方法实质上与房地产估价的市场比较法非常类似,其结果的准确性取决于所搜集的实例建筑物与待估建筑物之间的相似程度以及估价人员对它们之间差异的修正技巧。单位比较法主要有单位面积法和单位体积法。

①单位面积法(Square-foot Method):是根据当地近期建成的类似建筑物的单位面积造价,对其做适当的修正、调整,然后乘以估价对象建筑物的面积来测算建筑物的重新购建价格。这是一种常用、简便迅速的方法,但比较粗略。

②单位体积法(Cubic-foot Method):是根据当地近期建成的类似建筑物的单位体积造价,对其做适当的修正、调整,然后乘以估价对象建筑物的体积来测算建筑物的重新购建价格。这种方法适用于成本与体积关系较大的建筑物,如储油罐、地下油库等。

【例 5.2】　某建筑物的建筑面积为 2 000 m^2,该类用途和建筑结构的建筑物的单位建筑面积造价为 1 300 元/m^2。试估算该建筑物的重新购建价格。

【解】　该建筑物的重新购建价格估算为:

$$2\ 000\ m^2 \times 1\ 300\ 元/m^2 = 260\ 万元$$

5.3　房屋建筑物折旧估算

5.3.1　房屋建筑物折旧及其类型

建筑物折旧是指建筑物的价值损耗,又称建筑物的减价修正额。折旧原是会计学上的词汇,指固定资产在产品成本中的分摊。估价上的折旧与会计上的折旧,虽然有相似之处,但也有本质上的区别。估价上的折旧是指由各种原因所造成的价值损失,其数额为建筑物在估价时点时的市场价值与其重新购建价格之间的差额。从重新购建价格中扣除折旧,即是进行减价调整。

在实际估价中,待估建筑物与类似的全新建筑物的价格差异是由物理、功能和经济 3 种因素的作用而产生的。因此根据引起建筑物折旧的原因,将建筑物折旧分为物质折旧、功能折旧和经济折旧三大类。

- 物质折旧 物质折旧又称物质磨损、有形损耗,是建筑物在实体方面的损耗所造成的价值损失。进一步可以归纳为 4 个方面:自然经过的老朽,如风吹、日晒、雨淋;正常使用的磨损,是由人工使用引起的;意外的破坏损毁,是因突发性的天灾人祸引起的;延迟维修的损坏残存,是由于没有适时地采取预防、保养措施或修理不够及时等引起的。

- 功能折旧 功能折旧又称精神磨损、无形损耗,是指建筑物成本效用的相对损失所引起的价值损失,它包括由于消费观念变更、设计更新、技术进步等原因导致建筑物在功能方面的相对残缺、落后或不适用所造成的价值损失;也包括建筑物功能过度充足所造成的失效成本,如房型、装修等引起的价值损耗。

- 经济折旧 经济折旧又称外部性折旧,是指建筑物本身以外的各种不利因素所造成的价值损失,包括供给过量、需求不足、自然环境恶化、环境污染、交通拥挤、城市规划改变、政府政策变化等。

建筑物受功能和经济因素的影响,常常在尚未到其物理寿命终点时就不得不宣告报废,这通常是建筑的使用效益与其成本相抵的时点,从建筑物竣工至建筑物使用收支相抵之点的时段,称为建筑物的经济耐用年限,或经济寿命。相对于经济寿命,建筑物还有物理寿命,建筑物由竣工至因自然磨损而不能继续使用,宣告报废的时间段称为建筑物的物理寿命,又称物理耐用年限或自然寿命。

5.3.2 房屋建筑物折旧的估算方法

跟会计上的折旧计算不同,房地产估价中的建筑减价修正额可采用多种方法求取。求取建筑物折旧的方法很多,主要有 5 类:耐用年限法、实际观察法、成新折扣法、市场提取法以及分解法。这些方法还可以综合运用。

1) 耐用年限法

耐用年限法是把建筑物的折旧建立在建筑物的寿命、经过年数或剩余寿命之间关系的基础上。在成本法求取折旧中,建筑物的寿命应为经济寿命,经过年数应为有效经过年数,剩余寿命应为剩余经济寿命。因此,有效经过年数 = 经济寿命 – 剩余经济寿命。

建筑物的经过年数分为实际经过年数和有效经过年数。实际经过年数是建筑物从竣工验收合格之日起到估价时点时的日历年数;有效经过年数是建筑物在估价时点按其状况与效用所显示的年数。有效经过年数可能短于,也可能长于实际经过年数:

①建筑物的维修养护正常的,有效经过年数与实际经过年数相当。

②建筑物的维修养护比正常维修养护好或经过更新改造的,有效经过年数短于实际经过年数,剩余经济寿命相应较长。

③建筑物的维修养护比正常维修养护差的,有效经过年数长于实际经过年数,剩余经济寿命相应较短。

在估价上一般不采用实际经过年数而采用有效经过年数或预计的剩余经济寿命,因为采用有效经过年数或剩余经济寿命求出的折旧更符合实际情况。例如,有两幢实际经过年数相同的同类建筑物,如果维修养护不同,其市场价值也会不同,但如果采用实际经过年数计算折旧,则它们的价值会相同。实际经过年数的作用是可以作为求取有效经过年数的参考,即有效经过年数可以在实际经过年数的基础上做适当的调整后得到。

耐用年限法主要有定额法和定率法。

(1)定额法

定额法又称为直线折旧法,是最简单和迄今应用最普遍的一种折旧方法,是房地产估价人员主要采用的方法。定额法的基本思想是:建筑物在经济寿命期间,每年的价值贬值额是相等的,因此只要将建筑物在经济寿命内总的价值耗损平均分摊到各年内,即可算出待估建筑物在估价时点的减价修正额。直线法年折旧额的计算公式为:

$$D_i = D = \frac{(C-S)}{N} = \frac{C(1-R)}{N}$$

式中　　D——减价修正额,每年折旧额;

　　　　S——建筑物净残值;

　　　　R——建筑物的净残值率,简称残值率;

　　　　C——重置价,建筑物的重新购建价格;

　　　　N——建筑物的经济寿命。

上式中,建筑物残值是指建筑物达到使用年限,不能继续使用,经拆除后的旧料价值。该价值减去拆除清理费用即为净残值。净残值与建筑物的重新购建价格的比率称为残值率。不同的建筑物在不同的使用情况下,其耐用年限和残值率都会有所不同。建筑物的耐用年限和残值率可参考表5.3。

表 5.3 建筑物的耐用年限和残值率表

建筑结构及其等级	建筑使用情况	耐用年限/年	残值率/%
钢筋混凝土	非生产用房	60	0
	生产用房	50	
	一般腐蚀性生产用房	35	
	强腐蚀性生产用房	15	
砖混一等	非生产用房	50	2
	生产用房	40	
	一般腐蚀性生产用房	30	
	强腐蚀性生产用房	15	
砖混二等	非生产用房	50	2
	生产用房	40	
	一般腐蚀性生产用房	30	
	强腐蚀性生产用房	15	
砖木一等	非生产用房	40	6
	生产用房	30	
	一般腐蚀性生产用房	20	
	强腐蚀性生产用房		
砖木二等	非生产用房	40	4
	生产用房	30	
	一般腐蚀性生产用房	20	
	强腐蚀性生产用房		
砖木三等	非生产用房	40	3
	生产用房	30	
	一般腐蚀性生产用房	20	
	强腐蚀性生产用房		
简易结构		10	0

有效经过年数为 t 年的建筑物折旧总额(E_t)的计算公式为：

$$E_t = D \cdot t = (C - S)\frac{t}{N} = C(1 - R)\frac{t}{N}$$

采用直线法折旧下的建筑物现值(V)的计算公式为：

$$V = C - E_t = C - Dt = C\left[1 - (1 - R)\frac{t}{N}\right]$$

式中　t——已使用年数;

　　$C - S$——折旧基数。

【例 5.3】　某建筑物的建筑面积为 150 m²,有效经过年数 5 年,单位建筑面积的重置价格为 1 200 元/m²,经济寿命为 50 年,残值率为 2%。试用直线折旧法计算该建筑物的年折旧额、折旧总额及其现值。

【解】　已知:$C = 1\ 200$ 元/m² $\times 150$ m² $= 180\ 000$ 元;$R = 2\%$;$N = 50$ 年;$t = 5$ 年。

年折旧额 $D = \dfrac{C(1 - R)}{N} = \dfrac{180\ 000 \text{ 元} \times (1 - 2\%)}{50 \text{ 年}} = 3\ 528$ 元/年

折旧总额 $E_t = D \times t = 3\ 528$ 元/年 $\times 5$ 年 $= 17\ 640$ 元

建筑物现值 $V = C - E_t = 180\ 000$ 元 $- 17\ 640$ 元 $= 162\ 360$ 元

设建筑物的剩余经济寿命为 n,则理论上有 $N = t + n$,则计算建筑物现值的各种公式转换总结为:

$$V = C - (C - S)\frac{t}{N} \qquad V = C - (C - S)\frac{t}{t + n}$$

$$V = C - (C - S)\frac{N - n}{N} \qquad V = C - (C - S)\frac{n}{N} + S$$

$$V = C - (C - S)\frac{n}{t + n} + S \qquad V = C - (C - S)\frac{N - t}{N} + S$$

或

$$V = C\left[1 - (1 - R)\frac{t}{N}\right] = C\left[1 - (1 - R)\frac{t}{t + n}\right]$$

$$V = C\left[1 - (1 - R)\frac{N - n}{N}\right] = C\left[1 - (1 - R)\frac{n}{N} + R\right]$$

$$V = C\left[1 - (1 - R)\frac{n}{t + n} + R\right] = C\left[1 - (1 - R)\frac{N - t}{N} + R\right]$$

在实例中运用以上哪条公式更方便,要看具体的情况。

(2)定率法

定率法又称余额递减法,该方法是用同一折旧率乘以每年的建筑物现值计算每年的折旧额。根据这种方法计算,折旧额是以取得房产时的第一年最大,以后逐年递减,所以这种方法是一种提早折旧的方法。计算方法分为两步:

第 1 步:计算固定折旧率,设固定折旧率为 d。

则第 1 年的折旧额:$D_1 = dC$

第 1 年末,待估建筑物的残余价格:$P_1 = C - dC = C(1 - d)$

第 2 年度折旧额:$D_2 = C(1 - d) \times d = dC(1 - d)$

则　　　$P_2 = C(1 - d) - dC(1 - d) = C(1 - d)^2$

同理,第 3 年的 D_3,P_3 分别为:

$$D_3 = dC(1-d)^2 \qquad P_3 = C(1-d)^3$$

以此类推,第 n 年的折旧额 D_n, P_n 为:

$$D_n = dC(1-d)^{n-1}, P_n = C(1-d)^n$$

如果该建筑物的耐用年限为 N,则 P_N 是残值(设残值为 S)。则:

$$S = P_N = C(1-d)^N$$

由此得出 $d = 1 - \left(\dfrac{S}{C}\right)^{1/N}$

当建筑物的耐用年限 N,重置成本 C,最终残余值 S 已定时,余额递减法的折旧率 d 随即可以决定。

第 2 步:计算每年的折旧额 $D = C(1-d)^{n-1}d(n < N)$

已经使用了 n 年建筑物应计折旧为:

$$\sum D_n = Cd + C(1-d)d + C(1-d)^2 d + \cdots + C(1-d)^{n-1}d$$

$$= \frac{Cd[1-(1-d)^n]}{d} = C[1-(1-d)^n]$$

即第 n 年的建筑物的现值 $V = C(1-d)^n$

【例 5.4】 某砖混结构建筑物,建筑面积为 1 000 m²,耐用年限为 50 年,残值率为 2%,已使用 20 年,年复利率为 6%,该结构建筑物目前重置价格标准为 800 元/m²,用余额递减法求取年折旧、折旧总额和建筑物现值。

【解】 年折旧率:$d = 1 - R^{1/N} = 1 - 2\%^{1/50} = 1 - 0.925 = 0.075 = 7.5\%$

折旧总额:$\sum D_n = C[1-(1-d)^n]$

$$= 800 \text{ 元/m}^2 \times 1\,000 \text{ m}^2[1-(1-0.075)^{20}]$$

$$= 800\,000 \text{ 元} \times (1-0.21) = 800\,000 \text{ 元} \times 0.79$$

$$= 632\,000 \text{ 元}$$

建筑物评估值:$V = C(1-d)^n = 800 \text{ 元/m}^2 \times 1\,000 \text{ m}^2 \times 0.21 = 168\,000 \text{ 元}$

2)实际观察法

实际观察法,也称为实测法,它是通过估价人员对待估建筑物的结构、装修、设备完好情况进行实地观察,判断由各种因素引起的各类价值损耗,并予以累计求得总的减价修正额的方法。这种方法不是直接以建筑物的有关年限(特别是实际经过年数)来求取建筑物的折旧,而是注重建筑物的实际损耗程度。实际观察法是由估价人员亲临现场,直接观察,估算建筑物在物质、功能以及经济等方面的折旧因素所造成的折旧总额。

在实际勘察时,应注意随时记录,并要注意对房屋现状及使用情况进行勘察,向有关人员了解修缮等情况,勘察记录的内容可参见表 5.4。

表 5.4 建筑物现场勘察记录表

建筑名称			结构类型		竣工日期	
建筑面积	地上			主体	层高	主体
	局部		层数	局部		局部
	地下			地下		地下
序号	结构名称		结构概况	现 状		现场考察打分
1	基 础					
2	墙体(内外墙类型及厚度)					
3	结构(梁板柱屋架)					
4	屋面(保温及防水)					
5	门 窗					
6	楼地面					
7	内装修(墙面、墙裙、吊顶)					
8	外装修					
9	上水、下水					
10	暖、卫					
11	电气、照明					
12	空调、电梯及消防					
13	其 他					

观察法的特点是直观性和直接性,是直接对勘估对象在现时状态下的结构、装修、保养、功能、设备、材料等方面所进行的折旧判断。因此,它要求估价人员对房屋的结构、装修、设备等方面具有熟悉和评判的能力,需要拥有足够的技术与丰富的经验。实际观察法是我国房地产估价常用的求取折旧的方法之一。

3) 成新折扣法

成新折扣法是根据建筑物建成年代的建筑质量、使用年限及维修养护情况等诸因素,确定成新折扣标准,将待估建筑物的各项条件与同类建筑物成新划分标准相对照,进而确定待估建筑物的成新率和折旧。计算方法是:

$$建筑物现值(V) = 建筑物重置价(C) \times 建筑物成新率(q)$$

建筑物成新率是一个综合指标,它可采用"先定量,后定性,再定量"的方法得到,即采用年限法,并加以实际考察修正得到符合待估建筑物的成新率。可按下列 3 个

步骤进行:

①用年限法计算成新率。如用直线法计算成新率的公式为:

$$q = \left[1 - (1-R)\frac{t}{N} \right] \times 100\%$$

若建筑物的 $R = 0$,则:

$$q = \left(1 - \frac{t}{N} \right) \times 100\%$$

②根据建筑物的建成年代对上述计算结果做初步判断,看是否吻合。

③采用实际观察法对上述结果做进一步的调整修正,并说明上下调整修正的理由。当建筑物的维修保养属于正常的,实际成新率与直线法计算出的成新率相当;当建筑物的维修保养比正常维修保养好或经过更新改造的,实际成新率应大于直线法计算出的成新率;当建筑物的维修保养比正常维修保养差的,实际成新率应小于直线法计算出的成新率。

成新折扣法计算简单、迅速,但相对粗略。因此,不适合做精确的估价,仅适用于大量建筑物的价值调查统计。

【例 5.5】 某一建筑物已使用 10 年,经估价人员实地观察判定其剩余经济寿命为 40 年,该建筑物的残值率为零。试用直线法计算该建筑物的成新率。

【解】 已知 $t = 10$ 年, $n = 40$ 年, $R = 0$,则:

$$q = \left(1 - \frac{t}{N} \right) \times 100\% = \left(1 - \frac{10 \text{ 年}}{10 \text{ 年} + 40 \text{ 年}} \right) \times 100\% = 80\%$$

4)市场提取法

市场提取法是利用与估价对象建筑物具有类似折旧程度的可比实例来求取估价对象建筑物折旧的方法。在假设建筑物残值率为零时,该方法求取其折旧的主要步骤和内容为:

①搜集大量交易案例,从中选取 3 个以上与估价对象建筑物具有类似折旧程度的可比实例,并对可比实例成交价格进行有关换算、修正和调整。

②求取可比实例在其成交日期时的土地价值,将可比实例的成交价格减去该土地价值得出建筑物的折旧后价值;求取可比实例在其成交日期时的建筑物重新购建价格,将该建筑物重新购建价格减去折旧后价值得出建筑物折旧。

③将可比实例的建筑物折旧除以建筑物重新购建价格转换为折旧率。

④将估价对象建筑物的重新购建价格乘以折旧率,或者乘以年折旧率再乘以其经过年数,便可得出估价对象建筑物的折旧。

5)分解法

分解法是对建筑物的物质折旧、功能折旧以及经济折旧分别予以分析和测定,然后加总来求取建筑物折旧的方法。它是求取建筑物折旧最详细，也最复杂的一种方法。

（1）物质折旧的求取

要求取物质折旧，首先应将物质折旧分为可修复项目和不可修复项目两类。预计修复所必须的费用小于或等于修复所能带来的房地产价值增加额的，是可修复的；反之为不可修复的。对于可修复项目，估算采用最优修复方案使其恢复到新的或相当于新的状况下所必须的费用作为折旧额。

对于不可修复的项目，根据估价时点时的剩余使用寿命是否短于整体建筑物的剩余经济寿命，将其分为短寿命项目和长寿命项目两类。短寿命项目分别根据各自的重新购建价格、寿命、经过年数或剩余使用寿命，采用年限法计算折旧额；长寿命项目是合在一起，根据建筑物重新构建价格，减去可修复项目的修复费用和各短寿命项目的重新购建价格后的余额、建筑物的经济寿命、有效经过年数或剩余经济寿命，采用年限法计算折旧额。最后，将可修复项目的修复费用、短寿命项目的折旧额、长寿命项目的折旧额相加，就是物质折旧额。

【例 5.6】[①]　某建筑物的重置价格为 180 万元，经济寿命为 50 年，有效经过年数为 10 年。其中，门窗等损坏的修理费用为 2 万元；装饰装修的重置价格为 30 万元，平均寿命为 5 年，经过年数为 3 年；设备的重置价格为 60 万元，平均寿命为 15 年，经过年数为 10 年。残值率假设均为零。试计算该建筑物的物质折旧额。

【解】　该建筑物的物质折旧额计算如下：

门窗等损坏的修复费用 $=2$ 万元

装饰装修的折旧额 $=30$ 万元 $\times \dfrac{1}{5} \times 3 = 18$ 万元

设备的折旧额 $=60$ 万元 $\times \dfrac{1}{15} \times 10 = 40$ 万元

长寿命项目的折旧额 $=(180$ 万元 -2 万元 -30 万元 -60 万元$) \times \dfrac{1}{50} \times 10$

$=17.6$ 万元

该建筑物的物质折旧额 $=2$ 万元 $+18$ 万元 $+40$ 万元 $+17.6$ 万元 $=77.6$ 万元

（2）功能折旧的求取

求取功能折旧，首先应将功能折旧分为功能缺乏、功能落后和功能过剩引起的 3 类，并进一步分为可修复的和不可修复的。

● 功能缺乏引起的折旧求取　对于可修复的功能缺乏引起的折旧，在使用缺乏该功能的重置成本下，估算在估价对象建筑物上增加该功能所必须的费用，并估算该功能如果在建筑物建造时就具有所必须的费用；然后将在估价对象建筑物上增加该

---

①柴强．房地产估价理论与方法［M］．北京：中国建筑工业出版社，2005：167.

功能所必须的费用减去该功能如果在建筑物建造时就具有所必须的费用,即增加该功能所超额的费用作为折旧额。如果使用具有该功能的重置成本,则减去在估价对象建筑物上增加该功能所必须的费用,便得到了扣除该功能缺乏引起的折旧后的重置成本。对于不可修复功能缺乏引起的折旧,则首先应采用"租金损失资本化法"求取缺乏该功能导致的未来每年损失租金的现值之和;其次,估算该功能如果在建筑物建造时就具有所必须的费用;最后,将未来每年损失租金的现值之和减去该功能如果在建筑物建造时就具有所必需的费用,作为折旧额。

● 功能落后引起的折旧求取   以空调系统为例,其折旧额为该功能落后空调系统的重新购建价格,减去该功能落后空调系统已提折旧,加上拆除该功能落后空调系统所必需的费用,减去该功能落后空调系统可回收的残值,加上安装新的功能先进空调系统所必需的费用,减去该新的功能先进空调系统如果在建筑物建造时就安装所必需的费用。对于不可修复的功能落后引起的折旧,仍以空调系统为例,其折旧额是在上述可修复的功能落后引起的折旧额计算中,将安装新的功能先进空调系统所必须的费用,替换为采用"租金损失资本化法"求取的功能落后空调系统导致的未来每年损失的租金现值之和。

● 功能过剩引起的折旧求取   功能过剩引起的折旧一般是不可修复的。它首先应包括功能过剩所造成的无效成本。该无效成本可以通过使用重置成本而自动得到消除,但如果使用重建成本则不能消除;其次,无论是使用重置成本还是重建成本,功能过剩引起的折旧还应包括功能过剩所造成的超额持有成本,该成本可以采用功能过剩导致的未来每年超额运营费用的现值之和来求取。这样,在重置成本下,扣除功能过剩引起的折旧额等于重置成本减去超额持有成本;在重建成本下,扣除功能过剩引起的折旧额等于重建成本减去超额持有成本,再减去无效成本。

(3)经济折旧的求取

经济折旧在估价时点通常是不可修复的,首先应分清它是暂时性的还是永久性的,然后可以根据租金损失的期限不同,采用"租金损失资本化法"求取未来每年损失租金的现值之和作为折旧额。

【例5.7】   某旧住宅,测算其重置价格为50万元,地面、门窗等破旧引起的折旧为3万元,因户型设计不好、采光不好和共用电视天线等导致的折旧为5万元,由于位于城市衰落地区引起的折旧为5万元。试求取该旧住宅的折旧总额和现值。

【解】   分析:该旧住宅地面、门窗等破旧引起的折旧属于物质折旧;户型设计不好、采光不好和共用电视天线等导致的折旧属于功能折旧;城市衰落地区引起的折旧属于经济折旧。在估算折旧总额时需同时考虑这3种折旧。

该旧住宅的折旧总额和现值分别求取如下:

该旧住宅的折旧总额=3万元+5万元+5万元=13万元

该旧住宅的现值 = 重置价格 - 折旧 = 50 万元 - 13 万元 = 37 万元

5.3.3　房屋建筑物折旧估算注意问题

房屋建筑物折旧估算中,除应注意估价折旧不同于会计折旧外,还应特别注意土地使用权年限对建筑物经济寿命的影响。

在实际估价中,建筑物的经济寿命应从建筑物竣工验收合格之日起计,建造期不应计入。另外,由于土地是有限期的使用权,建筑物的经济寿命与土地使用权年限可能不一致。这就存在建筑物经济寿命与土地使用权年限长短比较问题。一般采用先期结束原则,即比较自估价时点起,土地使用权年限与建筑物经济寿命的长短,以先期结束者作为折旧计算的时间依据。相关计算公式有:

土地剩余使用年限 = 土地使用权出让年期(时间) - (估价时点 - 出让时点)

建筑物经济寿命 = 建筑物耐用年限 - (估价时点 - 建筑物建成时点)

土地使用权剩余年限与建筑物经济寿命长短有两种情况,这就应该根据具体情况进行不同的处理:

(1)建筑物的经济寿命早于土地使用权年限而结束的

这种情况应按建筑物的经济寿命计算折旧。比如在出让土地使用权上建造的普通商品住宅,土地使用权出让年限为 70 年,建造期为 3 年,建筑物的经济寿命为 60 年,在这种情况下,计算建筑物折旧的经济寿命应为 60 年,而不是 63 年或 70 年。

(2)建筑物的经济寿命晚于或同于土地使用权年限而结束的

这种情况应按建筑物的实际经过年数加上土地使用权的剩余年限计算折旧。这样处理是基于《中华人民共和国城市房地产管理法》第 21 条"土地使用权出让合同约定的使用年限届满,土地使用者未申请续期或者虽申请续期但依照前款规定未获批准的,土地使用权由国家无偿收回"和《中华人民共和国城镇国有土地使用权出让和转让暂行条例》第 40 条"土地使用权期满,土地使用权及地上建筑物、其他附着物所有权由国家无偿取得"的规定。而未考虑未来土地使用权期满后是否可以续期,可以续期的土地使用权人是否去办理续期,以及目前对地上建筑物、其他附着物由国家无偿取得存在不同意见等复杂情况。比如一座在出让土地使用权上建造的商场,土地使用权出让年限为 40 年,建造期为 3 年,建筑物的经济寿命为 50 年,在这种情况下,计算建筑物折旧的经济寿命应为 37 年,而不是 40 年、50 年或 53 年。

5.4 成本法估价总结与应用实例

5.4.1 成本法估价思路总结

根据成本法估价的思路,以建造估价对象房地产所需的各项必要费用之和为基础,再加上正常的利润和应缴纳的税金来求其积算价格。而对于旧有房地产,还需扣除建筑物的折旧。

在计算各项费用时,土地的重新购建价格、建筑物的重新购建价格及建筑物折旧的求取是计算重点。土地的重新购建价格指的是土地的重新取得价格或重新开发成本。土地的重新取得价格的求取方法可用比较法、基准地价修正法,重新开发成本的求取就是把各项开发成本累计,即采用成本法。

建筑物的重新购建价格可分为重建成本与重置成本两种,可采用成本法、市场比较法来求取,或通过政府确定公布的基准房屋重置价格扣除其中包含的土地价格后的比较修正来求取,也可以按照工程造价估算的方法来求取。具体方法有工料测量法、分部分项法、单位比较法、指数调整法。

对于建筑物的折旧,首先要了解造成其折旧的原因。其原因主要有 3 个:物质折旧、功能折旧、经济折旧。求取建筑物折旧的方法很多,但主要有 5 类:耐用年限法、实际观察法、成新折扣法、市场提取法以及分解法。

5.4.2 成本法估价应用举例

【例5.8】 某建筑物为钢筋混凝土结构,经济寿命为50年,有效经过年数为8年,经调查测算,现在重新建造全新状态的该建筑物的建造成本为800万元(建设期为2年,假定第1年投入建造成本的60%,第2年投入40%,均为均匀投入),管理费用为建造成本的3%,年利率为6%,销售税费为50万元,开发利润为120万元。又知其中该建筑物的墙、地面等损坏的修复费用为18万元;装修的重置价格为200万元,平均寿命为5年,已使用2年;设备的重置价格为110万元,平均寿命为10年,已使用8年。假设残值均为零。试计算该建筑物的折旧总额。

【解】 (1)计算建筑物的重置价格

①建造成本 =800 万元

②管理费用 =800 万元×3% =24 万元

③投资利息 = $(800\text{万元} + 24\text{万元}) \times 60\% \times [(1+6\%)^{1.5} - 1] + (800\text{万元} + 24\text{万元}) \times 40\% \times [(1+6\%)^{0.5} - 1] = 54.90$ 万元

④建筑物的重置价格 = $800\text{万元} + 24\text{万元} + 54.90\text{万元} + 50\text{万元} + 120\text{万元} = 1\,048.90$ 万元

（2）计算建筑物的折旧额

①墙、地面等损坏的折旧额 = 18 万元

②装修部分的折旧额 = $200\text{万元} \times \dfrac{2}{5} = 80$ 万元

③设备部分的折旧额 = $110\text{万元} \times \dfrac{8}{10} = 88$ 万元

④长寿命项目的折旧额 = $(1\,048.90\text{万元} - 18\text{万元} - 200\text{万元} - 110\text{万元}) \times \dfrac{8}{50} = 115.34$ 万元

⑤建筑物的折旧总额 = $18\text{万元} + 80\text{万元} + 88\text{万元} + 115.34\text{万元} = 301.34$ 万元

上题使用 Excel 表格计算，见表 5.5。

表 5.5　计算价格估算表

	A	B	C	D
	估算项目	估算标准	计算说明	结果（万元）
1				
2	建筑物重置价格			
3	建造成本		800	800
4	管理费用	建造成本的3%	C3×3%	24
5	销售费用		50	50
6	开发利润		120	120
7	投资利息	建造成本和管理费用需计息，复利计算	(D3+D4)×60%×[(1+6%)^1 − 1] +(D3+D4)×40%×[(1+6%)^0 − 1]	54.9
8	合计		SUM(D3:D7)	1048.9
9				
10	建筑物折旧额			
11	墙、地面等损坏的折旧额		18	18
12	装修部分的折旧额	重置价格的2/5	200×2/5	80
13	设备部分的折旧额	重置价格的8/10	110×8/10	88
14	长寿命项目的折旧额	重置价格的8/50	(D8-D11-200-110)×8/50	115.34
15	合计		SUM(D11:D14)	301.34

【例 5.9】　现有一幢政府办公楼，土地总面积为 350 m^2，建筑总面积为 140 m^2，建筑物建于 1987 年 10 月，结构为钢筋混凝土结构。现已根据市场比较法求得该地

块 50 年的转让价格为 2 184 元/m²，建筑物的重置成本为 1 120 元/m²。试用定额法评估该房地产 2011 年 10 月出售转为普通办公楼的正常价格。

【解】　分析：房地产包括建筑物与土地，该房地产把建筑物与土地分开计算，在计算过程中，特别要注意建筑物的折旧。建筑物的剩余经济寿命为 60 年 −24 年 =36 年，土地的使用年限还有 50 年，建筑物的经济寿命早于土地使用权年限而结束，这种情况应按建筑物的经济寿命计算折旧。而土地则不需要折旧。

根据国家有关规定，钢筋混凝土结构的耐用年限为 60 年，残值为零。该房地产耐用年限为 60 年。

设 C_B 为建筑物的重置价，C_L 为土地的成本，则：

$$C_B = 1\ 120\ 元/m^2 \times 140\ m^2 = 156\ 800\ 元$$

$$C_L = 2\ 184\ 元/m^2 \times 350\ m^2 = 764\ 400\ 元$$

$$E_t = (C_B - S)\frac{T}{N} = 156\ 800\ 元 \times \frac{24\ 年}{60\ 年} = 6.27\ 万元$$

$$V = C_B + C_L - E_t = 15.68\ 万元 + 76.44\ 万元 - 6.27\ 万元 = 85.85\ 万元$$

上例使用 Excel 表格来计算，见表 5.6。

表 5.6　定额法估算政府办公楼正常价格

	A	B	C	D
1				
2				
3	估算项目	估算标准	计算说明	计算结果（元）
4	建筑物的重置价		1120×140	156800
5	土地的成本		2184×350	764400
6	建筑物折旧额	直线折旧法	D4×24/60	62700
7	房地总价格		D4+D5-D6	858500

【例 5.10】　某宗房地产的土地总面积为 1 000 m²，是 10 年前通过征用农地取得的，当时平均每亩花费 20 万元，现时重新取得该类土地需要 850 元/m²；地上建筑物的总建筑面积为 3 000 m²，是 8 年前建成交付使用的，当时的建筑造价为 800 元/m²，现时建造同类建筑物需要 1 300 元/m²，估计该建筑物有八成新。试选用所给资料估算该宗房地产的现时总价和单价。

【解】　土地现值 =850 元/m² ×1 000 m² =850 000 元

建筑物现值 =Cq =1 300 元/m² ×3 000 m² ×80% =3 120 000 元

估价对象的现时总价 =850 000 元 +3 120 000 元 =3 970 000 元

估价对象的现时单价 =3 970 000 元 ÷3 000 m² =1 323.33 元/m²

【例 5.11】　某估价对象是一个工业厂房，坐落在××城市工业区内。土地总面积为 2 500 m²，总建筑面积为 8 500 m²；土地权利性质为出让土地使用权；建筑物建成于 1991 年 10 月底，建筑结构为钢筋混凝土结构。试评估该工业厂房 2011 年 10 月 30 日的价值。

【解】　（1）选择估价方法

本估价对象为工业厂房，市场买卖交易量少，可以租赁，但租金收益不稳定，故拟选用成本法进行估价。

（2）选择计算公式

该宗房地产估价属于成本法中的旧房地产估价，需要评估的价值包含土地和建筑物的价值，故选择的计算公式为：

旧房地价格 = 土地的重新取得价格或重新开发成本 + 建筑物的重新购建价格 - 建筑物的折旧

（3）求取土地的重新取得价格或重新开发成本

由于该土地坐落在城市工业区内，可以根据政府公布的基准地价来修正。该城市土地分为 10 个级别，城市边缘熟地列为最差级，即处于第 10 级土地上，而估价对象房地产处于第 7 级土地上。该城市政府公布的第 7 级的基准地价为 1 586 元/m²。

故估价对象土地的总价 = 1 586 元/m² × 2 500 m² = 3 965 000 元

（4）求取建筑物的重新购建价格

现时（在估价时点 2011 年 10 月 30 日）与估价对象建筑物类似的不包括土地价格在内的建筑物的造价为 1 200 元/m²（含合理利润、税费等），以此作为估价对象建筑物的重置价格，即为 1 000 元/m²。故：

估价对象建筑物的重新购建总价 = 1 200 元/m² × 8 500 m²
= 10 200 000 元 = 1 020 万元

（5）求取建筑物的折旧

采用直线法求取折旧额。参照规定并根据估价人员的判断，该工业厂房建筑物的经济寿命为 60 年，残值率为零。故：

估价对象建筑物的折旧总额 = 1 020 万元 × 20 年/60 年 = 340 万元

估价人员到现场观察，认为该专用仓库建筑物的折旧程度也为三成，即将近七成新，与上述计算结果基本吻合。

（6）求取积算价格

旧房地总价格 = 土地的重新取得价格或重新开发成本 + 建筑物的重新购建价格 - 建筑物的折旧 = 396.5 万元 + 1 020 万元 - 340 万元
= 1 076.5 万元

旧房地单位价格 = 10 765 000 元/8 500 m² = 1 266.47 元/m²

估价结果：根据上述计算结果并参考估价人员的经验，将本估价对象工业厂房 2010 年 10 月 30 日的价值总额评估为 1 076.5 万元，折合为 1 266.47 元/m²。

上题采用 Excel 表格来计算,见表 5.7。

表 5.7　旧房地价格估算表

	A	B	C	D
	D8	▼	ƒₓ	1266.47元/m²
	A	B	C	D
1				
2				
3	估算项目	估算标准	计算说明	计算结果
4	土地的重置价	第七级土地	1586×2500	396.5万元
5	建筑物的重新购建价格		1200×8500	1020万元
6	建筑物折旧额	直线折旧法	D5×20/60	340万元
7	房地总价格		D4+D5-D6	1076.5万元
8	房地单位价格		D7÷8500	1266.47元/m²

本章小结

成本法是指在估价时点以假设重新建造(开发)待估房地产所需耗费的各项必要费用以及正常的利润、税金为依据来评估估价对象房地产价格的一种估价方法。对于旧有的房地产,成本法指估价对象房地产在估价时点的重新购建价格,扣除折旧,以此估算估价对象房地产客观合理价格或价值的方法。

成本法的理论依据从卖方的角度是生产费用价值论;从买方的角度来看,成本法的理论依据是替代原理。使用成本法具备两个条件:一是自由竞争(即可以自由进入市场);二是该种商品本身可以大量重复生产。

根据《房地产估价规范》第 5.2 条,运用成本法估价应按下列步骤进行:①搜集成本、税费、开发利润等资料;②测算重新购建价格;③估算折旧;④求取积算价格。

重新购建价格是假设在估价时点重新取得或者重新开发建设全新状况的估价对象所支出和应获得的利润之和。求取重新购建价格的方法有工料测量法、分部分项法(面积比较法)、指数法、单位比较法 4 种方法。

建筑物折旧指建筑物的价值损耗,又叫建筑物的减价修正额。建筑物折旧分为物质折旧、功能折旧和经济折旧 3 个方面。求取建筑物折旧的方法很多,主要有耐用年限法、实际观察法、成新折扣法、市场提取法以及分解法。

房屋建筑物折旧估算注意估价折旧与会计折旧的区别,以及土地使用权年限对建筑物经济寿命的影响。

重要名词与概念

成本法　重新构建价格　建筑物折旧　物质折旧　功能折旧　经济折旧

复习思考题

1. 简述成本法的使用对象与条件。

2. 成本法估价的基本公式有哪些?

3. 重新购建价格的构成有哪些?

4. 建筑物重新购建价格的求取方式具体有哪些?

5. 房屋建筑物折旧的含义及其原因是什么?

6. 求取建筑物折旧的方法具体有哪些? 具体如何应用?

7. 估算房屋建筑物折旧时应注意哪些问题?

8. 某一房地产,土地总面积为 2 500 m²,是 6 年前通过征用农地所得,当时费用为800 元/m²,现时取得该类土地需要 1 000 元/m²。地上建筑总面积 6 000 m²,是 2 年前建成交付使用的,当时建筑造价为 800 元/m²,现实建筑同类建筑物为 1 100 元/m²。估计该建筑物有八成新,该类建筑物的残值率为 2%,试选用所给资料评估该房地产的现时总价和单价。

9. 某宗房地产占地 2 000 m²,容积率为 3.0。土地是在 2005 年 4 月通过出让方式取得的,出让年限 40 年。建筑物于 2006 年 10 月建成使用。经调查,现在取得类似土地 40 年使用权的市场价格为 1 000 元/m²,同类建筑重置价格为 1 000 元/m²。通过估价师对该建筑物观察鉴定,对门窗等可修复部分进行修复需花费 5 万元,装修重置价格为 30 万元,经济寿命为 5 年;设备的重置价格为 50 万元,经济寿命为 15 年。残值率假设均为零,资本化率为 8%。求该房地产在 2009 年 4 月的市场价格。

房地产估价师考试真题

一、单项选择题

1. 下列各类房地产中,特别适用于成本法估价的是(　　)。

　　A. 某标准厂房　　B. 某酒厂厂房　　　C. 某待出让土地　　　D. 某写字楼

2. 下列不属于导致建筑物经济折旧的因素是(　　)。

　　A. 交通拥挤　　　B. 建筑技术进步　　C. 城市规划改变　　　D. 自然环境恶化

3. 某幢写字楼,建筑物重新购建价格为 2 000 万元,经济寿命为 50 年,有效经过年数为 10 年。其中,门窗等损坏的修复费用为 10 万元;装修的重置价格为

200 万元,平均寿命为 5 年,有效经过年数为 4 年;设备的重置价格为 250 万元,平均寿命为 15 年,有效经过年数为 9 年。假设残值率均为零,则该幢写字楼的物质折旧额为(　　)万元。

  A.400　　　　　 B.628　　　　　 C.656　　　　　 D.700

4.某估价对象为一旧厂房改造的超级市场,建设期为 2 年,该厂房建成 5 年后补办了土地使用权出让手续,土地使用期限为 40 年,土地使用权出让合同约定土地使用期间届满不可续期。建筑物经济寿命为 50 年。假设残值率为零,采用直线法计算建筑物折旧时年折旧率为(　　)。

  A.2.00%　　　 B.2.13%　　　 C.2.22%　　　 D.2.50%

5.某 8 年前建成交付使用的建筑物,建筑面积为 120 m^2,单位建筑面积的重置价格为 600 元/m^2,年折旧额为 1 440 元,用直线法计算该建筑物的成新率是(　　)。

  A.16%　　　　 B.42%　　　　 C.58%　　　　 D.84%

二、多项选择题

1.建筑物重置价格的求取方法有(　　)等。

  A.单位比较法　　 B.工料测量法　　 C.指数调整法

  D.分部分项法　　 E.成新折扣法

2.功能折旧是指建筑物在功能上的相对缺乏、落后或过剩所造成的建筑物价值的损失。造成建筑物功能折旧的主要原因有(　　)等。

  A.意外破坏的损毁　　　　　　 B.市场供给的过量

  C.建筑设计的缺陷　　　　　　 D.人们消费观念的改变

  E.周围环境条件恶化

3.在运用成本法时最主要的有(　　)。

  A.区分计划成本和实际成本　　 B.区分实际成本和客观成本

  C.结合实际成本来确定评估价值　 D.结合实际开发利润来确定评估价值

  E.结合市场供求分析来确定评估价值

三、计算题

1.估价对象为一写字楼,土地总面积 1 000 m^2,于 2001 年 9 月底获得 50 年使用权。写字楼总建筑面积 4 500m^2,建成于 2004 年 9 月底,为钢筋混凝土结构,建筑层高 5 m,没有电梯,需评估该写字楼 2006 年 9 月 30 日的价值。搜集有关资料如下:

  (1)搜集了三宗出让年限 50 年的土地交易实例作为可比实例,有关资料如下表所示:

实例	交易价格(元/m²)	交易情况	交易日期	房地产状况
A	2 200	正常	2006 年 3 月 30 日	比估价对象劣 3%
B	2 050	正常	2005 年 12 月 30 日	比估价对象劣 8%
C	2 380	比正常价格高 3%	2006 年 5 月 30 日	比估价对象优 5%

从 2005 年 11 月至 2006 年 10 月地价逐月上升 0.5%。

（2）当地征收农地的费用等资料如下：

在估价时点征收城市边缘土地平均每亩需要 57.32 万元的征地补偿和安置等费用,向政府交付土地使用权出让金等为 150 元/m²,土地开发费用、税金和利润等为 120 元/m²,以上合计为城市边缘土地使用权年限 50 年熟地的价格。该城市土地分为 8 个级别,城市边缘土地为第八级,而估价对象处于第六级土地上。各级土地之间的价格差异如下表所示：

级　别	一	二	三	四	五	六	七	八
地价是次级土地的倍数	1.4	1.4	1.4	1.4	1.4	1.3	1.3	1
地价是最差级土地的倍数	10.54	7.53	5.38	3.84	2.74	2.00	1.50	1

（3）在估价时点不设电梯的层高 5 m 的建筑物重新购建价格为 1 800 元/m²,估价对象写字楼门窗等损坏的修复费用为 10 万元;装修的重新购建价格为 140 万元,经济寿命 5 年,设备的重新购建价格为 100 万元,经济寿命 10 年,建筑物的使用寿命长于土地使用年限。假设残值率均为 0。另调查,由于该写字楼缺乏电梯,导致其出租率较低,仅为 80%,月租金为 38 元/m²。而市场上类似的有电梯的写字楼的出租率为 85%,正常月租金为 40 元/m²。一般租赁经营的正常运营费用率为租金收入的 35%。如果在估价时点重置具有电梯的类似写字楼,则需电梯购置费用 60 万元,安装费用 40 万元。同时,由于该写字楼的层高比正常层高要高,使其能耗增加。经测算正常情况下每年需要多消耗 1 万元能源费。同时由于周边环境的变化,该写字楼的经济折旧为 20 万元。试用成本法评估该写字楼 2006 年 9 月 30 日的价值。土地重新购建价格要采用市场法和成本法综合求取。土地报酬率为 5%,房地产报酬率为 7%（如需计算平均值,请采用简单算术平均法,小数点后保留两位）。

2. 某建成的宾馆有 400 间客房及会议室、餐厅等,土地面积 10 000 m²,建筑容积率为 2.0。土地于 2 年前以出让方式取得,使用期限 40 年,约定不可续期,当时的楼面地价为 1 400 元/m²,现时重新取得该类土地的楼面地价为 1 750 元/m²,土地交易契税为 4%。该宾馆正常建设期为 2 年;建筑安装工程费为 3 000 元/m²,专业费及管理费为建筑安装工程费的 10%;建筑安装工程费等费用第 1 年投入 60%,第 2 年投入

40%，在各年内均匀投入。该宾馆建成前半年内需均匀投入广告宣传费 400 万元，建成时配置市场价值为 500 万元的家具等用品即可投入使用。宾馆开发的投资利润率为 40%。预计该宾馆投入使用后客房的平均价格为 180 元/（天·间），第 1～4 年的入住率分别为 50%,60%,70% 和 80%，从此入住率稳定在 80%；其他收入第 1 年为 500 万元，以后每年递增 5%，从第 4 年起达到稳定。该宾馆运营费用第 1 年为当年收入的 35%，此后各年的运营费用在第 1 年的基础上增加，增加额为当年收入超过第 1 年收入部分的 25%。请根据上述资料分别运用收益法和成本法测算该宾馆在建成可投入使用时的市场价值（报酬率为 10%，年利率为 8%）。

第6章
收益法

【本章导读】

　　收益法是根据房地产的收益来评估其价格的方法。收益法理论基础坚实,应用广泛,特别是在收益性房地产的估价中更有特殊的应用性。通过本章的学习,应了解收益法的概念、类型、理论依据以及报酬率、资本化率以及收益乘数的概念,熟悉收益法的适用范围、计算公式及操作步骤,掌握房地产净收益的求取及收益价格的估算。

6.1 收益法基本原理

6.1.1 收益法的概念及类型

　　收益法又称为收益资本化法、收益还原法,在土地经济理论中及土地估价时又称为地租资本化法。收益法是预测估价对象的未来收益,然后利用报酬率或资本化率、收益乘数将其转换为价值来求取估价对象价值的方法。收益法从未来的角度评估房地产价格,是房地产估价中最常用的方法之一,也是对房地产和其他具有收益性资产评估的基本方法。由于其具有充分的理论依据,在国内外得到了广泛使用。采用收益法求出的价格,通常称为收益价格。

　　根据未来预期收益转换为价值的方式不同,即资本化的方式不同,收益法可以分为直接资本化法和报酬资本化法。

1）直接资本化法

直接资本化法（Direct Capitalization）是将估价对象未来某一年的某种预期收益除以适当的资本化率或者乘以适当的收益乘数来求取估价对象价值的方法。其中，将未来某一年的某种预期收益乘以适当的收益乘数来求取估价对象价值的方法，称为收益乘数法。

直接资本化法不需要预测未来许多年的净收益，通常只需要测算未来某一年的收益，而且资本化率或收益乘数直接来源于市场上所显示的收益与价值的关系，能较好地反映市场情况，直接资本化法的计算过程也相对比较简单。

但由于直接资本化法利用的是某一年的收益来资本化，所以要求有较多的与估价对象房地产的净收益流模式相同或类似房地产来求取资本化率或收益乘数，对可比实例的依赖很强。一旦可比实例选取不当，则估价结果会出现错误，要么高估、要么低估房地产的价值。因此，直接资本化法主要在相似的预期收益存在大量的可比信息时使用。

2）报酬资本化

报酬资本化法（Yield Capitalization）即现金流量折现法（Discounted Cash Flow，DCF），是将房地产未来各期净收益的现值之和作为其价值的方法。具体来说，就是预测估价对象未来各期的净收益（净现金流量），选用适当的报酬率（折现率）将其折现到估价时点后相加来求取估价对象价值的方法。

报酬资本化法明确指出了房地产的价值是其未来各期净收益的现值之和，是预期原理的形象表述，同时考虑了资金的时间价值，逻辑严密，理论基础牢固。由于每期的净收益或现金流量都是明确的，因此，该方法显得直观而且容易理解。另外，具有同等风险的任何投资的报酬率理论上都是相近的，因此，不必直接依靠与估价对象的净收益流模式相同或相似房地产来求取报酬率，而可以通过其他具有同等风险的投资来求取报酬率。这样，该方法的应用能力就更强，或者更适合估价人员估价时采用。

当然，报酬资本化法也有不足的地方，这就是应用该方法估价需要预测未来各期的净收益，从而较多地依赖于估价人员的专业经验与主观判断，并且各种简化的净收益流模式不一定符合市场的实际情况。因此，当市场可比信息缺乏时，报酬资本化法是一个不错的选择。

如果按照净收益求取方式的不同，则可以将收益法划分为投资法和利润法。所谓投资法，即是基于租赁收入测算净收益的方法，例如对于存在大量租赁实例的普通住宅、公寓、写字楼、商铺、标准厂房、仓库等类房地产的净收益估算，就可以采用投资法测算其净收益;而利润法则是基于营业收入测算净收益的方法,例如旅馆、影剧院、娱乐场所以及加油站等类房地产的净收益估算,就需要采用利润法。实际估价中,只要能够通过租赁收入测算净收益的,宜通过租赁收入测算净收益来估价。因此,投资法是收益法的典型形式。

关于房地产净收益的具体估算方法,可参见"6.2.2 房地产净收益估算的一般方法。"

6.1.2　收益法的理论依据与适用范围

1)收益法的理论依据

收益法的理论依据是效用价值论,即房地产投资的预期收益原理。房地产的价格是由房地产未来能给权利人带来的全部经济收益的现值来决定的,而不是过去已获得的收益。需要注意的是"房地产的预期收益",房地产的价格是建立在不一定能实现的预期之上的。这是由房地产具有使用长期性的特点决定的,在房地产的耐用年限内,将会源源不断地给权利人带来经济收益。对投资者而言,购买房地产的目的是为了获得该房地产将来较长时间内所能带来的收益,而不管是否将其用于出租。

市场价值原理中的收益分配原理也对收益法有指导作用。根据该原理,房地产的收益应该从总收益中扣除由劳动力、管理、技术、其他资产产生的收益,即扣除其他要素产生的收益。这样才能准确地显示出房地产收益,公平合理地评估出房地产的价格。

从效用角度看,购房者支付房产的价格不能超过该房产在其寿命和他的权利期限内将要产生的所有折现值之和。不然,对购房者来说不符合效用最大化,也是不经济的。同样,对售房者来说正好相反。于是,对购、售房双方来说都能接受的价格便是该房产在寿命和权利期限内将要产生的全部收益的现值之和。如果把一笔资金存入银行,其每年产生的利息收入与某一房地产每年产生的净收益相同,在该时点,该房地产的价格就相当于这一资金额。

形象一点表示就是:*某一货币额 × 利息率 = 房地产净收益*

于是就有:*房地产的价格 = 房地产的净收益/利息率*

在这里,利息率应该是资本化率。

该方法中收益与价格的关系反映了房地产市场的租金与售价关系。收益法评估结果的正确性主要依赖于将来净收益与资本化率两个参数。由于资本化率相对于净收益来说是一个小量,其数值的较小变化就能导致评估结果的较大变化,所以资本化率是收益法中最重要的参数,合理地选择这一参数是合理评估的关键。

以上例子只是表达了收益还原法的思想,它实际上是净收益和资本化率每年都不变、收益期限为无限年,且获取房地产收益的风险与获取银行存款利息的风险相同下的情况,实际的估价比以上过程要复杂得多。

通过以上说明,我们进一步将普遍适用的房地产收益法原理严谨地表述为:具有一定使用年期(含无限年期)的房地产,将其未来产出的净收益以适当的资本化率折算为现值,该现值即为该房地产的价格,也是适当的客观交换价值。

2)收益法的适用范围

收益法的适用范围是有收益或潜在收益,且收益和风险都能量化的房地产,如写字楼、公寓、餐馆、游乐场、旅馆、饭店、停车场、加油站、影剧院、农地等。

收益法的使用并不限于估价对象房地产是否现在有收益,只要其具有获取收益的能力即可。如空闲的住宅或自用的住宅,虽然并没有实际收益,但具有出租获取收益的潜力,即潜在收益,故可将该住宅假设为在出租的状态下运用收益法估价。

由于未来的收益要靠预期,因此,如果房地产的收益或潜在收益难以量化,则收益法不适用,如学校、公园、图书馆、政府办公楼等公用或公益性房地产的估价一般不用收益法。对未来收益的预期要以广泛和深入的市场调研为基础,并结合过去的经验和现实的具体情况做出判断。收益法正确评估出房地产价格的关键是人们对未来预期的客观公正。

另外,收益法还被广泛地用于检验市场比较法和成本法评估结果的可靠性。

6.1.3 收益法估价操作步骤

《房地产估价规范》指出,运用收益法估价应按下列步骤进行:
①搜集有关收入和费用的资料。
②估算潜在毛收入。
③估算有效毛收入。
④估算运营费用。
⑤估算净收益。
⑥选取适当的报酬率。
⑦选用适宜的计算公式求出收益价格。

考虑到收益法估价的两种类型以及估价实务的情况,收益法估价的操作步骤可以归并为以下 4 个步骤进行:
①搜集并确认与估价对象有关的未来预期收入和费用的数据资料。
②估算估价对象的未来净收益。
③求取报酬率或资本化率、收益乘数。
④选用适宜的收益法计算公式计算收益价格。

6.2　房地产净收益及其估算

6.2.1　房地产收益、净收益与客观总收益

1) 房地产收益的类型

可用于收益法中转换为价值的未来收益主要有以下几种：

• 潜在毛收入　潜在毛收入(Potential Gross Income,PGI)是假定房地产在充分利用、无空置(即100%出租)情况下的收入。

• 有效毛收入　有效毛收入(Effective Gross Income,EGI)是由潜在毛收入扣除空置等造成的收入损失后的收入。空置等造成的收入损失是指因空置、拖欠租金(延迟支付租金、少付租金或不付租金)以及其他原因造成的收入损失。

• 净经营收益(Net Operating Income,NOI)　通常简称净收益,是由有效毛收入扣除运营费用后得到的归属于房地产的收入。运营费用是维持房地产正常使用或营业必须的费用。

• 税前现金流量　税前现金流量(Pre-tax Cash Flow,PTCF)是从净收益中扣除抵押贷款还本付息后的数额。

• 期末转售收入　期末转售收入是在房地产持有期末转售房地产可以获得的净收益。

• 期末转售收益　期末转售收益可以是减去抵押贷款余额之前的收益,也可以是减去抵押贷款余额之后的收益。在估价中,未减去抵押贷款余额的期末转售收益与净收益匹配使用;如果需要使用税前现金流量来评估房地产自有资金收益的价值,则应从净收益中减去抵押贷款还本付息额,并从期末转售收益中去抵押贷款余额。

2) 净收益与客观总收益

净收益的求取是运用收益法估价的关键一环。这里的净收益是指仅由房地产这一生产要素而产生的业主可以自由支配的收益,由其他生产要素如资金、管理、经营等发挥作用而产生的收益以及收益中不能由业主自由支配的部分(如需要交纳的税等)不属于净收益。值得注意的是,房地产的净收益应该是"客观的",而非"实际的",即房地产在良好的市场意识和正常的经营管理情况下所产生的规则而持续的收益,这种收益将生产经营过程中一些特殊的、偶然的因素排除在外。例如,某房地产

区位较好,但因经营管理不善等原因,其净收益一直为负数,即处于亏损状态。在这种情况下,如果采用实际净收益估价,该房地产的价格将为负数,这明显是不合理的。由此可见,房地产估价估得的价格是正常市场条件下的客观价格,它反映的是房地产在市场上的经济价值。

具体来说,把客观总收益作为评估依据应该满足以下几个条件:

(1)收益是以通常的方法和技能产生的,而不是由特定的人和物或方法产生的

对同一房地产,在既定的用途和使用条件下,也会因使用者的个人因素(如使用方法和技能等)而导致其收益出现较大的差异。在运用收益法进行估价时,如果直接依据各个使用者所获收益进行收益的评估,将导致同一房地产的价格很难统一,这无论从理论还是实际来讲都是不合理的。由于存在市场竞争,过高的收益价格和过低的收益价格都不会长久地存在,最终都会被市场的力量推向合理的水平。我们需要计算的收益应该是由具备良好意识与正常使用能力的人使用所产生的。在实际估价中,我们不能因为甲店铺经营不善,其收益远远低于邻近的条件基本相同的其他店铺在正常经营情况下产生的收益,而断定甲店铺的收益价格远远低于其他店铺。

(2)收益应该是在待估房地产处于最有效利用状态下产生的

很明显,房地产的使用状态直接关系到其收益的产生,极端的例子是某一房地产未作任何使用,其实际收益将为零,甚至为负数(基本维修费用、税收等需要支出),但不能因此就说明该房地产不具有收益价值或价格。

(3)收益要能持续而规则地产生

如按年交付的地租和按月交付的房租就是最有规则而稳定的收益。我们要求的收益是客观的,它存在一定的规律。在估价实务中,对有规则的年收益,往往需要根据多年的收益情况来综合判定其净收益。显然,供参考的收益年期越多,对客观地判断收益越有利。对不规则的收益,若其确属客观的,则须换算为规则的收益。但对于不规则和不持续的收益,或者说不客观的收益,则不宜依此进行收益还原。如一次性处理土地所获得的收益,由于其只在处理时取得,并不能持续稳定地产生,便不能将其资本化;还有如短期租金收益和违章房地产或超过经济寿命的房地产收益也不应该被资本化。

(4)安全和确实的收益

为了确保收益的安全性,在估价实务中,收益的计算是以现实的收益为基础,以过去的收益作参考,同时考虑将来的变化趋势,并以其他类似的房地产为比较依据,以及按照该房地产以后的发展趋势来求取的。所以,如果未来的收益有风险而不能确定,就不能直接以现实的收益为基础来计算将来的收益,而必须从现在的实际收益中扣除相应的风险程度。

总的来说,总收益应该是以待估房地产的现在和未来情况为基础,在其最有效及正常使用状态下所能产生的持续而稳定的全部合理收益。

6.2.2 房地产净收益估算的一般方法

1) 利用投资法估算房地产净收益的方法

利用投资法估算房地产净收益的基本公式为:

$$净收益 = 潜在毛收入 - 空置等造成的收入损失 - 运营费用$$
$$= 有效毛收入 - 经营费用 = 总收益 - 总费用$$

由有效总收入扣除合理运营费用,实际上是由有效总收入中扣除非房地产本身所创造的收益,剩余的就是房地产本身所带来的收益,也就是房地产的净收益。

在利用投资法估算房地产净收益的基本公式时,需要注意:

①潜在毛收入、有效毛收入、运营费用、净收益通常应以年计,并假设在年末发生。

②空置等造成的收入损失一般是以潜在毛收入的某一百分率来计算。

③运营费用与会计上的成本费用不同,它是从估价的角度出发的,不包含房地产抵押贷款还本付息额、会计上的折旧额(如建筑物折旧费、土地摊提费)以及房地产改扩建费用和所得税。

【例6.1】 某写字楼建筑面积为 10 000 m^2,其空置率为 15%,毛租金为 100 元/(m^2·月),租金损失为毛租金收入的 3%,合理运营费用为有效租金收入的 30%。求该写字楼的净收益。

【解】 潜在毛收入 = 10 000 m^2 × 100 元/(m^2·月) × 12 月 = 1 200 万元

有效毛收入 = 1 200 万元 × (1 - 15%) × (1 - 3%) = 989.4 万元

合理运营费用 = 989.4 万元 × 30% = 296.8 万元

净收益 = 989.4 万元 - 296.8 万元 = 692.6 万元

2) 利用利润法估算房地产净收益的方法

旅馆、娱乐场所、影剧院、加油站等收益性房地产,通常不是以租赁方式,而是以营业方式获取收益,其业主与经营者是合二为一的。这些收益性房地产净收益的测算与投资法测算有所不同:一是潜在毛收入或有效毛收入变成了营业收入;二是要扣除属于其他资本或经营的收益,如商业、餐饮等经营者的正常利润。利用投资法测算房地产的净收益,由于归属于其他资本或经营的收益在房地产租金之外,所以实际上已经扣除。

利用利润法可求出待估对象房地产本身的价值以及在经营状态下的房地产的整体价值。利润法的假设前提不是"公开市场",而是持续经营,在这个假设下,通过求出待估房地产经营所获得的纯利润,并以某种适当的资本化率折算为估价时点的现值,并求其之和来确定待估房地产的价格或价值。纯利润的求取基本公式为:

利润 = 营业收入 − 采购成本 − 经营费用 − 经营资本利息

上式中,利润是反映经营状态下的房地产整体利润,包括使用房地产应付的租金及扣除租金外的经营利润。若待估房地产是由经营者租赁的,则利润中属于租金部分的资本化便是出租房地产的价格,经营利润的资本化便是经营者进行的装修、设备投资、特许经营权以及商誉等资产的价格。若房地产为经营者所有,利润的资本化便是该房地产的继续经营价值。

营业收入是指使用房地产在销售商品和提供劳务等经营业务中实现的收入,包括基本业务(主营业务,如酒店的住宿餐饮)收入和其他业务(即附营业务,如酒店的洗衣服务等)收入。营业收入是待估房地产的使用效益的反映,也是其收益能力的反映。

采购成本是指经营中所耗费的所有原材料成本。

经营费用是经营中产生的费用,如工资、销售费用、保险费、维修费、水电费及折旧等。

经营资本利息是指设备、装修、流动资金等除房地产以外的经营资本的利息。

【例 6.2】 某酒店集餐饮、旅居、娱乐、健身、商务于一体。鉴于该酒店的特殊性质,宜用利润法评估其价格。该酒店 2009—2011 年的账目情况可查阅,试估算其价格。

【解】 分析:根据该酒店 2009—2011 年的账目情况,可以计算该酒店的毛利情况。该毛利扣除属于其他原因的部分,就可以得到该房地产的毛利,然后再扣除相关费用,即可得到属于酒店房地产的纯利润。

(1)毛利(见表 6.1)

表 6.1 某酒店毛利情况表 单位:万元

序 号	项 目	2009	2010	2011
1	客 房	355.52	418.62	550.03
2	餐 饮	156.72	194.49	218.16
3	卡拉 OK 厅	2.78	5.45	0.98
4	商 店	6.72	7.66	8.73
5	其 他	52.47	63.27	79.88
	合 计	574.21	689.49	857.78

表 6.1 中,2,3,4,5 项中的毛利含有属于其他原因(房地产以外)的部分,假设它们中 30% 属于酒店房地产,则酒店实际毛利可计算出来。具体见表 6.2。

表 6.2 某酒店实际毛利情况表 单位:万元

序 号	项 目	2009	2010	2011
1	客 房	355.52	418.62	550.03
2	餐 饮	47.02	58.35	65.45
3	卡拉 OK 厅	0.83	1.64	0.29
4	商 店	2.02	2.30	2.62
5	其 他	15.74	18.98	23.96
	合 计	421.13	499.89	642.35

该酒店的各年平均毛利为:(421.13 万元 + 499.89 万元 + 642.35 万元)/3 = 521.12 万元

(2)税前利润

酒店房地产实际毛利扣除设备折旧维修、保险、管理费、房产税、土地使用费及其他各项费用(经查阅各财务报表并考虑市场情况,综合计算得到这些费用的总额为258.53 万元),酒店房地产的税前利润为:

521.12 万元 − 258.53 万元 = 262.59 万元

6.2.3　不同收益类型房地产净收益的估算

净收益的估算因为估价对象房地产类型的不同而不同,一般可以分为 4 种情况。

1)出租用房地产净收益的求取

出租用房地产是收益法估价的典型对象,如出租的写字楼、住宅、停车场、仓库、标准厂房等。这类房地产净收益一般为租赁总收入扣除由出租人负担的费用后的余额。其中,租赁总收入包括租金收入和租赁保证金及押金的利息收入。出租人负担的费用可能包括维修费(不包括大修理费和初始装潢费)、管理费、保险费、房地产税、租赁费用、租赁税费等。在实际求取净收益时,通常根据租赁合同的约定以及实际操作来决定所要扣除的费用项目。

实际上,真正的房租是由地租、房屋折旧费、维修费、管理费、投资利息、保险费、房地产税、租赁费用、租赁税费和利润组成的,由出租人负担的费用一般为其中的维修费、管理费、保险费、房地产税、租赁费用和租赁税费。通常情况下,应由承租人负担的费用有:水电费、煤气费、供暖费、通信费、有线电视费、家具设备折旧费、物业服务费、维修费、保险费、房地产税、租赁费用、租赁税费和其他费用,这些费用如果确属由出租人负担,在求取净收益时,一般要扣除。

由于存在租约的作用,在实际求取净收益时,需要分析租约,以决定所要扣除的具体费用。如果租约约定一切正常,合法使用所需的一切费用都由出租人负担,就应从收益中将其全部扣除。

2)营业用房地产净收益的求取

营业用房地产的最大特点是房地产所有者是所有者和经营者的统一体,房地产租金与经营者利润没有分开。该类房地产大致分为商业经营房地产、工业生产房地产以及农地三类。

(1)商业经营房地产净收益的求取

商业经营的房地产净收益为商品销售收益扣除经营过程中发生的有关成本或费用。这些成本或费用一般包括商品销售成本、经营费用、商品销售税金及附加、管理费用、财务费用和商业利润。

实际上商业经营性房地产的全部销售收益是全部生产要素,包括土地、房产、资本、劳动与管理等所产生的收益。理论上讲,应该通过一定的方法,如回归模型等,将由房地产产生的收益从全部经营收益中"剥离"出来,但由于数据资料以及处理过程的难度限制等原因,通常采取以上的简便测算法。

(2)工业生产性房地产净收益的求取

工业生产性房地产净收益的求取与商业经营性房地产基本相同,理论上讲,也应该通过一定的方法,将由房地产产生的收益从全部经营收益中"剥离"出来。但在实际估价中,我们往往采取将生产性总收益(产品销售收入)减去相关成本和费用的方法求取其净收益。相关成本包括生产成本、产品销售费用、产品销售税金及附加、管理费用、财务费用和厂商利润等。

(3)农地净收益的求取

农地净收益是由农地年产值(全年农产品的产量乘以单价),再扣除种苗费、农药和肥料费、水利费、人工费、机工费、畜工费、农具费、农舍费、投资利息、农业税以及农业利润等。

3)自住或尚未使用的房地产净收益的求取

由于自住或尚未使用的房地产没产生实际的收益,故须根据同一市场上有收益的类似房地产的有关资料,通过比较直接得出净收益,或按照待估价房地产自身的特点测算净收益。

4)混合性房地产净收益的求取

混合性房地产包括多种收益类型,如高级饭店往往有办公、商场、餐饮及其他服务;写字楼往往兼有商务和住宅。其净收益的求取可以根据具体情况采用以下 3 种方式之一求取:

方式 1:首先测算各种类型房地产的收入,然后测算各种类型房地产的费用,再将总收入减去总费用即得到综合性房地产的净收益。

方式 2：把费用分为可变费用和固定费用，将测算出的各种类型房地产的收入分别减去相应的变动费用，予以加总后再减去总的固定费用，即可得到综合性房地产的净收益。需要说明的是，固定费用是与空置率无关的费用。即使房地产部分或全部停止了出租等经营活动，它还是要支出一些费用，如人员工资、固定资产折旧费、房地产税、保险费、设备重置费和重新装修费、公共性物业管理费等。相应地，可变费用则是与空置率有关的费用，如综合楼会议室部分的变动费用是与使用会议室的次数直接相关的费用，使用会议室的次数越多，通常相应的变动费用也就越多。一般而言，可变费用包括以下几类：水、电、煤气等费用；维修费；管理费；税费；约定的服务或物品开支等。

方式 3：把混合收益的房地产看成是各种单一收益类型房地产的简单组合，先分别根据各自的收入和费用求出各自的净收益，然后将所有的净收益相加即得到房地产的总净收益。

6.2.4　房地产净收益估算注意事项

1）注意区分有形收益和无形收益

房地产收益分有形收益和无形收益两种。在求取净收益时，这两种收益形式都要考虑。有形收益是由房地产带来的直接收益（货币收益）；无形收益是由房地产带来的间接收益，如因房地产而获得的自豪和优越感、安全感、个人和企业声誉和信用的提升、企业融资能力的增强等。

在无形收益不能通过有形收益体现时，要单独估算；如果无形收益已经在有形收益中得到了体现（如由高档商务楼带来的形象和地位已经体现在其较高的租金中了），则不必重复计算。但无形收益通常不能以货币来衡量，这给其测算带来的不便，但能通过选取较低的报酬率或资本化率来体现其价值。

2）注意客观收益和实际收益的取舍

客观收益和实际收益在前面已经有所叙述，在此不再赘述。应该注意的是，如果没有租约限制，利用估价对象本身的资料直接测算出潜在毛收入、有效总收入、运营费用和净收益后，还应与类似房地产在正常市场情况下的相应值进行比较，如果有较大出入，就要对其进行适当的修正，使其更客观。如果有租约限制，则在租赁期内，应采用租约约定的租金，租赁期外应采用市场上正常客观的租金。

3）注意数据分析和无关费用的扣除

在估算净收益时，应在已经掌握的市场相关数据的基础上，对委托人提交的数据加以分析,剔除与待估房地产无关的数据。当然,在计算净收益时,应当扣除哪些费用项目,是一项较为复杂的工作,需要根据不同的房地产估价类型及实际情况进行准确、合理地测算,只有这样才能保证计算出的净收益是符合客观实际的净收益,由此还原出的价格才有实际意义。

【例6.3】 某宗收益性房地产产权人提供的与估价相关的数据见表6.3。求该收益性房地产的净收益。

表6.3 某收益房地产收入费用情况表　　　　　单位:元

毛收入		费　用		纯收入
租金收入	140 000	管理费	4 000	
其他收入	1 000	水、电、煤气等	7 805	
		游泳池维护	1 800	
		园　艺	1 700	
		折　旧	10 420	毛收入减去费用
		建筑物维护	5 400	
		房地产税(半年)	5 000	
		利　息	20 721	
毛收入共计	141 000	费用共计	56 846	84 154

【解】 估价人员对以上数据进行了整理,得出该待估房地产的净收益,见表6.4。

表6.4 房地产的净收益估算表　　　　　单位:元

有效总收入		费　用		净收益
10 单位按 600 元/单位(月计)	600×10＝6 000	①可变费用		
10 单位按 700 元/单位(月计)	700×10＝7 000	管理费	9 240	
租金收入	(6 000＋7 000)×12＝156 000	水、电、煤气等费用	7 000	
服务收入	2 000	游泳池维护费	1 800	
		园艺费	1 700	有效总收入减去总费用
年总收入合计	158 000	建筑物维护费	7 000	
空置及坏账损失(按 2.5% 计)	−3 950	②固定费用		
		保险费	3 000	
		房地产税费及其他税费	15 800	
		设备重置费	5 500	
		重新装修费	2 700	
有效总收入合计	154 050	③总费用	53 740	100 310

4) 注意收益期限的科学合理确定

收益期限是估价对象从估价时点起到未来可以获得收益的时间。其数值的确定应在估价对象的自然寿命、法律相关规定、合同约定等的基础上,结合房地产剩余经济寿命来确定。一般来说,估价对象房地产的收益期限为其剩余经济寿命(土地的收益期限为土地使用权剩余年限)。对单独的土地或建筑物来说,其收益期限应是土地使用权剩余年限或建筑物剩余经济寿命;对土地和建筑物的综合体,若土地使用年限与建筑物经济寿命同时结束或短于建筑物经济寿命,则应根据土地使用权剩余年限确定收益期限;若土地使用年限长于建筑物经济寿命,则应先根据建筑物剩余经济寿命确定收益期限,选取相应公式计算,再加上长于建筑物经济寿命的土地使用权年限剩余部分,确定其在估价时点时的价值。

6.3 报酬率、资本化率及收益乘数的确定

6.3.1 报酬率的求取

报酬率(Yield Rate, Y)即折现率,是指投资回报与所投入资本的比率。所谓投资回报,是指投入资本全部回收之后所获得的额外资金,即报酬。投资回报与投资回收不同。投资回收是指所投入资本的回收,即保本。以银行存款为例,投资回收就是向银行存入本金的收回,投资回报就是从银行那里得到的利息。

按照经济学常识,报酬率与投资风险应该成正比,风险大的投资,其报酬率也高,反之则低。理解了报酬率与投资风险的关系,也就在观念上把握了求取报酬率的方法,即所选用的报酬率,应等同于与估价对象产生的净收益具有同等风险的投资资本的报酬率。例如,两宗房地产的净收益相同,但其中一宗房地产获取净收益的风险大,从而要求的报酬率高;另一宗房地产获取净收益的风险小,从而要求的报酬率低。由于房地产价值与报酬率负相关,因此,这两宗房地产中,风险大的房地产价值低,风险小的房地产价值高。

对报酬率的这样一种认识,使报酬率的确定包含多种情况。报酬率是一个变量,它的高低由投资风险的高低来决定,这样就可以避免用一些机械或过于武断臆测的方法去确定报酬率。不同地区、不同时期、不同用途或不同类型的房地产,同一类型房地产的不同权益、不同收益类型(如期间收益与未来转售收益),由于投资的风险不同,其报酬率也不会相同。因此,在估价中并不存在一个对任何情况均可适用的报酬

率数值,而应该根据上述具体的投资特点,选用适当的方法来求取具体的报酬率。报酬率求取的基本方法主要有3种。

1)累加法

累加法是将报酬率视为包含无风险报酬率和风险报酬率两大部分,然后分别求出每一部分,再将它们相加得到报酬率的方法。

• 无风险报酬率　无风险报酬率又称安全利率,是指在风险为零情况下的投资报酬率,是资金的机会成本。由于现实中不存在完全无风险的投资,所以一般选用同一时期相对无风险的利率来替代安全利率。我国一般采用中国人民银行公布的一年期定期存款利率为安全利率,国外一些国家常把国债利率作为安全利率(如美国)。

• 风险报酬率　风险报酬率是指承担额外风险所要求的补偿,即超过无风险报酬率以上部分的报酬率,具体是估价对象房地产存在的具有投资特征的区域、行业、市场等风险的补偿。

累加法的一个比较细化的公式为:

$$报酬率 = 无风险报酬率 + 投资风险补偿 + 管理负担补偿 + 缺乏流动性补偿 - 投资带来的优惠$$

其中:投资风险补偿是指当投资者投资于具有风险性的房地产时,所要求的承担额外风险的补偿,否则就不会投资;管理负担补偿是指一项投资要求的关心和监管越多,其吸引力就会越小,从而投资者必然会要求对所承担的额外管理的补偿;缺乏流动性补偿是指投资者对所投入的资金由于缺乏流动性所要求的补偿;投资带来的优惠是指由于投资房地产可能获得某些额外的好处,如易于获得融资,进而有利于投资者降低所要求的报酬率。

【例6.4】　已知无风险报酬率为5%,与某房地产投资相关的投资风险补偿、管理负担补偿、缺乏流动性补偿、投资带来的优惠分别为2.50%,0.50%,1.00%,1.00%,试求该房地产投资的报酬率。

【解】　根据累加法公式:

$$报酬率 = 无风险报酬率 + 投资风险补偿 + 管理负担补偿 + 缺乏流动性补偿 - 投资带来的优惠$$

可以求得该房地产投资的报酬率为:

$$报酬率 = 5\% + 2.50\% + 0.50\% + 1.00\% - 1.00\% = 8.00\%$$

2)投资报酬率排序插入法

这种方法的基本思路是找出估价对象所在地区的房地产投资和相关的各种投资

（如股票、政府和企业债券、国库券、保险、存贷款等）及其报酬率与风险，并按报酬率的大小顺序排列，并制成图表，如图 6.1 所示。

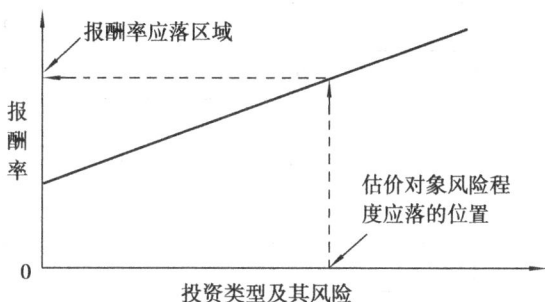

图 6.1　投资报酬率排序插入法

然后分析估价对象投资的风险性、流动性、管理的难易程度以及资产的安全性等，将估价对象与这些类型投资的风险程度进行比较，找出同等风险投资类型，判断报酬率应落的区域范围。最后根据估价对象风险程度所落的位置，在图表上找出对应的报酬率，就是所要求的报酬率。

与累加法一样，此方法对估价对象风险程度的判断主观性也较大。因此，要求估价人员对当地的房地产市场和各类投资有充分的了解，有相当的估价经验，在扎实的理论基础上做出相对准确的判断和选择。

3）市场提取法

市场提取法又称实例法，它通过搜集市场上与估价对象相类似的房地产的净收益与交易价格等资料，利用报酬资本化法的公式，反求出报酬率的方法。用市场提取法一般要求房地产市场比较发达，能够很容易地搜集到多宗类似房地产的交易信息。为了避免偶然性带来的误差甚至错误，要求选择多宗能用以比较的实例，一般要求不少于三宗，而且交易时间与待估房地产估价时点相近。这样，通过比较多宗房地产的净收益和交易价格等资料，计算各自相对应的报酬率，然后进行算术平均或加权平均，就能通过公式反求出报酬率。

需要说明的是，用市场提取法求出的报酬率是估价人员根据过去的事实得到的风险判断，这种基于过去的事实对估价对象未来收益风险的判断很可能不可靠。一个可行的办法是，参考可比实例的典型买者和卖者对该类房地产的期望或预期报酬率。

【例 6.5】　市场上有 6 个待估房地产的可比实例及其相关资料见表 6.5，试利用市场提取法求取待估房地产的报酬率。

表6.5　6个可比实例及其相关资料

可比实例	净收益/(万元·年$^{-1}$)	价格/万元
1	64	523
2	26	208
3	42	356
4	57	470
5	29	230
6	22	190

【解】　基本思路:报酬资本化法有一个收益无限年,其他因素不变的情况下的价格估算公式(详见"6.4.1 报酬资本化法的计算公式与收益价格估算"):

$$V = \frac{A}{Y}$$

式中　V——房地产在估价时点的收益价格,又称现值;

　　　　A——房地产的净收益;

　　　　Y——房地产的报酬率。

则:$Y = \frac{A}{V}$

利用这个公式,代入各个可比案例具体的数字,可以分别求出各个可比案例的报酬率,再利用简单平均或加权平均的方法,就可以求取待估房地产的报酬率。

代入各个可比案例具体的数字,求出各个可比案例的报酬率分别为:12.24%,12.50%,11.80%,12.13%,12.61%,11.6%,利用简单算术平均,可以得到待估房地产的报酬率为:

　　　　$(12.24\% + 12.50\% + 11.80\% + 12.13\% + 12.61\% + 11.58\%)/6 = 12.14\%$

需要注意的是,上文所述的几种求取报酬率的方法都不能精确地确定报酬率,或者说不能告诉估价人员报酬率究竟应该是多大,如只能是12%,不能是10%。而且上述方法都有一定的主观性,需要有经验的估价人员在系统掌握报酬率求取方法的基础上,结合当地房地产市场的情况和自身的估价经验来确定准确可靠的报酬率数值。

6.3.2　资本化率与收益乘数的求取

资本化率和报酬率都是将房地产的未来收益转换为价值的比率,但资本化率是在直接资本化公式中采用的,是将房地产的未来预期收益转换为价值的比率;而报酬率则是在报酬资本化法中采用的,是通过折现的方式将房地产的未来预期收益转换为价值的比率。资本化率是房地产的某种年收益与其价格的比率,仅仅表示从收益到价值的比率,并不明确地表示获利能力;而报酬率则是用来除一连串的未来各期的净收益,以求得未来各期净收益现值的比率。资本化率有时与报酬率数值相等,有时却不等。

资本化率和收益乘数都可以采用市场提取法,通过市场上近期交易的与估价对象的净收益流模式(包括净收益的变化、收益期限的长短)等相同的多个类似房地产的有关资料(由这些资料可求得年收益和价格)求取。综合资本化率(R_0)还可以通过净收益率(NIR)与有效毛收入乘数(EGIM)之比、资本化率与报酬率的关系以及投资组合技术求取。关于通过净收益与有效毛收入乘数之比求取综合资本化率(R_0)的方法,具体可参见"6.4.2 直接资本化法的计算公式与收益价格估算"。通过投资组合技术求取资本化的方法介绍如下:

投资组合技术主要有土地与建筑物的组合以及抵押贷款与自有资金的组合两种。

1)土地与建筑物投资组合技术

土地与建筑物投资组合技术中,资本化率可以分为土地资本化率(R_L)、建筑物资本化率(R_B)以及综合资本化率(R_0)。土地资本化率是指和仅由土地产生的净收益具有相同风险的资本投资收益率。当评估单纯土地的价格时,就应该采用土地净收益及相应的土地资本化率;建筑物资本化率是指和仅由建筑物产生的净收益具有相同风险的资本投资收益率;综合资本化率是指由土地和建筑物共同产生的净收益具有相同风险的资本投资收益率。

房地产估价中,土地估价、建筑物估价、房地估价,其资本化率有所不同,相应的 3 种资本化率分别是土地资本化率(R_L)、建筑物资本化率(R_B)以及综合资本化率(R_0)。它们之间的关系是:

$$R_0 = \frac{R_L V_L + R_B V_B}{V_L + V_B}$$

V_L,V_B 分别表示土地价格和建筑物价格。

从上式可知,只要知道其中两个资本化率就可求出第三个资本化率。当然,该公式必须确切地知道土地价值、建筑物价值分别是多少,才能求得综合资本化率,这有时难以做到。但如果知道了土地价值与建筑物价值分别占房地价值的比例,也可以求出综合资本化率。土地资本化率、建筑物资本化率以及综合资本化率的关系还可以表示为:

$$R_0 = LR_L + BR_B$$

或者 $\quad R_0 = LR_L + (1 - L)R_B$

或者　　$R_0 = (1 - B)R_L + BR_B$

式中　L——土地价值占房地产价值的比率；

　　　B——建筑物价值占房地产价值的比率，$L + B = 100\%$。

【例6.6】　某宗房地产的土地价值与建筑物价值分别占总价值的40%和60%，由可比实例房地产中所求出的土地资本化率为6%，建筑物资本化率为8%，试计算综合资本化率。

【解】　根据综合资本化率的计算公式：$R_0 = LR_L + BR_B$

可以得到本题中某宗房地产的综合资本化率：

$$R_0 = 40\% \times 6\% + 60\% \times 8\% = 7.2\%$$

2) 抵押贷款与自有资金的投资组合技术

抵押贷款与自有资金的投资组合技术中，综合资本化率为抵押贷款常数和自有资金资本化率的加权平均数，即：

$$R_0 = MR_M + (1 - M)R_E$$

式中　R_0——综合资本化率，%；

　　　M——贷款价值比，即抵押贷款金额占房地产价值的比率，一般介于60% ~ 90%；

　　　R_M——抵押贷款常数；

　　　R_E——自有资金的资本化率，%。

上述公式用文字表示即：

综合资本化率 $= \dfrac{抵押贷款额}{房地产价格} \times 抵押贷款常数 + \dfrac{自有资金额}{房地产价格} \times 自有资金资本化率$

$\qquad = 贷款价值比率 \times 抵押贷款常数 + (1 - 贷款价值比率) \times 自有资金资本化率$

【例6.7】　某人购买了一房地产，总价款中自有资本占4成，其余的全为银行抵押贷款。自有资金的资本化率为15%，银行抵押贷款年利率为10%，试求出该房地产的综合资本化率。

【解】　根据综合资本化率的计算公式：$R_0 = MR_M + (1 - M)R_E$

则该房地产的综合资本化率为：

$$R_0 = 60\% \times 10\% + (1 - 60\%) \times 15\% = 12\%$$

【例6.8】　某房地产的年净收益为20万元，购买者的自有资金为50万元，银行抵押贷款年利率为12%，购买者自有资金年资本化率为15%，试求该房地产的价格。

【解】　购买者要求的收益额 = 50万元 × 15% = 7.5万元

　　　　支付银行抵押贷款利息能力 = 20万元 − 7.5万元 = 12.5万元

　　　　抵押贷款额 = 12.5万元 ÷ 12% = 104.2万元

该房地产价格 = 50 万元 + 104.2 万元 = 154.2 万元

对该房地产,投资者可以出到的最高价格为 154.2 万元。

例 6.8 也说明了抵押贷款与自有资金投资组合公式还能为购买房地产作投资决策。如上例,如果投资者已知某一房地产每年产生的净收益、自有资本额、自有资金资本化率和银行抵押贷款利率的情况下,就可以计算投资者可以承受的最高价格是多少。

6.4 房地产收益价格的估算

6.4.1 报酬资本化法的计算公式与收益价格估算

报酬资本化法最一般的计算公式为:

$$V = \frac{A_1}{1 + Y_1} + \frac{A_2}{(1 + Y_1)(1 + Y_2)} + \cdots + \frac{A_n}{(1 + Y_1)(1 + Y_2)\cdots(1 + Y_n)}$$

$$= \sum_{i=1}^{n} \frac{A_i}{\prod_{j=1}^{i}(1 + Y_j)}$$

式中 V——房地产在估价时点的收益价格,又称现值;

n——房地产的收益年限或收益期限;

A_n——相对于估价时点的未来第 n 期末的房地产净收益;

Y_n——相对于估价时点的未来第 n 期的房地产的报酬率(折现率)。

因为未来各年的净收益及报酬率难以准确预测,在实际估价中难以直接利用,往往只将其作为理论分析工具。该公式中 A, Y, n 的时间单位是一致的,一般为年。在实际估价中,如果它们之间的时间单位不一致,就要对该公式做相应的调整。另外,如果净收益发生的时间相对于估价时点不是在期末,例如在期中或期初,则应对净收益公式做相应的调整。

实际中,根据报酬资本化法最一般的计算公式,可以推导出以下若干公式:

1) 净收益每年不变情况下收益法的公式

净收益每年不变有两种情况:一是收益年限为有限年;二是收益年限为无限年。

(1) 收益年限为有限年

收益年限为有限年,其他因素不变的收益法计算公式为:

$$V = \frac{A}{Y}\left[1 - \frac{1}{(1 + Y)^n}\right]$$

式中,V,A,Y,n 意义同前。

此公式适用以下条件的估价:房地产的净收益每年不变为 A,且收益为有限年期 n;报酬率每年不变且大于零,为 Y。

【例 6.9】 某房地产正常年净收益为 50 万元,其土地有偿使用年限为 60 年,已经使用了 20 年,报酬率为 10%。则根据收益法,求该房地产的价格。

【解】 $V = \dfrac{A}{Y}\left[1 - \dfrac{1}{(1+Y)^n}\right] = \dfrac{50\ 万元}{10\%}\left[1 - \dfrac{1}{(1+10\%)^{60-20}}\right] = 489.0\ 万元$

(2)收益年限为无限年

收益期限为无限年、其他因素不变的情况下收益法计算公式为:

$$V = \dfrac{A}{Y}$$

此公式适用于以下条件下的估价:房地产的净收益每年不变为 A,且收益为无限年期;报酬率每年不变且大于零,为 Y。

由于现实条件的限制,收益年限为无限年的公式实际用于评估房地产价格的情况很少,可以说只是一种理想化的情况:第一,我国的土地是国家所有,有使用期限,而且房地产本身也会随着时间的流逝而老化,也有寿命,不能永久地带来收益;第二,报酬率的确定也会随着银行利率和通货膨胀率等各种因素的变化而不断变化,固定不变是不可能的。

【例 6.10】 某房地产正常情况下的年净收益为 50 万元,报酬率为 10%,其经济耐用年限为无限年,则按收益法,求该房地产的价格。

【解】 $V = \dfrac{A}{Y} = \dfrac{50\ 万元}{10\%} = 500\ 万元$

净收益每年不变的计算公式除了直接用于房地产估价外,还有其他用途:

(1)相同房地产不同年限的价格之间的换算

为方便叙述,我们现令:

$K_n = 1 - \dfrac{1}{(1+Y)^n}$,表示收益年限为 n 时的 K 值;

K_∞ 表示收益年限为无限年时的 K 值;

V_n 表示收益年限为 n 时的房地产价格;

V_∞ 表示收益年限为无限年时的房地产价格。

我们可以很容易地推导出:

$$V_n = \dfrac{V_N K_n}{K_N} = V_N \dfrac{K_n}{K_N}$$

该公式的应用还有一些条件:V_n 和 V_N 对应的报酬率相同且不为零;若 V_n 和 V_N 对应的是不同的房地产,则这两宗房地产除收益年限或土地使用年限不同外,其他各项影响估价的因素都应相同或修正值相同;V_n 和 V_N 对应的净收益相同,或可转化为相同,如单位面积的净收益相同。

如果 V_n 和 V_N 对应的报酬率不相同,但其他因素均符合上述条件时,仍可通过估价公式 $V = \dfrac{A}{Y}\left[1 - \dfrac{1}{(1 + Y)^n}\right]$ 来求得相同房地产不同年限的价格之间的换算。

【例6.11】 某收益性房地产拥有50年有效收益权,价格为6 000 元/m²,报酬率为10%,求其30年收益权的价格。

【解】 由公式:$V_n = \dfrac{V_N K_n}{K_N} = V_N \dfrac{K_n}{K_N}$

$$V_{30} = \dfrac{V_{50} K_{30}}{K_{50}} = 6\,000\ \text{元}/\text{m}^2 \times \dfrac{1 - \dfrac{1}{(1 + 10\%)^{30}}}{1 - \dfrac{1}{(1 + 10\%)^{50}}} = 5\,704.76\ \text{元}/\text{m}^2$$

(2)比较不同年限的房地产的价格

如果要比较两宗收益年限或土地使用年限不同的房地产价格,直接比较其价格的高低是不合理的,须将他们转化成相同年限下的价格,这与上述不同期限价格之间的换算方法相同。

【例6.12】 现有甲、乙两宗房地产,甲房地产的单价2 000 元/m²,收益期限为50年;乙房地产单价1 800 元/m²,收益年限为30年,若报酬率为10%,试比较这两宗房地产价格的高低。

【解】 为统一比较口径,我们将它们转换为相同期限下的价格。为方便计算,将它们都转换成无限年下的价格:

$$\text{甲房地产}:V_\infty = \dfrac{V_{50}}{K_{50}} = \dfrac{2\,000\ \text{元}/\text{m}^2}{1 - \dfrac{1}{(1 + 10\%)^{50}}} = 2\,017.18\ \text{元}/\text{m}^2$$

$$\text{乙房地产}:V_\infty = \dfrac{V_{30}}{K_{30}} = \dfrac{1\,800\ \text{元}/\text{m}^2}{1 - \dfrac{1}{(1 + 10\%)^{30}}} = 2\,114.27\ \text{元}/\text{m}^2$$

由此可见,虽然名义上乙房地产的价格低于甲房地产的价格,但实际上却高于甲房地产的价格。

(3)其他用途

该公式还能用于市场法中因期限不同进行的价格调整;比较法中土地使用权或收益年期修正;还能用于说明在不同报酬率下土地使用年限长到何时,有限年的土地使用权价格接近无限年的土地使用权价格。通过计算可知,报酬率越高,接近无限年的价格越快。据计算,当报酬率为2%时,要520年才能完全达到无限年期的价格,3%时为350年,4%时为260年,5%时为220年,6%时为180年,7%时为150年,8%时为130年,9%时为120年,14%时为80年,20%时为60年。当报酬率为25%时,只需要50年就相当于无限年时的价格了。

2)净收益在前若干年有变化的情况下收益法计算公式

具体可分为两种情况:一是收益期限为有限年期;二是收益期限为无限年期。

(1)收益期限为有限年期时

$$V = \sum_{i=1}^{t} \frac{A_i}{(1+Y)^i} + \frac{A}{Y(1+Y)^t}\left[1 - \frac{1}{(1+Y)^{n-t}}\right]$$

式中,V,A,Y,t,i 意义同前。

应用此公式的前提是:净收益年限有限,为n;净收益在未来的前t年(含第t年)有变化,t年以后净收益固定为A;报酬率$Y>0$且每年不变。

该公式的原型公式为:

$$V = \frac{A_1}{1+Y} + \frac{A_2}{(1+Y)^2} + \cdots + \frac{A_t}{(1+Y)^t} + \frac{A}{(1+Y)^{t+1}} + \frac{A}{(1+Y)^{t+2}} + \cdots +$$

$$\frac{A}{(1+Y)^n} \text{(收益期限为有限年)}$$

【例6.13】 通过准确预测,某房地产前5年的净收益分别为15,20,23,25,28万元,从第6年到35年每年净收益为30万元,该类房地产的报酬率为10%,求该类房地产的收益价格。

【解】 该房地产的收益价格为:

$$V = \sum_{i=1}^{t} \frac{A_i}{(1+Y)^i} + \frac{A}{Y(1+Y)^t}\left[1 - \frac{1}{(1+Y)^{n-t}}\right]$$

$$= \frac{15 \text{ 万元}}{1+10\%} + \frac{20 \text{ 万元}}{(1+10\%)^2} + \frac{23 \text{ 万元}}{(1+10\%)^3} + \frac{25 \text{ 万元}}{(1+10\%)^4} + \frac{28 \text{ 万元}}{(1+10\%)^5}$$

$$+ \frac{30 \text{ 万元}}{10\%(1+10\%)^5}\left[1 - \frac{1}{(1+10\%)^{35-5}}\right] = 263.51 \text{ 万元}$$

(2)收益期限为无限年期时

$$V = \sum_{i=1}^{t} \frac{A_i}{(1+Y)^i} + \frac{A}{Y(1+Y)^t}$$

式中,V,A,Y 意义同前;A_i 表示第i年的净收益;t 表示净收益有变化的年限。

应用此公式的前提是:年期无限;净收益在未来的前t年(含第t年)有变化,t年以后净收益固定为A;报酬率$Y>0$且每年不变。

该公式的原型公式为:

$$V = \frac{A_1}{1+Y} + \frac{A_2}{(1+Y)^2} + \cdots + \frac{A_t}{(1+Y)^t} + \frac{A}{(1+Y)^{t+1}} + \frac{A}{(1+Y)^{t+2}} + \cdots +$$

$$\frac{A}{(1+Y)^n} + \cdots \text{(收益期限为无限年)}$$

在实际估价工作中,此公式具有重要的实用价值。由于房地产的收益往往每年都是变化的,当我们根据现实情况对房地产未来若干年的收益做出预测时,就可以假设若干到(如3 ~ 5 年或更长时间)无限年的净收益保持在一个固定水平,然后对他们分别加以计算,最后加总,求出房地产的总收益价格。

【例6.14】 通过准确预测,某房地产前 5 年的净收益分别为 15,20,23,25,28 万元,从第 6 年到以后无限年每年净收益为 30 万元,该类房地产的报酬率为 10% ,求该类房地产的收益价格。

【解】 该房地产的收益价格为:

$$V = \sum_{i=1}^{t} \frac{A_i}{(1 + Y)^i} + \frac{A}{Y(1 + Y)^t}$$

$$= \frac{15 \ 万元}{1 + 10\%} + \frac{20 \ 万元}{(1 + 10\%)^2} + \frac{23 \ 万元}{(1 + 10\%)^3} + \frac{25 \ 万元}{(1 + 10\%)^4} + \frac{28 \ 万元}{(1 + 10\%)^5} +$$

$$\frac{30 \ 万元}{10\%(1 + 10\%)^5} = 268.21 \ 万元$$

3) 净收益前若干年和后若干年都不变,但前、后若干年不同的计算公式

净收益前若干年和后若干年都不变,但前、后若干年不同情况下,房地产价格或价值的计算公式是上述两种情况的混合,具体也可以分为收益有限年和收益无限年两种情况。

(1)收益有限年时

$$V = \sum_{i=1}^{t} \frac{A_1}{(1 + Y)^i} + \frac{A_2}{Y(1 + Y)^t} \left[1 - \frac{1}{(1 + Y)^{n-t}} \right]$$

公式中 V,Y,t,i 意义同前;A_1,A_2 分别表示前若干年和后若干年的净收益。

应用此公式的前提是:净收益年限有限,为 n;净收益在未来的前 t 年(含第 t 年)为 A_1,在未来的 t 年以后净收益固定为 A_2;报酬率 $Y > 0$ 且每年不变。

【例6.15】 某商店的土地使用年限为 40 年,从 2006 年 10 月 1 日起计。该商店共有 2 层,每层有出租面积为 200 m²。1 层于 2007 年 10 月 1 日租出,租期为 5 年,可出租面积的租金为 180 元/(m²·月),且每年不变;2 层现暂空置。附近类似商场 1,2 层可出租面积的正常租金分别为 200 元/(m²·月)和 120 元/(m²·月),运营费用率为 25%。该类房地产的资本化率为 9%。试估算该商场 2008 年 10 月 1 日带租约出售时的正常价格。

【解】 (1)商店 1 层价格的估算

租约期内年净收益 =200 m² ×180 元/(m²·月)×(1 −25%)×12 月 =32.4 万元

租约期外年净收益 =200 m² ×200 元/(m²·月)×(1 −25%)×12 月 =36.00万元

$$V' = \frac{32.40 \ 万元}{(1 + 9\%)} + \frac{32.40 \ 万元}{(1 + 9\%)^2} + \frac{36.00 \ 万元}{9\%(1 + 9\%)^2} \left[1 - \frac{1}{(1 + 9\%)^{40-4-2}} \right]$$

$$=375.69 \text{ 万元}$$

（2）商店 2 层价格的估算

$$\text{年净收益} = 200 \text{ m}^2 \times 120 \text{ 元}/(\text{m}^2 \cdot \text{月}) \times (1 - 25\%) \times 12 \text{ 月} = 21.60 \text{ 万元}$$

$$P = \frac{21.60 \text{ 万元}}{9\%} \left[1 - \frac{1}{(1 + 9\%)^{40-4}} \right] = 229.21 \text{ 万元}$$

该商店的正常价格 = 商店 1 层的价格 + 商店 2 层的价格

$$= 375.69 \text{ 万元} + 229.21 \text{ 万元} = 604.90 \text{ 万元}$$

（2）收益无限年时

$$V = \sum_{i=1}^{t} \frac{A_1}{(1 + Y)^i} + \frac{A_2}{Y(1 + Y)^t}$$

式中，V, Y, t, i 意义同前；A_1, A_2 分别表示前若干年和前若干年之后无限年的净收益。

应用此公式的前提是：年期无限；净收益在未来的前 t 年（含第 t 年）为 A_1，t 年以后净收益固定为 A_2；报酬率 $Y > 0$ 且每年不变。

4）净收益按等差级数递增或递减的情况下收益法计算公式

这也可以分为收益期为有限年和收益期为无限年两种情况。

（1）收益期为有限年期时

$$V = \left(\frac{A}{Y} \pm \frac{b}{Y^2} \right) \left[1 - \frac{1}{(1 + Y)^n} \right] \mp \frac{b}{Y} \frac{n}{(1 + Y)^n}$$

上式中 V, A, R 意义同前；n 为年期；b 为逐年递增或递减额；第 1 年净收益为 A；第 2 年为 $(A \pm b)$；第 3 年为 $(A \pm 2b)$；第 n 年为 $[A \pm (n - 1)b]$。

净收益按等差级数递减时只有有限年期一种情况：收益期限为 n，且 $n \leqslant \frac{A}{b} + 1$，因为当 $n > \frac{A}{b} + 1$ 年时，第 n 年的净收益小于零，显然，任何一个理性的经济人都不会再继续投资。

应用此公式的前提是：房地产净收益按等差级数 b 递增或递减（递增时，公式中符号取上面的，递减时取下面的）；报酬率大于零且每年固定不变，为 Y；收益年期为有限年 n。

该公式的原型为：

$$V = \frac{A}{1 + Y} + \frac{A \pm b}{(1 + Y)^2} + \frac{A \pm 2b}{(1 + Y)^3} + \cdots + \frac{A \pm (n - 1)b}{(1 + Y)^n}$$

【例 6.16】 预计某一房地产未来第 1 年的净收益为 33 万元，此后每年的净收益会在上一年的基础上减少 3 万元。该类房地产的报酬率为 10%。求该房地产的合理经营期限及该房地产的经营价格。

【解】 该房地产的合理经营期限即每年的净收益都大于零的期限。

令：$A-(n-1)b=0$

则有:$33\text{万元}-(n-1)\times3\text{万元}=0$

得： $n=12$

该房地产的收益价格为：

$$V=\left(\frac{A}{Y}-\frac{b}{Y^2}\right)\left[1-\frac{1}{(1+Y)^n}\right]+\frac{b}{Y}\frac{n}{(1+Y)^n}$$

$$=\left(\frac{33\text{万元}}{10\%}-\frac{3\text{万元}}{(10\%)^2}\right)\left[1-\frac{1}{(1+10\%)^{12}}\right]+\frac{3\text{万元}}{10\%}\frac{12\text{万元}}{(1+10\%)^{12}}$$

$$=135.15\text{万元}$$

(2)收益期为无限年期时

$$V=\frac{A}{Y}\pm\frac{b}{Y^2}$$

式中,V,A,Y,b含义同前。

应用此公式的前提是:房地产净收益按等差级数b递增或递减(递增时,公式中符号取上面的,递减时取下面的);报酬率大于零且每年固定不变,为Y;收益年期为无限年;当净收益递减时,$n\leqslant A/b$。

该公式的原型为：

$$V=\frac{A}{1+Y}+\frac{A\pm b}{(1+Y)^2}+\frac{A\pm2b}{(1+Y)^3}+\cdots+\frac{A\pm(n-1)b}{(1+Y)^n}+\cdots\text{(净收益按等差}$$

级数递增时)

【例6.17】 某一房地产第一年的净收益为25万元,预计以后每年的净收益都在前一年的基础上递增3万元,该类房地产的报酬率为12%,求该房地产的收益价格。

【解】 该房地产的收益价格为：

$$V=\frac{A}{Y}+\frac{b}{Y^2}=\frac{25\text{万元}}{12\%}+\frac{3\text{万元}}{(12\%)^2}=416.67\text{万元}$$

5)净收益按一定比率递增或递减的情况下收益法计算公式

这种情况还可分为收益期为有限年和收益期为无限年两种情况。

(1)收益期为有限年期时

$$V=\frac{A}{Y\mp g}\left[1-\left(\frac{1\pm g}{1+Y}\right)^n\right]$$

上式,V,A,Y意义同前;g表示净收益每年递增或递减的比率。如第1年的净收益为A,第2年的为$A(1+g)$,第3年为$A(1+g)^2$,第n年为$A(1+g)^n$。

应用此公式的前提是:房地产净收益按等比级数g递增或递减(递增时,公式中符号取加号,递减时取减号);报酬率每年固定不变,为 Y,净收益递增时 $(Y+g)>0$;收益年期为有限年 n;净收益递增时,$g \neq Y$。

该公式的原型为:

$$V = \frac{A}{1+Y} + \frac{A(1 \pm g)}{(1+Y)^2} + \frac{A(1 \pm g)^2}{(1+Y)^3} + \cdots + \frac{A(1 \pm g)^{n-1}}{(1+Y)^n}$$

【例6.18】 某一房地产第1年的净收益为20万元,预计此后每年的净收益都比上年的递增7%,该房地产的使用年限还剩下30年,该类房地产的报酬率为12%,求该房地产的收益价格。

【解】 该房地产的收益价格为:

$$V = \frac{A}{Y-g}\left[1-\left(\frac{1+g}{1+Y}\right)^n\right] = \frac{20\ \text{万元}}{12\%-7\%}\left[1-\left(\frac{1+7\%}{1+12\%}\right)^{30}\right] = 298.37\ \text{万元}$$

(2)收益期为无限年期时

$$V = \frac{A}{Y \mp g}$$

上式,V,A,Y,g,n 意义同前。

应用此公式的前提是:房地产净收益按等比级数 g 递增或递减(递增时,公式中的符号取上面的,递减时则取下面的);报酬率 Y 每年固定不变且不为零,净收益递增时 $Y>g$,递减时 $(Y+g)>0$;收益年期为有限年 n。

该公式的原型为:

$$V = \frac{A}{1+Y} + \frac{A(1 \pm g)}{(1+Y)^2} + \frac{A(1 \pm g)^2}{(1+Y)^3} + \cdots + \frac{A(1 \pm g)^{n-1}}{(1+Y)^n} + \cdots$$

【例6.19】 某一房地产第1年的净收益为20万元,预计未来各年的净收益均逐年递增7%,该类房地产的报酬率为12%,求该房地产的收益价格。

【解】 该房地产的收益价格为:

$$V = \frac{A}{Y-g} = \frac{20\ \text{万元}}{12\%-7\%} = 400\ \text{万元}$$

6) 预知未来若干年后的房地产价格的收益法计算公式

$$V = \sum_{i=1}^{t} \frac{A_i}{(1+Y)^i} + \frac{V_t}{(1+Y)^t}$$

公式原型为:

$$V = \frac{A_1}{1+Y} + \frac{A_2}{(1+Y)^2} + \cdots + \frac{A_t}{(1+Y)^t} + \frac{V_t}{(1+Y)^t}$$

上式,V,A,Y 意义同前;t 表示年限;V_t 表示未来第 t 年的房地产价格。

应用此公式的前提是:已知房地产在未来第 t 年末的价格为 V_t;房地产在前 t 年(含第 t 年)的净收益有变化且已知;在预知年限范围内具有相同的报酬率 Y,且大于零。

若净收益为 A ,且每年不变,则上述公式可变为:

$$V = \frac{A}{Y}\Big[1 - \frac{1}{(1 + Y)^t}\Big] + \frac{V_t}{(1 + Y)^t}$$

一般来说,在实际应用该公式时,有以下两种情况:一是房地产所处区域的发展情况,如城市规划或社会经济地理位置的改变等,房地产所处地区行情将会有较大变化,比较容易预测待估价房地产未来某一时期的价格或者未来价格相对于当前价格的变化率时;二是对一些收益期特别长的房地产,往往先确定其合理的持有期,并预测持有期间的净收益和持有期末的价值,最后折算为现值。

【例 6.20】 某一城市相对欠发达区的房地产目前的价格水平约为 3 000 元/m²,年净收益为 300 元/m²,报酬率为 10% 。按最新的城市规划,5 年后该地区将建成一个重点商业区,届时该地区可达到该市现有著名商业区的水平。在该市现有的著名商业区,同类房地产的价格为 5 000 元/m²,预计该地区按规划建成后房地产价格可达到 5 000 元/m²。求获知将建商业区的消息后该地区房地产的价格。

【解】 获知将建商业区的消息后该地区房地产的价格为:

$$V = \frac{A}{Y}\Big[1 - \frac{1}{(1 + Y)^t}\Big] + \frac{V_t}{(1 + r)^t}$$

$$= \frac{300 \text{ 元}/m^2}{10\%}\Big[1 - \frac{1}{(1 + 10\%)^5}\Big] + \frac{5\ 000 \text{ 元}/m^2}{(1 + 10\%)^5} = 4\ 241.84 \text{ 元}/m^2$$

这一价格比目前的价格水平高 1 241.84 元/m²。

【例 6.21】 预计某房地产未来 3 年的净收益分别为 50,60,70 万元,且 3 年后的价格将比现在上涨 6% ,该类房地产的报酬率为 12% 。求该房地产现在的价格。

【解】 该房地产现在的价格为:

$$V = \sum_{i=1}^{t} \frac{A_i}{(1 + Y)^i} + \frac{V_t}{(1 + r)^t}$$

$$= \frac{50 \text{ 万元}}{1 + 12\%} + \frac{60 \text{ 万元}}{(1 + 12\%)^2} + \frac{70 \text{ 万元}}{(1 + 12\%)^3} + \frac{V \times (1 + 6\%)}{(1 + 12\%)^3} = 569.16 \text{ 万元}$$

【例 6.22】 某房地产目前的年净收益为 300 万元,且预计 4 年内仍将维持该水平,4 年后将其转卖,售价将达到 8 000 万元,销售税费为售价的 5% 。若该类房地产的报酬率为 12% ,求该房地产目前的价格。

【解】 该房地产目前的价格为:

$$V = \frac{A}{Y}\Big[1 - \frac{1}{(1 + Y)^t}\Big] + \frac{V_t}{(1 + r)^t}$$

$$= \frac{300 \text{ 万元}}{12\%}\Big[1 - \frac{1}{(1 + 12\%)^4}\Big] + \frac{8\ 000 \text{ 万元} \times (1 - 5\%)}{(1 + 12\%)^4} = 5\ 741.14 \text{ 万元}$$

总之,我们在使用报酬资本化法估算房地产价格时,可以根据不同情况选用上述几种公式,这些公式都是从报酬资本化法的最基本公式中推导出来的,所以理论上没有问题,只是在实际应用中,一定要注意各个公式的使用条件,以免出现错误。

6.4.2　直接资本化法的计算公式与收益价格估算

利用资本化率将年收益转换为价值的直接资本化法的常用公式为:

$$V = \frac{NOI}{R}$$

式中　　V——房地产价值;

　　　　NOI——房地产未来第 1 年的净收益;

　　　　R——资本化率。

利用收益乘数法将年收益转换为价值的直接资本化法公式为:

　　　　房地产价值 = 年收益 × 收益乘数

收益乘数具体有以下 4 种类型:

• 毛租金乘数　毛租金乘数(Gross Rent Multiplier,GRM)是市场上的价格除以毛租金(年毛租金或月毛租金)所得的倍数,即通常所称的"租售价比"。

• 潜在毛收入乘数　潜在毛收入乘数(Potential Gross Income Multiplier,PGIM)是市场上的价格除以其年潜在毛收入所得的倍数。

• 有效毛收入乘数　有效毛收入乘数(Effective Gross Income Multiplier,EGIM)是市场上的价格除以其年有效毛收入所得的倍数。

• 净收益乘数　净收益乘数(Net Income Multiplier,NIM)是市场上的价格除以其年净收益所得的倍数。

与收益乘数相对应,收益乘数法有毛租金乘数法、潜在毛收入乘数法、有效毛收入乘数法和净收益乘数法 4 种类型。

• 毛租金乘数法　毛租金乘数法是将估价对象未来某一年或某一月的毛租金乘以相应的毛租金乘数来求取估价对象价值的方法。即:

　　　　房地产价值 = 毛租金(GR) × 毛租金乘数(GRM)

• 潜在毛收入乘数法　潜在毛收入乘数法是将估价对象某一年的潜在毛收入乘以相应的毛租金乘数来求取估价对象价值的方法。即:

　　　　房地产价值 = 潜在毛收入(PGI) × 潜在毛收入乘数(PGIM)

• 有效毛收入乘数法　有效毛收入乘数法是将估价对象某一年的有效毛收入乘以相应的有效毛收入乘数来求取估价对象价值的方法。即:

　　　　房地产价值 = 有效毛收入(EGI) × 有效毛收入乘数(EGIM)

• 净收益乘数法　净收益乘数法是将估价对象某一年的净收益乘以相应的净收

益乘数来求取估价对象价值的方法。即：

$$房地产价值 = 净收益(NI) \times 净收益乘数(NIM)$$

利用资本化率将年收益转换为价值的直接资本化法的常用公式也可以用来求取资本化率 R：

$$R = \frac{NOI}{V}$$

这里的资本化率 R 实际上是一种综合资本化率(R_0)。它还可以表示为：

$$R_0 = \frac{NIR}{EGIM}$$

推导过程如下：

因为　　$R_0 = \dfrac{NOI}{V}$

将本公式等式两边的分子和分母同时除以有效毛收入(EGI)，则

$$R_0 = \frac{NOI/EGI}{V/EGI}$$

又因为　$NOI/EGI = NIR, V/EGI = EGIM$

所以　　$R_0 = \dfrac{NIR}{EGIM}$

6.5　收益法估价总结与应用实例

6.5.1　收益价格计算总结

收益法估价的基本原理公式为：

$$V = \frac{A_1}{1 + Y_1} + \frac{A_2}{(1 + Y_1)(1 + Y_2)} + \cdots + \frac{A_n}{(1 + Y_1)(1 + Y_2)\cdots(1 + Y_n)}$$

$$= \sum_{i=1}^{n} \frac{A_i}{\prod_{j=1}^{i}(1 + Y_j)}$$

根据该公式及实际估价情况，可以推导出一系列实用的公式，在使用这些公式时，一定要注意各个公式的使用条件，以免出现错误。

收益法估价的关键是尽可能准确、公平地求取净收益和报酬率、资本化率以及收益乘数。与市场比较法相比，收益法更依赖于估价人员根据市场的实际情况做出正确的判断。

在净收益的求取上,应明确具体哪些收益和费用应该被计算,哪些应该被剔除。报酬率的求取有多种方法,具体选用哪种方法应根据实际情况判断。

在运用报酬资本化法求取估价对象的净收益时,应根据估价对象的净收益在过去和现在的变动情况以及未来可以获得收益的年限,确定估价对象未来各期的净收益,并通过合理的假设和简化,判断未来的净收益属于下列哪种基本类型,以便于选用相应的报酬资本化法公式来求取待估房地产的价格或价值:净收益每年基本不变;净收益每年基本上按某个固定的数额递增或递减;净收益每年基本上按某个固定的比率递增或递减;其他有规则变动的净收益情形。

6.5.2　收益价格估算应用案例

【例 6.23】[①]　某待估房地产位于××市××路××号,总用地面积为 4 752.00 m²,总建筑面积中,厂房建筑面积为 1 023.68 m²,办公楼建筑面积为 626.96 m²。土地性质为划拨,使用期限自 1999 年 8 月至 2049 年 8 月。要求评估该房地产 1999 年 8 月 25 日的价值。

【解】　根据估价对象的特点和实际情况,认为该房地产同类市场出现较多,采用收益法进行估价。

1)计算公式

在资本化率不变,年收益不变,收益年限有限的情况下,选用公式为:

$$V = \frac{A}{R}\left[1 - \frac{1}{(1+R)^n}\right]$$

2)计算过程(按每 m² 单位面积计算)

(1)确定租金价格

根据该地区类似估价对象房地产租赁市场的调查和租赁案例的收集资料显示,其租金水平,厂房一般为 10~18 元/(m²·月)、厂区内办公楼为 20~35 元/(m²·月)。现根据对估价对象地理位置及装修情况等因素的综合考虑,确定估价对象的租金厂房为 13 元/(m²·月)、办公楼为 20 元/(m²·月)。

(2)确定报酬率

通过累加法来求取报酬率,安全利率取银行一年期存款利率 2.25%,再根据估价对象所处地区社会经济环境及比较投资估价对象与投资其他经济行为的风险后,认为风险调整值取 6% 比较合理,所以报酬率为 8.25%。

(3)确定有效收益年期

---

①薛姝.房地产估价[M].北京:高等教育出版社,2003:106-108。参考时有调整,Excel 表格为新加。

根据估价规范,待估建筑物出现于补办土地使用权出让手续之前,其耐用年限早于土地使用权年限而结束时,应按建筑物耐用年限计算折旧。厂房生产用房耐用年限为50年,办公楼耐用年限为60年,因待估建筑物建于1982年,厂房剩余使用年限为33年、办公楼剩余使用年限为43年。

(4)计算年租金收益

厂　房:13元/(m² · 月)×12月×1 023.68 m²=159 694.08元

办公楼:20元/(m² · 月)×12月×626.96 m²=150 470.40元

(5)计算年租赁成本

①房产税,按租金的12%,则:

厂　房:159 694.08元×12%=19 163.29元

办公楼:150 470.40元×12%=18 056.45元

②营业税附加,按租金的5.875%,则:

厂　房:159 694.08元×5.875%=9 382.03元

办公楼:150 470.40元×5.875%=8 840.14元

③管理费,按租金的1.5%,则:

厂　房:159 694.08元×1.5%=2 395.41元

办公楼:150 470.40元×1.5%=2 257.06元

④维修费,按建筑物重置价格的2.0%,根据××市建设安装工程定额和取费标准,参考类似工程的造价,确定该工程的造价为920元/m²,则:

厂　房:920元/m²×1 023.68 m²×2%=18 835.71元

办公楼:920元/m²×626.96 m²×2%=11 536.06元

⑤保险费,按建筑物重置价格的0.15%,则:

厂　房:920元/m²×1 023.68 m²×0.15%=1 412.68元

办公楼:920元/m²×626.96 m²×0.15%=865.20元

⑥年租金损失,按半个月租金计算,折算为:

厂　房:13元/(m² · 月)×12月×1 023.68 m²×(1÷24)=6 653.92元

办公楼:20元/(m² · 月)×12月×626.96 m²×(1÷24)=6 269.60元

年租金成本合计:

厂　房:57 843.04元

办公楼:47 824.51元

(6)计算年净收益

年净收益=年总收益-成本

厂　房:101 851.04元

办公楼:102 645.89元

（7）利用公式计算待估房地产的价格或价值

$$厂\ 房：V = \frac{101\,851.04\ 元}{8.25\%} \times \left[1 - \frac{1}{(1 + 8.25\%)^{33}}\right] = 1\,144\,319.81\ 元$$

$$办公楼：V = \frac{102\,645.89\ 元}{8.25\%} \times \left[1 - \frac{1}{(1 + 8.25\%)^{43}}\right] = 1\,203\,031.45\ 元$$

估价实务中，利用 Excel 表格估算该房地产价格或价值的方法，见表 6.6（以办公楼估价为例）。

表 6.6　办公楼价格现值估算表

	A	B	C	D	E	F
	K8		f_x			
1						
3	估算项目		估算标准		计算说明	数值（元）
4	总收益					
5	年租金收益		月租金、月数、建筑面积的乘积		月租金、月数、建筑面积的乘积	150470.40
6	月租金（元/平方米·月）	20			PRODUCT(B6,B7,B8)	
7	月数	12				
8	建筑面积（平方米）	626.96				
9						
10	总费用					
11	年租赁成本					
12	房产税（元/年）		年租金的	12%	PRODUCT(F4,D12)	18056.45
13	营业税附加（元/年）		年租金的	5.875%	PRODUCT(D13,F4)	8840.14
14	管理费（元/年）		租金的	1.5%	PRODUCT(D14,F4)	2257.06
15	维修费（元/年）		建筑物重置价格的	2.0%	PRODUCT(D16,B8,D15)	11536.06
16			单位建筑面积重置价格为	920		
17	保险费（元/年）		建筑物重置价格的	0.15%	PRODUCT(D16,B8,D17)	865.20
18	租金损失（元/年）		月租金的	50%	PRODUCT(B6,B8,D18)	6269.60
19	合计				SUM(F12:F18)	47824.51
20						
21	年净收益		总收益－总费用		F4-F19	102645.89
22						
23	办公楼价格现值					
24	收益年期（年）	43	年净收益的资本化		PV(B25,B24,F21)	1203031.45
25	报酬率	8.25%				

【例 6.24】[①]　某估价对象为一出租写字楼，土地总面积为 12 000 m²，土地使用权年限为 50 年，从 2006 年 6 月 30 日始。建筑物总建筑面积为 52 000 m²，2003 年 6 月 30 日建成，建筑结构为钢混结构，建筑物层数地上 22 层、地下 2 层。要求评估该

---

① 周寅康. 房地产估价[M]. 南京：东南大学出版社，2006：123-124。参考时有调整，Excel 表格为新加。

写字楼在 2005 年 6 月 30 日的市场价格。

【解】　(1)收集估价资料

通过调查,收集的资料如下:

①租金按净面积计,可供出租的净面积占建筑总面积的 60%,总计为 31 200 m^2,其余部分为公共过道、大楼管理人员用房、设备用房及其他占用的用房。

②租金平均为 35 美元/$(m^2 \cdot 月)$。

③空置率年平均为 10%,即出租率年平均为 90%。

④经常性费用平均每月为 10 万美元,包括工资、水电、维修、清洁、保安等费用。

⑤房产税按建筑物重置价值(重置价格为 5 500 万美元)扣除 30% 后的余值的 1.2% 缴纳(每年)。

⑥其他税费为每月总收入的 6%。

(2)年有效毛收入

年有效毛收入 A = 31 200 m^2 ×35 美元/$(m^2 \cdot 月)$ ×12 月 ×90% =1 179.36 万美元

(3)年运营费用

①经常性费用:每年经常性费用 B_1 =10 万美元/月 ×12 月 =120 万美元

②房产税:每年房产税 B_2 =5 500 万美元 ×$(1-30\%)$ ×1.2% =46.2 万美元

③其他税费:每年其他税费 B_3 =31 200 m^2 ×35 美元/$(m^2 \cdot 月)$ ×90% ×6% ×12 月 =70.76 万美元

④年运营费用:$B = B_1 + B_2 + B_3$ =236.96 万美元

(4)确定报酬率

本次估价报酬率是根据市场提取法求得的。调查了类似估价对象的 4 个物业,通过其租金和售价,反推其报酬率,然后取三者之算术平均值,作为估价对象的报酬率。经计算后本次估价的报酬率取 R =8%。

(5)收益年期

n =50 年 -5 年 =45 年

(6)计算房地产的价格

$$V = \frac{A}{R}\left[1 - \frac{1}{(1+R)^n}\right] = \frac{1\ 179.36\ 万美元 - 236.96\ 万美元}{8\%} + \left[1 - \frac{1}{(1+8\%)^{45}}\right]$$

$$=11\ 410.94\ 万美元$$

故该估价对象在 2005 年 6 月 30 日的市场价值为 11 410.94 万美元,单位建筑面积的价格为 11 410.94 ×10^4 美元 ÷12 000 m^2 =2 194.41 美元/m^2。

估价实务中,利用 Excel 表格估算该房地产价格或价值的方法简示见表6.7。

表 6.7 写字楼价格现值估算表

	A	B	C	D	E	F

表5.7 写字楼价格现值估算表

估算项目		估算标准		计算说明	数值（美元）
总 收 益					
年有效毛收入					
月租金（元/平方米·月）	35	月租金、月数、建筑面积、出租率的乘积		PRODUCT(B6,B7,B8,B9)	1 179.36
月数	12				
建筑面积（万平方米）	3.12				
出租率	90%				
总 费 用					
年运营费用					
经常性费用（万美元/年）		每月	10	PRODUCT(D13,B7)	120.00
房产税（万美元/年）		建筑物重置价值扣除30%后的余值的	1.2%	D16*(1—D17)*D14	46.20
其他税费（万美元/年）		年总收入的	6%	PRODUCT(F4,D15)	70.76
		重置价格	5500		
		重置价格的	30%		
合计				SUM(F13:F15)	236.96
年净收益		总收益－总费用		F4-F18	942.40
办公楼价格现值					
有效收益年期（年）	45	年净收益的资本化		PV(B24,B23,F20)	11 410.94
资 本 化 率	8%				

本章小结

收益法是将待估房地产未来每年的预期客观净收益以适当的资本化率统一折算到估价期日现值的一种估价方法。根据未来预期收益转换为价值的方式不同，即资本化的方式不同，收益法可以分为直接资本化法和报酬资本化法。如果按照净收益求取方式的不同，则可以将收益法划分为投资法和利润法。收益法的理论依据是效用价值论，即房地产投资的预期收益原理。根据这个原理，可以推导出房地产收益在各种情况下的计算公式。

收益法的适用范围是有收益或潜在收益，且收益和风险都能量化的房地产。收益法的使用并不限于估价对象房地产是否现在有收益，只要其具有获取收益的能力即可。收益法估价最关键的是净收益、报酬率、资本化率以及收益乘数的求取。

房地产净收益是指仅由房地产这一生产要素而产生的业主可以自由支配的收益。总收益不能以实际发生的收益来计算，而须对实际收益进行判断和适当的调整来确定。总费用分为固定费用和可变费用两大类。在总费用的计算中要注意哪些费用是必须计入的,哪些费用是要剔除的。

房地产净收益估算的一般方法包括利用投资法估算房地产净收益以及利用利润法估算房地产净收益两种。不同类型的房地产,净收益的求取是不同的。在求取净收益的过程中要注意客观收益和实际收益、有形收益和无形收益等的区别,并应注意数据分析和无关费用的扣除。另外,还要注意收益期限的科学合理确定。

报酬率是房地产净收益与房地产价格的比率,其实质是资本投资的收益率。求取报酬率的方法主要有累加法、报酬率排序插入法、市场提取法等。这些方法都有一定的主观性,需要有经验的估价人员在系统掌握资本化率求取方法的基础上,结合当地房地产市场的情况和自身的估价经验来确定出准确可靠的数值。

资本化率和收益乘数都可以采用市场提取法,通过市场上近期交易的与估价对象的净收益流模式等相同的多个类似房地产的有关资料求取。综合资本化率还可以通过净收益率与有效毛收入乘数之比、资本化率与报酬率的关系以及投资组合技术求取。

重要名词与概念

收益法　　房地产净收益　　报酬率　　资本化率　　收益乘数

复习思考题

1. 什么是收益法?它有哪些类型?

2. 收益法的理论依据和适用范围是什么?

3. 收益法的操作步骤是什么?

4. 什么是净收益?什么是客观总收益?它们之间的关系如何?

5. 房地产净收益估算的一般方法具体有哪些?各自如何估算?

6. 不同收益类型房地产净收益如何估算?

7. 房地产净收益估算应注意哪些问题?

8. 报酬率、资本化率及收益乘数如何求取?

9. 报酬资本化法的计算公式具体有哪些?

10. 直接资本化法的计算公式具体有哪些?应用条件如何?

11. 已知某房地产有 70 年使用权,报酬率为 12%,此时价格为 5 000 元/m²,求该房地产在使用期限为 50 年,报酬率为 10% 时的价格,以及使用期限为无限年,报酬率为 15% 时的价格。

12. 在正常情况下,某房地产每年可获得总收益 60 万元,每年支出的总费用为 35

万元。现在从同区域的市场上选取了 5 个与该房地产情况相似的房地产(可比实例),将其价格及净收益列于表 6.8 中。试估计该房地产的价格(推荐用算术平均计算平均值)。

表 6.8 某房地产可比实例及相关资料

可比实例	价格/万元	净收益/(万元·年$^{-1}$)
1	367	38
2	542	59
3	263	31
4	189	22
5	758	83

13. 某房地产建成于 2004 年 12 月 30 日,此后收益年限为 50 年;2005 年 12 月 30 日至 2008 年 12 月 30 日分别获得净收益 85,90,95 万元;预计 2009 年 12 月 30 日至 2011 年 12 月 30 日要分别获得净收益 95,92,94 万元,从 2012 年 12 月 30 日起每年可获得的净收益将稳定在 95 万元;购买该类房地产通常可得到银行 70% 的抵押贷款,抵押贷款的年利率为 6%,自有资本要求的收益率为 10%。试利用上述资料估算该房地产 2008 年 12 月 30 日的收益价格。

14. 某单位通过有偿出让方式取得了一宗地的土地使用权,当时购入价格为 2 400 元/m^2,宗地占地面积为 10 000 m^2,出让期为 40 年,在此地块上建设了一饭店,容积率为 3,目前已使用了 10 年,根据当地市场资料,用比较法评估此地块得到目前出让期为 40 年时的地价为 2 500 元/m^2(容积率为 1 的地价)。据当地资料,当容积率每增加 1 时,宗地单位面积地价比容积率为 1 时的地价的基础上增加 6%,饭店现在每月的房地经营净收入为 11 万元,当地同类型饭店现在每月的房地产经营净收入为 10 万元。若土地资本化率为 8%,建筑物资本化率为 10%。请评估其不动产的现时价格。

房地产估价师考试真题

一、单项选择题

1. 收益法中所指的收益是(　　)。

　　A. 估计时点前一年的收益

　　B. 估价时点前若干年的平均收益

　　C. 估价时点以后的未来预期正常收益

　　D. 估价时点前最高盈利年份的收益

2. 有一宗房地产总价为 100 万元,综合资本化率为 7% ,土地资本化率为 6% ,建筑物资本化率为 8% ,则该宗房地产的土地价格为( )万元(收益可视为无限年)。

    A. 30   B. 40   C. 50   D. 60

3. 采用安全利率加风险调整值法确定资本化率的基本公式为( )。

    A. 资本化率:安全利率 + 投资风险补偿 − 投资带来的优惠

    B. 资本化率:安全利率 + 投资风险补偿 + 管理负担补偿 − 投资带来的优惠

    C. 资本化率:安全利率 + 投资风险补偿 + 管理负担补偿 + 通货膨胀补偿 − 投资带来的优惠

    D. 资本化率:安全利率 + 投资风险补偿 + 管理负担补偿 + 缺乏流动性补偿 − 投资带来的优惠

4. 有一房地产,未来第一年净收益为 20 万元,预计此后各年的净收益会在上一年的基础上增加 2 万元,收益期为无限年,该类房地产资本化率为 10% ,则该房地产的收益价格为( )万元。

    A. 400   B. 450   C. 500   D. 540

5. 资本化率是( )的倒数。

    A. 毛租金乘数   B. 潜在毛租金乘数

    C. 有效毛收入乘数   D. 净收益乘数

6. 某房地产的报酬率为 8% ,受益期限为 30 年的价格为 4 000 元/m^2。若报酬率为 6% ,受益期限为 50 年,则该房地产价格为( )元/m^2。

    A. 3 000   B. 4 500   C. 5 200   D. 5 600

7. 某宗房地产的收益期限为 40 年,通过预测未来 3 年的年净收益分别为 15,18,23 万元,以后稳定在每年 25 万元直到收益期限结束,该类房地产的报酬率为 8% ,则该宗房地产的收益价格最接近于( )万元。

    A. 280   B. 285   C. 290   D. 295

二、多项选择题

1. 收益性房地产包括( )。

    A. 未出租的餐馆   B. 旅店   C. 加油站   D. 农地   E. 未开发的土地

2. 收益法中求资本化率的基本方法有( )。

    A. 市场提取法   B. 累加法   C. 指数调整法

    D. 投资收益率排序插入法   E. 收益乘数法

3. 根据净收益求取的不同,收益法可分为( )。

    A. 直接资本化法   B. 投资法   C. 收益乘数法

    D. 利润法   E. 现金流量折现法

4.可用于报酬资本化法中转换为价值的收入或收益有( )。

A.潜在毛租金收入   B.有效毛收入   C.净运营收益

D.税前现金流量   E.税后现金流量

三、判断题

1.应用收益法评估出租型房地产价格时,净收益的确定必须从租赁收入中扣除维修费、管理费、保险费、房地产税、租赁代理费等。 ( )

2.为帮助房地产开发商进行投资决策,应用收益法对拟开发的项目进行投资价值评估时,应采用与该项目风险程度相对应的社会一般收益率作为折现率的选取标准。 ( )

3.资本化率和报酬率都是将房地产的未来预期收益转换为价值的比率,前者是某种年收益与其价格的比率,后者是用来除一连串的未来各期净收益,以求得未来各期净收益现值的比率。 ( )

4.自有资金资本化率通常为未来第一年的税前现金流量与自有资金额的比率,可以由可比实例房地产的税前现金流量除以自有资金金额得到。 ( )

四、计算题

1.某房地产占地 4 000 m²,土地使用年限为 50 年,容积率为 6,共 24 层,每层建筑面积相同。该房地产经过 2 年开发建成,预计再经过一年销售招租完毕,届时各层使用情况预计如下:1 层的大堂部分占该层建筑面积的 60%,其余部分的 75% 可用于商业铺位出租,正常出租率为 90%,每月可得净租金 60 元/m²;2～3 层为商场,营业面积占该层建筑面积的 70%,年正常收入为 8 500 元/m²,每年正常营业需投入 1 000 万元,而该市经营同类商业项目的正常年利润为 600 元/m²;第 4 层出租开酒楼,可出租面积占该层建筑面积的 70%,月租金为 50 元/m²,出租人每年需支付 8 万元的运营费用;5～10 层为用于出租的办公用房,每层共 20 间,当地同类同档次办公用房月租金 1 800 元/间,出租率为 80%,出租人需承担相当于租金收入 10% 的运营费用;11～24 层为商品住宅,其中 11 层以建筑面积 3 800 元/m² 的优惠价格售给公司员工,其他层则平均以建筑面积 4 200 元/m² 对社会售出,当地同类同档次商品住宅的售价为建筑面积 4 000 元/m²。试评估该房地产销售招租完毕时的市场价值(设资本化率分别为商场 10%,酒楼 8%,办公楼 7%)。

2.某出租的写字楼,使用面积为 3 000 m²,收益年限为 45 年,空置率为 20%,未来 3 年使用面积的租金(含物业服务费用)分别为 360,400,330 元/m²,同档次写字楼的年物业服务费用为使用面积 36 元/m²,除物业服务费用之外的其他运营费用为租金(不含物业服务费用)的 25%。假设该写字楼未来每年的净收益基本上固定不变,报酬率为 9%。请利用"未来数据资本化公式法"求取该写字楼的净收益并计算其收益价格。

第 7 章
假设开发法

【本章导读】

　　对于待开发的房地产而言,其价格与它进行开发后的预期价值有着十分密切的关系,从这一关系着手对房地产进行估价的方法就是假设开发法。本章将主要介绍假设开发法的基本原理、操作步骤,通过举例讲解假设开发法的运用。通过本章的学习,理解假设开发法的概念和理论依据,了解假设开发法的适用条件及应用范围,熟悉假设开发法的计算公式、估价步骤,掌握假设开发法计算中各个项目的求取,最终能够正确运用假设开发法估价。

7.1　假设开发法基本原理

7.1.1　假设开发法的理论依据

　　假设开发法又称为剩余法、预期开发法、倒算法、余值法等,是将预测的估价对象房地产预期开发完成后的价格或价值,扣除预计的正常投入费用、正常税金及合理利润等,用剩余的部分作为估价对象房地产价格或价值的一种估价方法。

　　假设开发法是房地产估价实践中一种科学而实用的估价方法,在评估待开发土地的价格时,较为常用。

　　假设开发法的基本理论依据与收益法相同,是预期原理。作为一个开发商,购买某一块土地愿意支付的最高价格,理论上应该就是开发商在合法的前提下,按最高最佳的用途开发完成后,销售房地产的收入减去开发商为开发该房地产所投入的所有花费、上缴税金及应得的利润之后的余额。开发完成后的房地产价格或价值是预期的,其开发过程中的开发成本、税费、利润等也是预期的。

假设开发法更深的理论依据,类似于地租原理。只不过地租是每年的租金剩余,假设开发法通常估算的是一次性的价格剩余。关于地租,详见"9.1.1 地租与地价"。

形式上,假设开发法是评估新开发完成的房地产价格的成本法的倒算法。实际上,两者是有区别的:成本法中的土地价格为已知,需要求取的是开发完成后的房地产价格;假设开发法中开发完成后的房地产价格已事先通过预测得到,需要求取的是土地价格。

7.1.2 假设开发法的适用条件

1)假设开发法适用的主观条件

假设开发法的运用,是以有关数据的预测为条件的。房地产价格估算正确与否,直接取决于有关成本、销售价格、税费以及正常利润预测的正确性。所以,房地产估价人员的专业能力与素质、运用假设开发法的技巧等对估价结果有着重要的影响。要有效地运用假设开发法,估价人员必须遵循以下估价要求:

①坚持房地产估价的合法原则和最高最佳使用原则,合理确定土地的最佳开发利用方式,包括用途、规模、档次等。

②熟悉当地的房地产市场行情或供求状况,准确预测未来开发完成后的房地产价值以及开发过程中的各项成本费用。

③比较社会上同类房地产开发项目的一般正常利润,结合当时情况,恰当地确定房地产开发商的合理利润。

2)假设开发法适用的外部条件

假设开发法估价结果的准确性,除了取决于估价人员的主观条件外,还要求有一个适宜采用假设开发法进行估价的良好的社会经济环境,也就是外部环境。具体来说,应具备如下基本条件:

①稳定、透明的房地产业政策。政策对房地产业的发展、对房地产市场行情的变化影响极大。例如,银根紧缩、产业结构调整等方面的政策将直接影响房地产商品的供需状况,从而对其销售情况和价格发生作用。

②完善的房地产法规体系。无论是城市规划中对于土地用途、容积率等的规定,还是房地产管理法、土地使用权出让政策的调整,对房地产价格都有一定的影响。

③清晰、全面的房地产投资与交易的税费清单和稳定的税费政策。只有这样,才

能够从房地产价格中正确扣除税费,求得适宜的待估房地产的价格。

④完整、动态的房地产信息资料库。这些数据库是客观、准确预测房地产价格、房地产建造成本、房地产开发利润以及房地产未来发展趋势等方面的基础。建立一个完整、公开的房地产资料库,有利于提高估价结果的精确度,避免估价工作陷于资料不全或不准确的被动境地。

⑤长期、公开和合理的土地供应计划。如果土地供给缺乏长期、公开的计划和限度,这将为假设开发法的运用增加重重困难,并可能使其评估结论失真。因此,制订一个公开、长期和合理的土地供应计划,既能满足土地使用者的需要,又能充分节约土地,减少土地的浪费,使土地处于最有效的使用状态,为估价提供坚实可靠的基础。

7.1.3　假设开发法的应用范围

假设开发法和其他估价方法一样,有其最适宜的应用范围。一般来说,假设开发法的具体适用范围有如下几个方面。

1)相关类型的房地产估价

假设开发法适用于具有投资开发或再开发潜力的房地产的估价,当待开发土地具有潜在开发价值时,假设开发法几乎是唯一实用的估价方法,是对具有开发潜力的商业用地进行估价的最佳方法。具体来说,主要有以下几种类型的房地产估价:

①待开发土地(包括生地、毛地、熟地)的估价。

②将生地或毛地开发成熟地的估价。

③再开发待拆迁的房地产的估价。

④在建工程的估价。

⑤具有装修改造潜力或可改变用途的旧房的估价。

对于有城市规划设计条件要求,但尚未明确的待开发房地产,因为该房地产的法定开发利用前提未确定,所以难以采用假设开发法估价。如果在这种情况下仍然要估价的话,则可以根据最可能的城市规划设计条件来估价,但必须将该最可能的城市规划设计条件列为估价的假设和限制条件,并在估价报告中做特别的提示,说明它对估价结果的影响,或者说明估价结果对它的依赖性。

2)房地产开发项目投资分析

假设开发法除了适用于房地产估价,还可以用于房地产开发项目的投资分析,是房地产开发项目投资分析的常用方法之一。假设开发法用于估价与用于投资分析的不同之处在于:估价是从典型的投资者的角度来选取有关参数和测算有关数值的,而投资分析则只从某个具体投资者的角度来做相应的工作。

运用假设开发法进行房地产投资分析,主要为投资者提供三方面的数据资料:

①开发地块可接受的最高价格。高于开发商能够接受的最高价格,它的利润就很难得到保障,或者就要设法节省费用。这种情况下,开发商通常就不去购买土地。

②开发项目的预期利润。如果预期的开发利润达不到开发商的要求,开发商就可能延迟或搁置开发投资,或者必须想办法修改与调整允许开发的条件和限制。

③开发过程中可能发生的费用的最高限额。超过这个限额,对于开发商实现其预期的利润目标就是一个威胁。而且,预测最高开发费用也有利于有效控制开发费用,防止开发过程中各阶段费用的失控。当然,建筑物改扩建的最高费用也可以用同样的方法求出。

7.1.4 假设开发法的测算公式

1)假设开发法的基本公式

假设开发法的基本公式可以表示如下:

待开发房地产价值 = 待开发房地产的预期开发价值 − 开发成本 − 管理费用 − 投资利息 − 销售费用 − 销售税费 − 开发利润 − 投资者购买待开发房地产应负担的税费

对于公式中具体应减去的项目,掌握的基本原则是设想得到估价对象后,往后至开发完成还需要支出的一切合理、必要的费用,税金及应得的利润。所以,如果是已经投入的费用,则它就包含在待开发房地产的价值内,不应作为扣除项。例如,评估毛地的价值,即该土地上有待拆迁的房屋,这时减去的项目中还应包括拆迁补偿安置费;如果评估的是已拆迁补偿安置后的土地价值,则就不应扣除拆迁补偿安置费。

2)不同类型估价对象的估价公式

(1)求生地价值的公式

适用于将生地开发成熟地的公式:

生地价值 = 开发完成后的熟地价值 − 由生地开发成熟地的开发成本 − 管理费用 − 投资利息 − 销售费用 − 销售税费 − 土地开发利润 − 买方购买生地应负担的税费

适用于在生地上进行房屋建设的公式:

生地价值 = 开发完成后的房地产价值 − 由生地建成房屋的开发成本 − 管理费用 − 投资利息 − 销售费用 − 销售税费 − 开发利润 − 买方购买生地应负担的税费

(2)求毛地价值的公式

适用于将毛地开发成熟地的公式:

毛地价值＝开发完成后的熟地价值－由毛地开发成熟地的开发成本－管理费用－投资利息－销售费用－销售税费－土地开发利润－买方购买毛地应负担的税费

适用于在毛地上进行房屋建设的公式：

毛地价值＝开发完成后的房地产价值－由毛地建成房屋的开发成本－管理费用－投资利息－销售费用－销售税费－开发利润－买方购买毛地应负担的税费

（3）求熟地价值的公式

熟地价值＝开发完成后的房地产价值－由熟地建成房屋的开发成本－管理费用－投资利息－销售费用－销售税费－开发利润－买方购买熟地应负担的税费

（4）求在建工程价值的公式

在建工程价值＝续建完成后的房地产价值－续建成本－管理费用－投资利息－销售费用－销售税费－续建投资利润－买方购买在建工程应负担的税费

（5）求旧房价值的公式

旧房价值＝装修改造完成后的房地产价值－装饰装修改造成本－管理费用－投资利息－销售费用－销售税费－装饰装修改造投资利润－买方购买旧房应负担的税费

3）开发后不同经营方式的估价对象的估价公式

待开发房地产的价值＝开发完成后的房地产价值－应扣除的费用、税金、利润等项目

对于开发完成后出售的待估房地产，开发完成后的房地产价值可以通过市场法或长期趋势法测算得到。

对于开发完成后出租或自营的待估房地产，开发完成后的房地产价值可以通过收益法，依据房地产开发完成后可能带来收益的年限，计算每年的净收益，选择适当的报酬率和计算公式计算得到。

7.2　假设开发法操作步骤及内容

《房地产估价规范》指出，运用假设开发法估价应按下列步骤进行：调查待开发房地产的基本情况；选择最佳的开发利用方式；估计开发经营期；预测开发完成后的房地产价值；估算开发成本、管理费用、投资利息、销售税费、开发利润、投资者购买待开发房地产应负担的税费；进行具体计算。以下将按照这个步骤，详细介绍假设开发法的具体操作。

7.2.1　调查待开发房地产的基本情况

在运用假设开发法进行估价时,调查待开发房地产基本情况的主要目的是确定该房地产的最佳开发利用方式。因此,调查的重点要集中在影响开发利用方式的因素方面。一般情况下,应重点调查以下内容:

①明确待估房地产的位置。它包括以下 3 个层次:一是待估房地产所在城市的性质;二是待估房地产所在城市内区域的性质;三是具体的坐落状态。明确这些内容,主要是为选择最佳的房地产的用途服务。

②明确待估房地产的物质状况。如果待估房地产是土地,要明确面积大小、形状、平整程度、基础设施通达程度、地质和水文状况等内容。如果待估房地产是在建工程,要着重了解已建的程度、后续工期、后续投资等。这些主要为测算开发成本、费用等服务。

③明确待估房地产的权利状况。它包括明确待估房地产的权利性质、使用年限、可否续期以及对转让、出租、抵押等的有关规定等。这些主要为预测未来开发完成后的房地产价值、租金等服务。

④明确城市规划设计条件。它包括明确政府对待估房地产规定的用途、建筑高度、容积率、覆盖率等。这些主要为确定最佳的开发利用方式服务。

⑤明确土地与房地产市场情况。它包括土地供应计划与方式、各类房地产市场的具体情况以及近几年拟开发的房地产的类型、档次、规模及交付时间等。

7.2.2　选择最佳开发利用方式

确定待估房地产的最佳开发利用方式,要根据最有效使用和最合理开发的原则,在政府规划限制的许可范围内设计待估房地产的最佳开发方式和方案,包括对用途、规模、档次等的确定。确定何种开发方式,将直接关系到市场销售、建设成本和开发项目的盈利。

在确定最佳的开发利用方式中,最重要的是选择最佳用途。最佳用途的选择,要考虑土地位置的市场可接受性、当地的消费理念以及现实社会对这种用途的需要程度和未来的发展趋势。或者更具体地来说,就是在项目建成这段时间内,市场上最需要什么类型的房地产,或者什么类型的房地产最好租售。

例如,某块土地,城市规划规定的用途可为宾馆、写字楼或公寓,但在实际开发中应选择哪种用途呢?首先,要调查该块土地所在城市和区域的宾馆、写字楼和公寓的供求关系及其走向。如果对宾馆、写字楼的需求开始趋于饱和,表现为客房入住率、写字楼出租率呈下降趋势,而希望能租到或买到公寓住房的人逐渐增加,且近年能提供的数量有较少时,则可以选择该块土地的用途为公寓。

7.2.3 估算开发经营期

开发经营期的起点是(假设)取得估价对象(待开发房地产)的时间,即估价时点;终点是将开发完成后的房地产全部租售完毕的时间。开发经营期可分为开发期和经营期。

● 开发期 开发期又称开发建设期,其起点与开发经营期的起点相同,终点是按照正常情况估算的开发完成时间。对于将土地建成房屋的情况来说,开发期又可分为前期和建造期。前期是从取得待开发土地到施工开始的这段时间;建造期是从施工开始到开发完成的这段时间。

● 经营期 经营期是从开始租售开发完成后的房地产,到将其全部租售完毕的时间。在有预售的情况下,经营期与开发期有重合;在出租或自营的情况下,经营期通常到开发完成的房地产的经济寿命结束时为止。

估算开发经营期的目的,是为了把握开发成本、管理费用、销售税费等发生的时间和数额,预测开发完成后的售价或租金,以及各项收入和支出的折现或计算投资利息等服务。

估算开发经营期的方法可采用类似于市场比较法的方法,即根据同一地区、相同类型、同等规模的类似开发项目已有的正常开发经营期来估计。在实际估计中,应注意或考虑特殊情况给开发经营带来的影响,比如行政效率低下、手续繁琐、筹措资金没有到位、建筑材料的短缺或大幅涨价、施工期间的灾害性天气干扰、劳资纠纷与周围居民的干扰等。

7.2.4 预测开发完成后的房地产价值

开发完成后的房地产价值,是指开发完成时的房地产状况的市场价值。该市场价值所对应的时间,通常也是开发结束时的那个时间,而不是在购买待开发房地产时或开发期间的某个时间(但在市场较好时考虑预售和市场不好时考虑延期租售的例外)。

开发完成后的房地产价值一般是通过预测来求取。对于出售的房地产,通常是采用市场比较法,并考虑类似房地产价格的历史情况与未来变动趋势来推测。比较的单位通常是单价而非总价。对于出租和自营的房地产,如写字楼、宾馆等,其开发完成后的房地产总价的确定,首先采用市场比较法并考虑未来的变化趋势,预测所开发房地产未来出租或经营期间的净收益,然后用收益法将该净收益转化为房地产总价。

7.2.5 估算各项成本费用、税费及开发利润

开发成本和管理费用可采用市场比较法来估算,即通过当地同类房地产开发项目当前的开发成本和管理费用来估测。如果预计建筑材料价格和建筑人工费用等在将来可能有较大变化,还要考虑未来建筑材料价格、建筑人工费等的变化对开发成本和管理费用的影响。

销售费用是房地产开发完成后的房地产所必须的广告宣传、销售代理等费用。销售税费是指销售开发完成后的房地产应缴纳的税金及附加(如营业税、城市维护建设税、教育费附加)和其他销售税费(如应当由卖方负担的印花税、交易手续费、产权转移登记费等)。销售费用和销售税费通常是按照开发完成后房地产价值的一定比率来估算。

投资利息测算只有在传统方法中才需要。在传统方法中,正确地测算投资利息需要把握计息期的长短、计息的方式、利率的高低、计息周期以及名义利率和实际利率6个方面的情况。

投资者购买待开发房地产应负担的税费,是假定一旦购买了待开发的房地产,在交易时作为买方应负担的有关税费,如契税、交易手续费等。该项税费通常是依据当地的规定,按待开发房地产价值的一定比率估算。

开发商的合理利润(即开发利润)一般以待估房地产价值、开发成本和管理费用三者之和的一定比率估算。这一比率,即投资利润率,通常为同一市场上类似房地产开发项目所要求的平均利润率。开发利润还可以用开发完成后的房地产价值的一定比率来估算。因此,在确定开发商的合理利润时要注意计算基数和利润率的对应。

7.2.6 估算待估房地产的价值

将上述求得的各项数值,按照前面给出的假设开发法的估价公式,计算出待估房地产的价值。估价人员在计算出待估房地产的价值后,还要根据自己的估价经验,并参考其他方面的条件或因素,最后确定待估房地产的价值,作为评估的最终结果。

需要注意的是,由于假设开发法中的各项成本费用发生的时间不在同一时间点上,因此在计算中有两种基本方法,即静态法和动态法。

- 静态法 静态法(传统计息方式)主要是以估价时的房地产市场状况为依据,视房地产的各项费用为静止在估价作业日期时的金额,不考虑各项支出、收入发生的时间不同,即不将它们折算到同一时间上,而是直接相加减,但要计算利息,计息期通常到开发完成时止,既不考虑预售,也不考虑延迟销售。

- 动态法 动态法(现金流量折现方式)要考虑各项支出、收入发生的时间不同,

即首先要将它们折算到同一时点上,通常是折算到估价时点上,然后再相加减。在运用折现方法求取现值时,不用再单独考虑投资利息,因为折现率已经体现了利息率。

从理论上讲,动态计算的结果比较精确,但比较复杂;静态计算的结果比较粗糙,但相对简单些。在实际操作中,一般宜采用动态方式计算,当难以采用动态方式时,可采用静态方式计算。运用这两种方式计算时,都应注意准确估算开发经营期以及各项支出、收入的数额、发生时间。

7.3　假设开发法估价总结与应用实例

7.3.1　假设开发法估价总结

《房地产估价规范》指出,假设开发法适用于具有投资开发或再开发潜力的房地产的估价。运用此方法应把握待开发房地产在投资开发前后的状态,以及投资开发后的房地产的经营方式。

假设开发法是房地产估价实践中一种科学而实用的预期性估价方法,它也是收益法估价的一种应用估价方法,不是最基本的估价方法。它的优点相当突出。首先,它符合人们对价格由成本、税费、利润三者构成的习惯思维,易于理解;其次,这种方法计算简便,应用面较广;最后,对市场上待开发房地产的价格的估算,假设开发法几乎是唯一适用的方法。

当然,由于假设开发法以预测为前提,依靠估价人员的主观经验去判断房地产市场的变化趋势和状况,难免具有一定的主观性。所以,运用假设开发法估价时,估价人员要做到尽可能准确地预测,避免主观性、随意性。

正确地假设待估房地产的开发利用方式和判断未来房地产市场行情是成功运用假设开发法的关键。只有掌握丰富的房地产资料,准确地把握各类房地产价格变化运动规律和供求变化情况,并结合长期的假设开发法估价经验,估价人员才能够准确地估算待估房地产的价格。当然,假设开发法中开发利用方式及各项数据的确定与预测,受社会经济环境条件的制约,如果缺乏一定的社会环境条件,则该方法有可能无法采用。

7.3.2　假设开发法估价应用举例

【例 7.1】　估价对象房地产为一块"七通一平"的待建筑空地。土地总面积为

$10\ 000\ m^2$,且土地形状规则;允许用途为商业居住混合;允许容积率最大为7;允许覆盖率≤50%;土地使用权年限为50年;出售时间为2012年6月。要求评估该块土地2012年6月出售时的购买价格。

【解】 (1)选择估价方法

该块土地为待建筑土地,适合用假设开发法进行估价,因此选用假设开发法。

(2)选取最佳利用开发方式

通过调查研究得知这块土地最佳的开发方式如下:用途为商业居住混合;容积率为7,故建筑总面积为$70\ 000\ m^2$;覆盖率为50%;建筑物层数为14层;各层建筑面积均为$5\ 000\ m^2$;地上1~2层为商店,总面积为$10\ 000\ m^2$;地上3~14层为住宅,总面积为$60\ 000\ m^2$。

(3)预计开发建设期

预计共需3年才能建造完成,即2015年6月完成。

(4)预计开发完成后的房地产价值(即出售楼价)

建造完成后,其中的商业楼即可全部售出。住宅楼30%在建造完成后可售出,50%半年后才能售出,其余20% 1年后才能售出。预计商业楼出售时的平均售价为$7\ 000\ 元/m^2$,住宅楼出售时的平均售价为$4\ 000\ 元/m^2$。

(5)估算各项成本费用及开发利润

大致情况如下:预计开发成本为12 000万元;管理费用为开发的6%;年利息率为10%;各项销售费用与销售税费为楼价的7%;开发利润为楼价的15%;据了解,如果得到该土地,还需按求得的地价款的3%缴纳有关税费。

在3年的建设期内,开发费用的投入情况如下:第1年需投入50%的开发成本及相应的管理费用;第2年需投入30%的开发成本及相应的管理费用;第3年投入余下的20%的开发成本及相应的管理费用。

(6)求取地价

地价(待开发房地产价值)=楼价(待开发房地产的预期开发价值)-开发成本-管理费用-投资利息-销售费用与销售税费-开发利润-投资者购买待开发房地产应负担的税费

分别采用静态和动态两种方式估算地价。

●采用静态方式估算地价

①总楼价=$7\ 000\ 元/m^2 \times 10\ 000\ m^2 + 4\ 000\ 元/m^2 \times 60\ 000\ m^2 = 31\ 000$万元

②开发成本=12 000万元

③管理费用=开发成本×6%=12 000万元×6%=720万元

④总利息=地价利息+开发成本和管理费用的利息+购买该土地应交税费的利息

$\qquad$ =地价×$[(1+10\%)^3 - 1]$+(12 000万元+720万元)×50%×

$\qquad\qquad [(1+10\%)^{2.5} - 1]$+(12 000万元+720万元)×30%×$[(1+$

$10\%)^{1.5}-1]+(12\,000\text{ 万元}+720\text{ 万元})\times20\%\times[(1+10\%)^{0.5}-1]+\text{地价}\times3\%\times[(1+10)^3-1]$

$=\text{地价}\times0.34+2\,421.86\text{ 万元}$

上述总利息的计算采用的是复利,计息期到 2015 年 6 月止。各年开发成本和管理费用的投入实际上是覆盖全年的,但计息时我们是假设各年开发成本和管理费用的投入集中在各年的年中,这样,就有上述总利息计算中开发成本和管理费用的计息年数分别是 2.5,1.5,0.5。

⑤总销售费用与销售税费 = 总楼价×7% = 31 000 万元×7% = 2 170 万元

⑥开发利润 = 总楼价×15% = 31 000 万元×15% = 4 650 万元

⑦购买该土地应交的税费 = 地价×3% = 0.03×地价

将上述①~⑦代入假设开发法公式中,得:

地价 = 31 000 万元 - 12 000 万元 - 720 万元 - (地价×0.34 + 2 421.86 万元) - 2 170 万元 - 4 650 万元 - 0.03×地价

则:$\text{地价}=\dfrac{31\,000\text{ 万元}-12\,000\text{ 万元}-720\text{ 万元}-2\,421.86\text{ 万元}-2\,170\text{ 万元}-4\,650\text{ 万元}}{1+0.34+0.03}$

$=6\,597.18\text{ 万元}$

使用 Excel 表格计算,做法简示见表7.1。

表 7.1 采用静态法估价过程表

	A	B	C	D	E	F	G
1		评估该块土地 2012 年 6 月出售时的购买价格					
2							
3		1.采用静态方式估算地价					
4		估算项目		估算标准		计算说明	数值
5							
6		总楼价(万元)					
7	商业楼楼价	商业楼平均售价(元/平方米)	7000	商业楼楼价+住宅楼楼价		(C7*C8+C9*C10)/10000	31000
8		商业楼面积(元/平方米)	10000				
9	住宅楼楼价	住宅楼平均售价(元/平方米)	4000				
10		住宅楼面积(元/平方米)	60000				
11							
12		开发成本(万元)					12000
13		管理费用(万元)		开发成本的	6%	G12*E13	720
14		总利息					
15	地价的利息	地价*(1+10%)^3-1		地价的利息 +开发成本和管理费用的利息+购买该土地应交税费的利息		B15+B16+B19	地价×0.34+2421.86
16	开发成本和管理费用的利息	(12000+720)*50%*(1+10%)^2.5-1					
17		(12000+720)*30%*(1+10%)^1.5-1					
18		(12000+720)*20%*(1+10%)^0.5-1					
19	购买该土地应交税费的利息	地价*3%*(1+10%)^3-1					
20		总销售费用与销售税费(万元)		总楼价的	7%	G6*E20	2170
21		开发利润(万元)		总楼价的	15%	G6*E21	4650
22		购买该土地应交的税费(万元)		地价的	3%		0.03地价
23							
24				楼价-开发成本-管理费用-投资利息-销售税费-开发利润-投资者购买待开发房地产应负担的税费		G6-G12-G13-G14-G20-G21-G22	6597.18
25-29		地价(万元)					

● 采用动态方式估算地价

计算的基准时间定为该块土地的出售时间,即 2012 年 6 月,年折现率取 10%。

① 总楼价 = 商业楼价 + 住宅楼价

$$= \frac{7\ 000\ 元/m^2 \times 10\ 000\ m^2}{(1+10\%)^3} + \frac{4\ 000\ 元/m^2 \times 60\ 000\ m^2 \times 30\%}{(1+10\%)^3} +$$

$$\frac{4\ 000\ 元/m^2 \times 60\ 000\ m^2 \times 50\%}{(1+10\%)^{3.5}} + \frac{4\ 000\ 元/m^2 \times 60\ 000\ m^2 \times 20\%}{(1+10\%)^4}$$

$$= 22\ 543.34\ 万元$$

估价时点为 2012 年 6 月,3 年后(即 2015 年 6 月)建造完成。建成后,其中的商业楼即可全部售出,所以其折现年数是 3。而住宅楼则是 30% 在建造完成后可售出,50% 半年后才能售出,其余 20% 一年后才能售出,所以,它的折现年数分别是 3,3.5,4。

② 开发成本 $= \dfrac{12\ 000\ 万元 \times 50\%}{(1+10\%)^{0.5}} + \dfrac{12\ 000\ 万元 \times 30\%}{(1+10\%)^{1.5}} + \dfrac{12\ 000\ 万元 \times 20\%}{(1+10\%)^{2.5}}$

$$= 10\ 732.36\ 万元$$

各年开发成本的投入实际上是覆盖全年的,但为折现计算方便起见,我们假设各年开发成本的投入是集中在各年的年中。这样,就有上述开发成本计算公式中的折现年数分别是 0.5,1.5,2.5 的情况。

③ 管理费用 = 开发成本 × 6% = 10 732.36 万元 × 6% = 643.94 万元

因为开发成本已进行了折现,管理费用是它的一定比率,所以管理费用不需再进行折现。

④ 总利息 = 0

由于地价、开发成本、管理费用、购买该土地应交的税费在动态方式中均已考虑了时间因素,实际上均已含计息,故在此不再单独计算总利息。

⑤ 总销售费用与销售税费 = 总楼价 × 7% = 22 543.34 万元 × 7% = 1 578.03 万元

⑥ 开发利润 = 总楼价 × 15% = 22 543.34 万元 × 15% = 3 381.50 万元

⑦ 购买该土地应交的税费 = 地价 × 3% = 0.03 × 地价

将上述 ① ~ ⑥ 代入假设开发法公式中,得:

地价 = 22 543.34 万元 − 10 732.36 万元 − 643.94 万元 − 1 578.03 万元 − 3 381.50 万元 − 0.03 × 地价

则:地价 $= \dfrac{22\ 543.34\ 万元 - 10\ 732.36\ 万元 - 643.94\ 万元 - 1\ 578.03\ 万元 - 3\ 381.50\ 万元}{1 + 0.03}$

$$= 6\ 026.71\ 万元$$

使用 Excel 表格计算,做法简示见表 7.2。

表7.2　采用动态法估价过程表

	A	B	C	D	E	F	G
1				评估该块土地2012年6月出售时的购买价格			
2							
3				2.采用动态方式估算地价			
4		估算项目		估算标准		计算说明	数值
5							
6		总楼价(万元)				C7*C8/(1+10%)^3+C9*C10*(30%	22543.34
7	商业楼楼价	商业楼平均售价(元/平方米)	7000	商业楼楼价+住宅楼楼价		/(1+10%)^3+50%/(1+10%)^3.5+	
8		商业楼面积(米)	10000			20%/(1+10%)^4)	
9	住宅楼楼价	住宅楼平均售价(元/平方米)	4000				
10		住宅楼面积(米)	60000				
11							
12		开发成本(万元)		对开发成本折现		12000*(50%/(1+10%)^0.5+30%/(1+10%)^1.5+20%/(1+10%)^2.5)	10732.36
13		管理费用(万元)		开发成本的	6%	G12*E13	643.9416
14		总利息(万元)					
15		总销售费用与销售税费(万元)		总楼价的	7%	G6*E20	1578.0338
16		开发利润(万元)		总楼价的	15%	G6*E21	3381.501
17		购买该土地应交的税费(万元)		地价的	3%		0.03地价
18							
19				楼价-开发成本-管理费			
20				用-投资利息-销售税费			
21		地价(万元)		-开发利润-投资者购买		G6-G12-G13-G14-G15-G16-G17	6026.71
22				待开发房地产应负担的税			
23				费			
24							

(7)确定估价结果

上述采用静态方式和动态方式分别计算出的地价有一定差异,由于一般认为动态方式更为精确,因此估价结果以动态方式计算的结果为主,但同时兼顾到静态方式计算的结果,并参考估价经验,将总的地价定为6 200万元。对于待建筑土地的估价,通常要给出3种价格形式,即总的地价、单位地价和楼面地价。这样,该块土地2012年6月出售时的购买价格最后评估结果如下:

总的地价=6 200万元

单位地价=6 200元/m^2

楼面地价=885.71元/m^2

【例7.2】　某在建工程开工于2011年11月1日,总用地面积为4 000 m^2,规划总建筑面积为20 000 m^2,用途为写字楼。其土地使用年限为50年,从开工之日起计;当时取得土地的花费为楼面地价800元/m^2。该项目的正常开发期为2年,开发成本为每m^{2}建筑面积2 500元,管理费用为开发成本的3%。至2012年5月1日实际能完成主体结构,投入45%的建设费用(开发成本+管理费用),剩余55%的建设费用在接下来1.5年的开发期内均匀投入。建成半年后可租出,租金为100元/(m·月),可出租面积为建筑面积的70%,正常出租率为85%,出租的运营费用为有效毛收入的25%。购买该在建工程买方需要缴纳的税费为购买价的3%,同类房地产开发项目的各项销售费用与销售税费为售价的8%,同类房地产开发项目的开发利润为售价的15%,同类房地产出租经营的资本化率为12%。试用假设开发法的动态方式估算该在建工程 2012 年 5 月 1 日的正常购买价格和按规划建筑面积折算的单价(折现率为 10%)。

【解】 计算的基准的时间,即估价时点为 2012 年 5 月 1 日。

(1)估算在建工程续建完成后的房地产价值(楼价)

估算在建工程续建完成后的房地产价值,需首先运用收益法进行估算总收益价格,再进行折现化为估价时点的价值,得:

$$楼价 = \frac{a}{r}\left[1 - \frac{1}{(1+r)^n}\right] \times \frac{1}{(1+r_d)^t}$$

上式中, r_d 为折现率;t 为折现的年数;其他符号的含义同收益法。

$$楼价 = \frac{100 \text{元}/(\text{m}^2 \cdot \text{月}) \times 12 \text{月} \times 20\,000 \text{m}^2 \times 70\% \times 85\% \times (1 - 25\%)}{12\%} \times$$

$$\left[1 - \frac{1}{(1+12\%)^{50-2.5}}\right] \times \frac{1}{(1+10\%)^2} = 7\,342.15 \text{万元}$$

(2)估算开发成本及管理费用、续建总费用

$$续建总费用 = \frac{2\,500 \text{元}/\text{m}^2 \times (1+3\%) \times 20\,000 \text{m}^2 \times (1-45\%)}{(1+10\%)^{0.75}} = 2\,637.09 \text{万元}$$

(3)估算投资利息

因是动态方式计算,所以投资利息为 0。

(4)估算各项销售费用与销售税费总额

销售费用与销售税费总额 = 楼价 ×8% = 7 342.15 万元 ×8% = 587.37 万元

(5)估算开发利润

开发利润 = 楼价 ×15% = 7 342.15 万元 ×15% = 1 101.32 万元

(6)估算购买该在建工程应缴纳的税费

购买该在建工程应缴纳的税费 = 在建工程购买价 ×3%

将上述 (1) ~(6) 代入假设开发法公式中,得:

在建工程购买价 = 7 342.15 万元 - 2 637.09 万元 - 587.37 万元 - 1 101.32 万元 - 在建工程购买价 ×3%

则在建工程购买价 = 2 928.51 万元

在建工程单价 = 29 285 100 元 ÷20 000 m² = 1 464.26 元/m²

所以,估价结果为:该在建工程 2012 年 5 月 1 日的正常购买价格是 2 928.51 万元,按规划建筑面积折算的单价是 1 464.26 元/m²。

使用 Excel 表格计算,做法简示见表 7.3。

表7.3 在建工程价格或价值评估表

估算该在建工程2012年5月1日的购买价格

估算项目			估算标准	计算说明	数值
楼价（万元）					
月租金（元/平方米）		100	估算在建工程续建完成后的房地产价值，即楼价，需首先运用收益法进行估算总收益价格，再进行折现为估价时点的价值	B6*B7*B8*C9*B10*(1-C11)/B12*(1-1/(1+B12)^47.5)*(1/(1+B13)^2)	7342.15
月数		12			
建筑面积（平方米）		20000			
可出租面积	建筑面积的	70%			
正常出租率		85%			
出租的运营费用	有效毛收入的	25%			
资本化率		12%			
折现率		10%			
开发成本（万元）					
每平方米建筑面积（元）		2500	续建的开发成本的折现	B8*B16*B17/(1+B13)^0.75	2560.28
续建部分的比例		55%			
管理费用（万元）			开发成本的 3%	G15*E18	76.81
续建费用（万元）			开发成本+管理费用	G15+G18	2637.09
投资利息（万元）					0
总销售费用与销售税费（万元）			楼价的 8%	G5*E21	587.37
开发利润（万元）			楼价的 15%	G5*E22	1101.32
购买该再建工程应交的税费（万元）			在建工程购买价的 3%		在建工程购买价×3%
在建工程购买价（万元）			楼价-开发成本-管理费用-投资利息-销售费用与销售税费-开发利润-购买该在建工程应负担的税费	G5-G15-G18-G20-G21-G22-G23	2928.51
在建工程单价（元/平方米）			在建工程购买价除以建筑面积	G25/B8	1464.26

本章小结

假设开发法是将估价对象房地产的预期开发后的价格或价值，扣除预计的正常投入费用、正常税金及合理利润等，用剩余的部分作为估价对象房地产价格或价值的一种估价方法。其基本理论依据是预期原理。

假设开发法估价结果的准确性，除了取决于估价人员的主观条件外，还要求有一个适宜采用假设开发法进行估价的良好的社会经济环境，也就是外部环境。假设开发法适用于具有投资开发或再开发潜力的房地产的估价，具体来说，主要有以下几种类型的房地产估价：待开发土地（包括生地、毛地、熟地）的估价；将生地或毛地开发成熟地的估价；再开发待拆迁的房地产的估价；在建工程的估价；具有装修改造潜力的旧房地产的估价。它还可用于对房地产开发项目的投资分析。

假设开发法的基本公式是：待开发房地产价值＝待开发房地产的预期开发价值－开发成本－管理费用－投资利息－销售费用－销售税费－开发利润－投资者购买待开发房地产应负担的税费。它的操作步骤包括：调查待估房地产的基本情况；确定待估房地产的最佳开发利用方式；估算开发经营期；预测开发完成后的房地产价值；估算各项成本费用及开发利润；估算待估房地产的价值。

在运用假设开发法求取待估房地产的价格时，有两种基本的方法，即动态法与静态法。在实际操作中，一般宜采用动态法计算，当难以采用动态法时，可采用静态法计算。

重要名词与概念

假设开发法　预期原理　开发经营期　销售费用与销售税费　开发利润
静态法　　　动态法

复习思考题

1. 何谓假设开发法? 其理论依据是什么?

2. 假设开发法的适用条件与范围是什么?

3. 假设开发法的基本公式是什么?

4. 假设开发法的操作步骤是怎样的?

5. 如何把握假设开发法计算的静态法与动态法?

6. 有一成片荒地需要估价。获知该成片荒地的面积为 4 km²,适宜进行"五通一平"的开发后分块有偿转让;可转让土地面积的比率为 50%;附近地区与之位置相当的小块"五通一平"熟地的单价为 1 000 元/m²,开发期需要 3 年;将该成片荒地开发成"五通一平"熟地的开发成本、管理费用等估计为每 2.5 亿元/km²;贷款年利率为 10%;投资利润率为 20%;投资者购买该成片荒地需要缴纳的税费为荒地价格的 4%,土地开发完成后转让过程中需要缴纳的税费为转让价格的 5%。试用假设开发法的静态方式估算该成片荒地的总价和单价。

7. 某旧厂房的建筑面积为 5 000 m²。根据其所在地点和周围环境,适宜装修改造成商场出售,并可获得政府批准,但需补交土地使用权出让金等 600 元/m²(按建筑面积计),同时取得 40 年的土地使用权。预计装修改造期为 1 年,装修改造费为每平方米建筑面积 1 000 元;装修改造完成后即可全部售出,售价为每平方米建筑面积 4 000元;销售费用与销售税费为售价的 10%;装修改造后的利润为销售收入的 15%;购买该旧厂房需要缴纳的税费为其价格的 4%。试用假设开发法的动态方式估算该旧厂房的正常购买总价和单价(折现率为 12%)。

8. 某在建工程开工于 2011 年 11 月 30 日,拟建为商场和办公综合楼。总用地面积3 000 m²,土地使用权年限 50 年,从开工之日起计;规划建筑总面积 12 400 m²,其中商场建筑面积 2 400 m²,办公楼建筑面积 10 000 m²;该工程正常施工期 2 年,开发成本为每平方米建筑面积 2 300 元,管理费用为开发成本的 10%;至 2012 年 5 月 31日完成 7 层主体结构,投入开发成本及管理费用的 36%,后续还需投入开发成本及管理费用的 64%(假设均匀投入,视同发生在该投入期中);贷款年利率为 8.5%。预计该工程建成后商场即可租出,办公楼即可售出;办公楼售价为每平方米建筑面积 5 000元,销售费用与销售税费为售价的 8%;商场可出租面积的租金为 80 元/(m²·月),建筑面积与可出租面积之比为 1:0.75,正常出租率为 85%,出租的成本及税费为有效总收益的25%,经营期资本化率为8%。购买在建工程的税费为购买价的2%。估计购买该在建工程后于建成时应获得的正常投资利润为520万元。试用假设开发法的动态方式估算该在建工程于2012年5月31日的正常总价格。

房地产估价师考试真题

一、单项选择题

1. 假设开发法估价在选取估价对象最佳开发利用方式时,其中最重要的是选取( )。

    A. 最佳用途   B. 最佳规模

    C. 最佳集约度   D. 最佳开发时机

2. 下列关于假设开发法的表述中,不正确的是( )。

    A. 假设开发法在形式上是评估新开发完成的房地产价格的成本法的倒算法

    B. 运用假设开发法可测算开发房地产项目的土地最高价格、预期利润和最高费用

    C. 假设开发法适用的对象包括待开发的土地、在建工程和不得改变现状的旧房

    D. 假设开发通常是一次性的价格剩余

二、多项选择题

1. 假设开发法中,按传统方法需要计算利息的项目有( )。

    A. 待开发房地产的价值   B. 开发成本和管理费用

    C. 销售税费   D. 投资者购买待开发房地产应负担的税费

    E. 开发利润

2. 假设开发法中开发完成后房地产出租或营业、自用的情况下,开发经营期为( )。

    A. 开发期 + 经营期   B. 开发期 + 运营期

    C. 开发期 + 经营期 − 前期 − 建造期   D. 开发期 + 运营期 − 前期 − 建造期

    E. 前期 + 建造期 + 经营期

三、判断题

1. 在假设开发法中,开发完成后的价值是指开发完成后的房地产状况所对应的价值,开发完成后的价值对应的时间不一定是开发完成之时。   ( )

2. 在假设开发法估价中,估价结果的可靠程度主要取决于是否准确预测开发后房地产价值以及需支出的成本、费用、税金等,而与判断房地产的开发利用方式无关。

    ( )

第8章
长期趋势法

【本章导读】

　　一般来讲，房地产价格具有不断上升的趋势，长期趋势法就是从这一规律着手对房地产价格做出预测的。本章将主要介绍长期趋势法的基本原理以及几种主要的长期趋势法的原理与运用。通过本章的学习，理解长期趋势法的概念和理论依据，了解长期趋势法的适用条件、范围和估价步骤，熟悉这几种主要的长期趋势法，掌握它们的计算公式，最终能够正确运用长期趋势法估价。

8.1　长期趋势法基本原理

8.1.1　长期趋势法的理论依据

　　长期趋势法又称外推法、延伸法、趋势法等，是指依据房地产过去长期的价格资料和数据，运用一定的数学统计方法，特别是时间序列分析和回归分析，找出其中的变动规律或长期趋势，从而对待估房地产的未来价格做出推测、判断的一种估价方法。它是对房地产估价基本方法的有益补充。

　　房地产价格通常有波动，在短期内难以看出其变动规律和发展趋势，但从长期来看，会显现出一定的变动规律和发展趋势，如会出现上涨或下降的情况。因此，当需要评估(通常是预测)某宗或某类房地产价格时，可以搜集其过去较长时期的价格资料，按照时间顺序排列成时间序列，就可以反映出该宗或该类房地产价格的变化过程、方向、程度和趋势,然后进行类推或延伸,这样就可以估算该宗或该类房地产在将来某一时点的价格,即评估出该宗或该类房地产的价格。这就是长期趋势法的理论依据。

8.1.2　长期趋势法的适用范围与条件

长期趋势法是根据房地产价格在过去长时期内形成的变动趋势做出判断,借助历史统计资料和现实调查资料来推测未来,通过对这些资料的统计、分析得出一定的变动规律,并假定其过去形成的趋势在未来是继续存在的。

长期趋势法适用的范围是价格无明显季节波动的房地产价格评估。具体来说,应用范围包括:

①用于预测房地产的未来价格总体水平及其发展趋势和"走势"。

②用于两宗或两宗以上房地产价格发展趋势或潜力的比较,填补某宗房地产价格历史资料不完整的缺陷,对土地、建筑物的估价和对房地产买卖价格、租赁价格、典当价格、抵押价格的评估,只要具有足够和真实的历史数据,都可运用这一方法。

③用于其他估价方法在某些方面的具体求值。如在运用市场比较法对有关比较实例交易日期的修正,收益法中对未来净收益等的预测,假设开发法中对待估房地产的预期开发价值的预测,都需借助长期趋势法。

长期趋势法适用的条件是拥有估价对象或类似房地产的较长时期的历史价格资料,并且所拥有的历史价格资料要真实。拥有越长时期、越真实的历史价格资料,作出的推测、判断就越准确、可信。

8.1.3　长期趋势法的优缺点

长期趋势法本身的原理决定了该方法具有自己的优点和缺点。就优点来说,长期趋势法的估价结果来源于各种历史数据和长期趋势,不含主观因素,而且该估价方式无需做大量而繁杂的调查考证工作,估价成本较低。总体上来看,该方法的适用范围较广。

长期趋势法的缺点也是比较明显的:它只考虑价格的过去与未来,忽视了价格变化的因果关系,估价结果带有预测性,其准确性易受人为因素和政策因素的影响,因而可能导致估价结果的不准确。

8.1.4　长期趋势法的操作步骤

运用长期趋势法进行房地产估价的步骤如下:

①广泛搜集估价对象房地产或类似房地产的历史价格资料和数据。房地产价格历史数据和资料的搜集,需要根据估价对象房地产或类似房地产的具体情况,两者之间要保持一致,如果为商住混合楼,则应搜集商住混合楼方面的价格资料。

②整理分析搜集到的价格资料,并排成时间序列。房地产价格的个别性十分突出,因此,对于搜集的房地产价格资料需要进行分析整理。分析整理的原则是可比性,并按照时间先后排成序列。

③分析时间序列,找出变化规律。通过对时间序列数据的分析,找出房地产的价格随时间变化而呈现出来的规律性,并用数学模型表达。

④选择适当的长期趋势法进行估价。根据时间序列所呈现出来的规律性,判断其所属的长期趋势模型,并将整理和求得的数据代入相应的计算公式,即可估算出预测值。

具体的长期趋势法主要有平均增减趋势法、移动平均法、数学曲线拟合法和指数修匀法。以下分节进行介绍。

8.2 平均增减趋势法原理与应用

平均增减趋势法,具体又分为平均增减量法和平均发展速度法。

8.2.1 平均增减量法的原理与应用

如果房地产价格时间序列逐期增减量大致相同,也就是时间序列显示出大致等差数列的特性,那么就可以用最简单的平均增减量法。运用该方法进行估价的条件是,房地产价格的变动过程是持续上升或下降的,且各期上升或下降的数额大致接近,否则就不适宜采用这种方法。

平均增减量法的计算公式为:

$$V_i = P_0 + di$$

式中　V_i——第 i 期(可为年、半年、季、月等,下同)房地产价格的趋势值;

　　　i——时期序数,$i = 0, 1, 2, \cdots, n$;

　　　P_i——第 i 期房地产价格的实际值;

　　　P_0——基期房地产价格的实际值;

　　　d——逐期增减量的平均数:

$$d = \frac{(P_1 - P_0) + (P_2 - P_1) + \cdots + (P_n - P_{n-1})}{n} = \frac{P_n - P_0}{n}$$

【例 8.1】　需要预测某地区某类房地产 2012 年的价格,某地区某类房地产 2007—2011 年的价格及其上涨额如表 8.1 中所示。暂不考虑新政策的影响,试预测该类房地产 2012 年的价格。

表 8.1　某地区某类房地产 2007—2011 年的价格　　　　　　　单位:元/m²

年　份	时期序号	房地产价格的实际值	逐年上涨额	房地产价格的趋势值
2007	0	3 000	—	—
2008	1	3 160	160	3 157.5
2009	2	3 310	150	3 315
2010	3	3 465	155	3 472.5
2011	4	3 630	165	3 630

【解】　从表 8.1 所给的数字中,可知该类房地产 2007—2011 年价格逐年上涨额大致相同。因此可以运用平均增减量法预测该类房地产 2012 年的价格。

该类房地产逐年上涨额的平均值为:

$$d = \frac{160 \text{ 元}/\text{m}^2 + 150 \text{ 元}/\text{m}^2 + 155 \text{ 元}/\text{m}^2 + 165 \text{ 元}/\text{m}^2}{4} = 157.5 \text{ 元}/\text{m}^2$$

根据 $V_i = P_0 + di$,2012 年的时期序号 $i = 5$,得:

$$V_5 = 3 000 \text{ 元}/\text{m}^2 + 157.5 \text{ 元}/\text{m}^2 \times 5 = 3 787.5 \text{ 元}/\text{m}^2$$

利用 Excel 表格形式,做法简示见表 8.2。

表 8.2　某地区某类房地产 2007—2012 年的价格　　　　　　　单位:元/m²

	文件(F)	编辑(E)	视图(V)	插入(I)	格式(O)	工具(T)	数据(D)	窗口(W)	帮助(H)	
I10			fx	3787.5						
	A	B	C	D	E	F	G	H	I
1									
2									
3	年份	时期序号	房地产价格的实际值	逐年上涨额		逐年上涨额的平均值		房地产价格的趋势值	
4				计算说明	数值	计算说明	数值	计算说明	数值
5	2007	0	3000						
6	2008	1	3160	C5-C4	160	SUM(E6:E9)/4	157.5	C5+G5*B6	3157.5
7	2009	2	3310	C6-C5	150			C5+G5*B7	3315
8	2010	3	3465	C7-C6	155			C5+G5*B8	3472.5
9	2011	4	3630	C8-C7	165			C5+G5*B9	3630
10	2012	5						C5+G5*B10	3787.5

例 8.1 运用逐年上涨额的平均数计算趋势值,基本都接近于实际值。但需要注意的是,如果逐期上涨额时起时伏,很不均匀,那么计算出的趋势值与实际值的偏离也随之增大,这意味着运用这种方法评估出的房地产价格的正确性随之降低。

由于越接近估价时点的增减量对估价更为重要,因此,对过去各期的增减量如果能用不同的权数予以加权后再计算其平均增减量,则更能使评估价值接近或符合实际。至于在估价时究竟应采用哪种权数予以加权,一般需要根据房地产价格的变动过程和趋势,以及估价人员的经验来判断确定。

8.2.2 平均发展速度法的原理与应用

平均发展速度法是根据房地产价格的平均发展速度,计算各期的趋势值,并以此来估算待估房地产的价格。一般在房地产价格有明显的长期增减趋势,即变动过程为均衡上升或下降,且逐期的发展速度大致相同时,可以用平均发展速度法。运用该方法进行估价的条件是:房地产价格的变动过程是持续上升或下降的,且各期上升或下降的幅度大致接近,否则就不适宜采用这种方法。

平均发展速度法的计算公式为:

$$V_i = P_0 \cdot t^i$$

式中　V_i——第 i 期(可为年、半年、季、月等,下同)房地产价格的趋势值;

i——时期序数,$i = 0,1,2,\cdots,n$;

P_i——第 i 期房地产价格的实际值;

P_0——基期房地产价格的实际值;

t——房地产价格平均发展速度:

$$t = \sqrt[n]{\frac{P_1}{P_0} \cdot \frac{P_2}{P_1} \cdot \cdots \cdot \frac{P_n}{P_{n-1}}} = \sqrt[n]{\frac{P_n}{P_0}}$$

【例8.2】 需要预测某宗房地产2012年的价格,已知该宗房地产2007—2011年的价格及其逐年上涨额如表8.3第2列和第3列所示。(暂不考虑新政策的影响)

表8.3　某宗房地产2007—2011年的价格　　　　　单位:元/m²

年　份	时期序号	房地产价格的实际值	逐年上涨速度/%	房地产价格的趋势值
2007	0	2 000	——	——
2008	1	2 230	111.5	2 213.4
2009	2	2 460	110.3	2 249.5
2010	3	2 710	110.2	2 710.9
2011	4	3 000	110.7	3 000.2

【解】 从表8.3所给的数字中,可知该宗房地产2007—2011年价格逐年上涨速度大致相同。因此可以运用发展速度法预测该宗房地产2012年的价格。

该宗房地产价格的平均发展速度为:

$$t = \sqrt[4]{\frac{3\ 000\ 元/m^2}{2\ 000\ 元/m^2}} = 1.106\ 7$$

根据公式 $V_i = P_0 \cdot t^i$,2012年的时期序号 $i = 5$,得:

$$V_5 = 2\ 000\ 元/m^2 \times 1.106\ 7^5 = 3\ 320.3\ 元/m^2$$

利用 Excel 表格形式，上述做法简示见表8.4。

表8.4　某宗房地产2006—2011年的价格　　　　单位:元/m²

	A	B	C	D	E	F	G	H	I
				文件(F)　编辑(E)　视图(V)　插入(I)　格式(O)　工具(T)　数据(D)　窗口(W)　帮助(H)					
								宋体 ▾ 12 ▾ **B** *I* <u>U</u>		
	L10	▾ fx							
1									
2									
3	年份	时期序号	房地产价格的实际值	逐年上涨速度(%)		平均发展速度		房地产价格的趋势值	
4				计算说明	数值	计算说明	数值	计算说明	数值
5	2007	0	2000						
6	2008	1	2230	C6/C5	111.5	(C9/C5)^(1/4)	1.1067	C5*G5^B6	2213.4
7	2009	2	2460	C7/C6	110.3			C5*G5^B7	2249.5
8	2010	3	2710	C8/C7	110.2			C5*G5^B8	2710.9
9	2011	4	3000	C9/C8	110.7			C5*G5^B9	3000.2
10	2012	5						C5*G5^B10	3320.3

与平均增减量法类似，由于越接近估价时点的发展速度对估价越重要，因此，对过去各期的发展速度如果能用不同的权数予以加权后再计算其平均发展速度，则更能使评估价值接近或符合实际。至于在估价时究竟应采用哪种权数予以加权，一般需要根据房地产价格的变动过程和趋势，以及估价人员的经验来判断确定。

8.3　移动平均法的原理与应用

移动平均法是对原有价格按照时间序列进行修匀，即采用逐项递移的方法分别计算一系列移动的时序价格平均数，形成一个新的派生平均价格的时间序列，借以消除价格短期波动的影响，显现出价格变动的基本发展趋势。这种方法适用于不明显长期趋势与季节循环变动的时间序列数据。在运用移动平均法时，一般应按照房地产价格变化的周期长度进行移动平均。在实际运用中，移动平均法有简单移动平均法和加权移动平均法之分。

8.3.1　简单移动平均法的原理与应用

简单移动平均法是将 n 个时期的实际价格的简单算术平均值作为该 n 个时期的中间时期的评估价格趋势值，依次推进，然后根据形成的一系列评估价格趋势值的变动规律来评估该类房地产未来的价格。这里的 n 个时期，也就是移动平均法的移动项数。关于移动平均的项数，可以取奇数项，也可以取偶数项，一般取奇数项，便于计算。确定移动平均的项数的原则是:当价格资料时间序数多，变化周期长，包含了较多的随机成分时,通常应取较多的项数来计算移动平均数;当估计数列中的趋势会发生变化时,为了灵敏地反映价格的变化,则应取较少的项数。

【例8.3】 某一房地产2011年各月平均价格见表8.5,试用简单移动平均法估算该房地产2012年1月的平均价格。(暂不考虑新政策的影响)

表8.5　某一房地产2011年各月平均价格　　　　　　　单位:元/m²

月　份	实际平均价格	5个月移动平均数	移动平均数的逐月上涨额
1	6 000	—	—
2	6 030	—	—
3	6 050	6 062	—
4	6 110	6 092	30
5	6 120	6 128	36
6	6 150	6 182	54
7	6 210	6 232	50
8	6 320	6 288	56
9	6 360	6 344	56
10	6 400	6 402	58
11	6 430	—	—
12	6 500	—	—

【解】 在计算移动平均数时,每次应采用几个月来计算,需要根据时间序列的序数和变动周期来决定。如果序数多,变动周期长,则可以采用每6个月甚至每12个月来计算;反之,可以采用每2个月或每5个月来计算。本例中采用每5个月的实际值计算其移动平均数。计算方法是:把1—5月的价格加起来除以5得6 062元/m²,把2—6月的价格加起来除以5得6 092元/m²,把3—7月的价格加起来除以5得6 128元/m²,依次类推,见表8.5中第3列。再根据每5个月的移动平均数计算其逐月上涨额,见表8.5中第4列。

估算该房地产2012年1月的平均价格,计算方法如下:由于最后一个移动平均数6 402与估价日期2012年1月间隔3个月,所以估算该房地产2012年1月的价格为:

$$6\ 402\ 元/m^2 + 58\ 元/m^2 \times 3 = 6\ 576\ 元/m^2$$

利用Excel表格形式,上述做法简示见表8.6。

表 8.6　某一房地产 2011 年各月平均价格　　单位:元/m²

月份	实际平均价格	5个月移动平均数		移动平均数的逐月上涨额	
		计算说明	数值	计算说明	数值
1	6000				
2	6030				
3	6050	SUM(B5:B9)/5	6062		
4	6110	SUM(B6:B10)/5	6092	D8-D7	30
5	6120	SUM(B7:B11)/5	6128	D9-D8	36
6	6150	SUM(B8:B12)/5	6182	D10-D9	54
7	6210	SUM(B9:B13)/5	6232	D11-D10	50
8	6320	SUM(B10:B14)/5	6288	D12-D11	56
9	6360	SUM(B11:B15)/5	6344	D13-D12	56
10	6400	SUM(B12:B16)/5	6402	D14-D13	58
11	6430				
12	6500				
估算该房地产2012年1月的价格			6402+58×3=6576		(元/㎡)

8.3.2　加权移动平均法的原理与应用

　　加权移动平均法是将估价时点前每若干时期的房地产价格的实际值经过加权之后,再采用类似简单移动平均法的方法进行趋势估计。加权移动平均法是依据各期的重要性,给予不同的权数用以计算每 n 个时期的移动平均数。之所以需要加权,是因为越接近估价时点的房地产价格的实际数据对评估越重要,加权后能使评估更接近或符合实际。

　　权数的选取通常需要根据房地产价格的变动过程和趋势,以及估价人员的经验来判断确定。当我们要预测某一期的数值时,通常最近一期的影响最大,而前几期的影响较小,因此最近一期的权数要大一些,前几期的权数要依次小一些。

　　【例 8.4】　仍使用例 8.3 给出的某一房地产 2011 年各月平均价格的数据,试用加权移动平均法估算该房地产 2012 年 1 月的平均价格。(暂不考虑新政策的影响)

　　【解】　本例中采用每 3 个月的实际值计算其加权移动平均数,由远及近各月的权数分别为:0.2,0.3,0.5。具体计算是这样的:把 1—3 月的价格分别乘以相应的权数 0.2,0.3,0.5 得 6 034 元/m²,把 2—4 月的价格分别乘以相应的权数 0.2,0.3,0.5 得 6 076 元/m²,把 3—5 月的价格分别乘以相应的权数 0.2,0.3,0.5 得 6 103 元/m²,依次类推,见表 8.7 中第 3 列。再根据每 3 个月的移动平均数计算其逐月上涨额,见表 8.7 中第 4 列。

估算该房地产 2012 年 1 月的平均价格,计算方法如下:由于最后一个加权移动平均数 6 459 与估价日期 2012 年 1 月间隔 2 个月,所以估算该房地产 2012 年 1 月的价格为:

$$6\ 459\ 元/m^2 + 52\ 元/m^2 \times 2 = 6\ 563\ 元/m^2$$

利用 Excel 表格形式,上述做法简示见表 8.8。

表 8.7　某一房地产 2011 年各月平均价格　　　　　　单位:元/m²

月　份	实际平均价格	3 个月加权移动平均数	移动平均数的逐月上涨额
1	6 000	—	—
2	6 030	6 034	—
3	6 050	6 076	42
4	6 110	6 103	27
5	6 120	6 133	30
6	6 150	6 174	41
7	6 210	6 253	79
8	6 320	6 318	65
9	6 360	6 372	54
10	6 400	6 407	35
11	6 430	6 459	52
12	6 500	—	—

表 8.8　某一房地产 2011 年各月平均价格　　　　　　单位:元/m²

	A	B	C	D	E	F
3	月份	实际平均价格	3个月加权移动平均数		移动平均数的逐月上涨额	
4			计算说明	数值	计算说明	数值
5	1	6000				
6	2	6030	B5*0.2+B6*0.3+B7*0.5	6034		
7	3	6050	B6*0.2+B7*0.3+B8*0.5	6076	D7-D6	42
8	4	6110	B7*0.2+B8*0.3+B9*0.5	6103	D8-D7	27
9	5	6120	B8*0.2+B9*0.3+B10*0.5	6133	D9-D8	30
10	6	6150	B9*0.2+B10*0.3+B11*0.5	6174	D10-D9	41
11	7	6210	B10*0.2+B11*0.3+B12*0.5	6253	D11-D10	79
12	8	6320	B11*0.2+B12*0.3+B13*0.5	6318	D12-D11	65
13	9	6360	B12*0.2+B13*0.3+B14*0.5	6372	D13-D12	54
14	10	6400	B13*0.2+B14*0.3+B15*0.5	6407	D14-D13	35
15	11	6430	B14*0.2+B15*0.3+B16*0.5	6459	D15-D14	52
16	12	6500				
17						
18	**估算该房地产2012年1月的价格**			6459＋52×2=6563	（元/㎡）	

8.4 数学曲线拟合法原理与应用

8.4.1 数学曲线拟合法的原理

为了算出逐期的趋势值,可以考虑对房地产历史价格数据拟合一条数学曲线方程,这就是数学曲线拟合法。在用数学曲线拟合法测定趋势值时首先要解决的问题,是曲线方程的选择。选择曲线方程有两个途径:一是以时间 X 为横轴,房地产价格 Y 为纵轴的直角坐标图上做时间序列数值的散点图,根据散点的分布形状来确定拟合的曲线方程;二是对时间序列的数值做一些分析,根据分析的结果来确定应选择的曲线方程。通常采用第一个途径,因为它比较简单、易于理解。选择合适的方程,是估价人员在分析预测时应特别注意的问题。

曲线方程主要有直线方程、指数曲线方程和二次抛物线方程,因此,数学曲线拟合法主要有直线趋势法、指数曲线趋势法和二次抛物线趋势法。其中最简单、最常用的是直线趋势法。这里仅介绍直线趋势法。

当估价对象或类似房地产的历史价格在直角坐标图上的散点图,其图形近似于一条直线时,可用直线趋势法评估房地产的价格。

直线趋势法评估房地产价格的数学方程是:

$$Y = a + bX$$

式中　Y——表示各时期的房地产价格;

　　　X——表示时期;

　　　a, b——未知的常数。

运用直线趋势法评估房地产价格的关键是确定 a, b 的值。根据最小二乘法,求得 a, b 的值分别为:

$$a = \frac{\sum Y - b \sum X}{N} \qquad b = \frac{N \sum XY - \sum X \sum Y}{N \sum X^2 - (\sum X)^2}$$

当 $\sum X = 0$ 时,确定 a, b 值的公式可以简化为:

$$a = \frac{\sum Y}{N} \qquad b = \frac{\sum XY}{\sum X^2}$$

其中,n 为时间序列的项数;$\sum X, \sum X^2, \sum Y, \sum XY$ 的数值可以分别从价格实际值和时间序列值中求得。

实际计算中,为减少计算的工作量,可使 $\sum X = 0$。其方法是:当时间序列的项数为奇数时,设中间项的 $X = 0$,中间项之前的项依次设为 $-1, -2, -3, \cdots, -n$,中间项之后的项依次设为 $1, 2, 3, \cdots, n$;当时间序列的项数为偶数时,以中间两项相对称,前者依次设为 $-1, -3, -5, \cdots, -n$,后者依次设为 $1, 3, 5, \cdots, n$。

8.4.2 数学曲线拟合法的应用

这里仅以直线趋势法的例子讲一下数学曲线法的应用。

【例8.5】 某经济不发达地区的某房地产 2005—2011 年的价格见表 8.9,试用直线趋势法预测该房地产 2012 年的价格。(暂不考虑最新政策的影响)

表 8.9 某房地产 2005—2011 年的价格   单位:元/m²

年份	时期序号	X	房地产价格 Y /(元·m⁻²)	XY	X^2	趋势值 $(a+bX)$
2005	1	-3	1 000	-3 000	9	999.29
2006	2	-2	1 050	-2 100	4	1 055
2007	3	-1	1 110	-1 110	1	1 110.71
2008	4	0	1 170	0	0	1 166.43
2009	5	1	1 230	1 230	1	1 222.14
2010	6	2	1 275	2 550	4	1 277.86
2011	7	3	1 330	3 990	9	1 333.57
		$\sum X = 0$	$\sum Y = 8\,165$	$\sum XY =$ 1 560 元/m²	$\sum X^2 = 28$	

【解】 $N = 7$,X 的取值分别为:$-3, -2, -1, 0, 1, 2, 3$,这样使得 $\sum X = 0$。

$$a = \frac{\sum Y}{N} = \frac{8\,165 \ 元/m^2}{7} = 1\,166.43 \ 元/m^2$$

$$b = \frac{\sum XY}{\sum X^2} = \frac{1\,560 \ 元/m^2}{28} = 55.71 \ 元/m^2$$

因此,描述该房地产价格变动的长期趋势线的具体方程为:

$$Y = a + bX = 1\,166.43 \ 元/m^2 + 55.71X$$

根据这个方程预测该房地产 2012 年的价格为:

$$Y = 1\,166.43 \ 元/m^2 + 55.7 \ 元/m^2 \times 4 = 1\,389.27 \ 元/m^2$$

利用 Excel 表格形式,上述做法简示见表 8.10。

表 8.10 某房地产 2005—2011 年的价格 单位：元/m²

	A	B	C	D	E	F	G	H
	文件(F)	编辑(E)	视图(V)	插入(I)	格式(O)	工具(T)	数据(D)	窗口(W) 帮助(H)
	L26			f_x				
	A	B	C	D	E	F	G	H
1								
2								
3	年份	时期序号	X	房地产价格Y	XY		X^2	趋势值(a+bX)
4	2005	1	-3	1000	C4*D4	-3000	9	999.29
5	2006	2	-2	1050	C5*D5	-2100	4	1055
6	2007	3	-1	1110	C6*D6	-1110	1	1110.71
7	2008	4	0	1170	C7*D7	0	0	1166.43
8	2009	5	1	1230	C8*D8	1230	1	1222.14
9	2010	6	2	1275	C9*D9	2550	4	1277.86
10	2011	7	3	1330	C10*D10	3990	9	1333.57
11		N=7	$\sum X=0$	$\sum Y=8165$	$\sum XY=1560$		$\sum X^2=28$	
12								
13	估算项目		估算标准		计算说明		数值	
14	$\sum X$				SUM(C4:C10)		0	
15	$\sum Y$				SUM(D4:D10)		8165	
16	$\sum XY$				SUM(F4:F10)		1560	
17	$\sum X^2$				SUM(G4:G10)		28	
18	N						7	
19	a		$a=\sum Y/N$		G15/G18		1166.43	
20	b		$b=\sum XY/\sum X2$		G16/G17		55.71	
21								
22			Y=a+bX			1166.43+55.71X		
23	预测该房地产2012		此时x的值	4		G19+G20*D23	1389.27	
24	年的价格							

本章小结

长期趋势法是依据房地产过去长期的价格资料和数据,运用一定的数学统计方法,找出其中的变动规律或长期趋势,从而对待估房地产的未来价格做出推测、判断的一种估价方法。长期趋势法适用的范围是价格无明显季节波动的房地产,适用的条件是拥有估价对象或类似房地产的较长时期的历史价格资料,并且所拥有的历史价格资料要真实。

运用长期趋势法进行房地产估价的步骤如下:广泛搜集估价对象房地产或类似房地产的历史价格资料和数据;整理分析搜集到的价格资料,并排成时间序列;分析时间序列,找出变化规律;选择适当的长期趋势法进行估价。

具体的长期趋势法主要有平均增减趋势法、移动平均法以及数学曲线拟合法。数学曲线拟合法有多种,其中最简单、最常用的是直线趋势法。

重要名词与概念

长期趋势法　　平均增减趋势法　　平均增减量法　　平均发展速度法
移动平均法　　简单移动平均法　　加权移动平均法　　数学曲线拟合法
直线趋势法

复习思考题

1. 何谓长期趋势法？其理论依据是什么？
2. 长期趋势法的适用的条件和范围是什么？
3. 长期趋势法的操作步骤是怎样的？
4. 长期趋势法主要有哪几种？
5. 平均增减趋势法的原理是什么？
6. 移动平均法的原理是什么？
7. 数学曲线拟合法的原理是什么？
8. 已知某类房地产 2007—2011 年的价格见表 8.11。试用平均增减量法预测该类房地产 2012 年的价格。（暂不考虑新政策的影响）

表 8.11　某类房地产 2007—2011 年的价格

年　份	2007	2008	2009	2010	2011
房地产价格/(元·m⁻²)	5 760	6 010	6 270	6 535	6 795

9. 已知某类房地产 2007—2011 年的价格见表 8.12。试用平均发展速度法预测该类房地产 2012 年的价格。（暂不考虑新政策的影响）

表 8.12　某类房地产 2007—2011 年的价格

年　份	2007	2008	2009	2010	2011
房地产价格/(元·m⁻²)	5 800	6 180	6 650	7 200	7 850

10. 某类房地产 2011 年各月平均价格见表 8.13。试用简单移动平均法预测该类房地产 2012 年 1 月的平均价格。（暂不考虑新政策的影响）

表 8.13　某类房地产 2011 年各月平均价格

月　份	1	2	3	4	5	6
房地产价格/(元·m⁻²)	7 000	7 030	7 050	7 110	7 120	7 150
月　份	7	8	9	10	11	12
房地产价格/(元·m⁻²)	7 210	7 320	7 360	7 400	7 430	7 550

11. 某类房地产 2006—2011 年的价格见表 8.14,试用直线趋势法预测该类房地产 2012 年的价格。(暂不考虑最新政策的影响)

表 8.14　某房地产 2006—2011 年的价格

年　份	2006	2007	2008	2009	2010	2011
房地产价格/(元·m⁻²)	3 000	4 000	4 600	5 000	5 500	6 000

房地产估价师考试真题

一、单项选择题

1. 在房地产估价中,长期趋势法运用的假设前提是(　　)。

　A. 过去形成的房地产价格变动趋势在未来仍然存在

　B. 市场上能找到充分的房地产历史价格资料

　C. 房地产在过去无明显的季节波动

　D. 政府关于房地产市场调控的有关政策不会影响房地产的历史价格

2. 估价人员通过市场调查获知,某地区 2007—2010 年普通商品住宅平均价格水平分别为 4 682 元/m²、4 887 元/m²、5 037 元/m²、5 192 元/m²。若采用平均增减量法测算,该地区普通商品住宅 2012 年的价格为(　　)元/m²。

　A. 5 362　　　　　B. 5 347　　　　　C. 5 532　　　　　D. 5 563

3. 某城市 2004 年和 2009 年普通商品房的平均价格分别是 3 500 元/m² 和 4 800 元/m²,采用平均发展速度法预测 2012 年的价格最接近于(　　)元/m²。

　A. 4 800　　　　　B. 5 124　　　　　C. 5 800　　　　　D. 7 124

二、多项选择题

1. 长期趋势法包括(　　)等方法。

　A. 数学曲线拟合法　　B. 平均增减量法　　C. 平均发展速度法　　D. 年限法

　E. 指数修匀法

2. 运用长期趋势法估价的一般步骤有(　　)。

A.搜集估价对象或类似房地产的历史价格资料,并进行检查、鉴别

B.整理搜集到的历史价格资料,画出时间序列图

C.观察、分析时间序列,得出一定的模式

D.以此模式去推测、判断估价对象在估价时点的价格

E.对未来的价格进行分析和预测

三、判断题

1.移动平均法是指对原有价格按照时间序列进行修匀,即采取逐项递移方法分别计算一系列移动的时序价格平均数,形成一个新的派生平均价格的时间序列,借以消除价格短期波动的影响,显示出价格变动的基本发展趋势。(　　)

2.长期趋势法的适用对象是价格有明显季节波动的房地产,适用的条件是拥有估价对象或类似房地产较长时期的历史价格资料,而且所拥有的历史价格资料必须真实。(　　)

第9章
地价评估原理与方法

【本章导读】

  地价评估是房地产估价的一个重要方面。地价一般可以直接使用市场法、成本法、收益法、假设开发法等来评估,也可用土地估价的独特方法,如路线价法和基准地价修正法来评估。本章主要介绍地价评估原理及地价评估的路线价法与基准地价修正法,并针对现代城市多层、高层建筑普遍化及同一幢房屋所有权主体分散化后出现的地价分摊问题,介绍高层建筑地价分摊的意义、方法及注意事项。通过本章的学习,应该理解地价评估原理,熟悉我国的地价体系,掌握路线价法、基准地价修正法的操作并学会如何对高层建筑地价进行分摊。

9.1   地价评估原理

9.1.1   地租与地价

1)地租及其类型

  地租是土地所有者凭借土地所有权得到的报酬,是土地所有权借以实现的经济形式,其本质就是收益权,即土地所有者从土地上获取的收益。这种收益权与土地的利用方式无关,土地不论是作何种用途,只要存在土地所有权,就存在地租。根据产生的原因和形式,地租分为绝对地租和级差地租。

● 绝对地租 绝对地租是指土地所有者凭借土地所有权垄断所取得的地租。由于人类社会的生存和发展离不开土地,土地的供给量又缺乏弹性,同时土地能被占有和垄断,所以土地所有者能够根据所有权索取报酬,即绝对地租。

● 级差地租 级差地租的存在是由于土地具有异质性,不同土地的肥沃程度、地理位置、交通条件等不同从而形成了不同的土地等级。租用较优土地需要交付土地所有者较多的地租,这种超额利润即是级差地租。级差地租与土地等级相联系,在等量投入的情况下,土地等级不同,土地的收益不同,地租额也不同。

2) 地价及其与地租的关系

地租的存在决定了土地价格存在客观性。土地价格简称地价,是一宗地产或多宗地产在一定权利状态下的某一时点的价格。它是土地供给与需求相互均衡的结果。权利和时点是构成地价的两大主要因素。从理论上讲,地价是土地权属让渡的经济补偿。

地产权利是一束权利的集合,包括土地的所有权及使用权、租赁权、抵押权等。相应的土地价格可以划分为所有权价格、使用权价格、租赁价格、抵押价格等。一般地价都是当前某一时点的价格,也有为特殊目的而对过去某个时点的地价进行评估。因此,不同的权利、不同的时点,同一块土地的价格差异极大,没有权利和时点的价格是毫无意义的。

地价与地租是密不可分的。地租是地价的基础和出发点,地租理论对地价评估具有理论指导作用;地价是地租的货币表现和结果,是地租的定量化。

土地价格与一般商品价格不同,地价不是土地实体的购买价格,而是对土地预期收益的购买价格,其实质是地租的资本化,即:

土地价格 = 地租/资本化率

上述地租与地价关系是土地所有权情况下的表现形式。我国土地所有权归国家所有,不能交易,土地使用制度改革是在土地公有的前提下,实行土地所有权与使用权的分离,进入市场交易的是土地使用权及其相应产权,如收益权、租赁权、抵押权等。因此,我国土地的价格实质上是具有一定年期限制的土地使用权价格。相应地,上述地租地价关系式应表示为:

$$V = \frac{A}{R}\left[1 - \frac{1}{(1 + R)^n}\right]$$

式中 V——地价;

A——地租,表现为由土地所产生的年纯收益;

R——土地资本化率;

n——土地收益年期。

综上所述,在土地市场上进行交易的商品是土地,土地在交易时必须具有价格,而土地价格的基础则是地租。地租是地价的基础,地价是土地市场的主要内容。土地市场就是依据不同的地价而进行土地交易,不断地巩固、完善和发展起来的。

9.1.2　地价的特点

1) 与一般商品相比

由于土地是一种特殊的"商品",它所具有的特殊自然性质和经济性质,使其价格具有不同于一般商品价格的二重特殊性质,形成了与一般商品不同的特点。

①地价由土地资源价格和土地资本价格两部分之和构成。土地是一种自然之物,不是人类劳动的产物,无所谓生产成本,但土地的所有或使用是垄断性,因而存在资源价格。现实中土地的开发是有成本的,在地价中应该得到体现。所以地产市场上的现实土地价格是由土地资源价格和土地资本价格这两部分之和构成的。

②地价主要由土地需求决定。一般商品价格受其本身供给与需求的双向影响。土地这种特殊商品的供给是十分有限的,人类对土地的需求随着经济发展变化弹性很大,因此土地的需求成为影响地价的主要方面。

③地价具有明显的地区性。由于土地位置的固定性,决定了土地的替代性较差,使得同类土地在不同的地区性市场,地价差异巨大,呈现明显的地区性特征。即使在同一地区城市内,同类土地不同位置的经济收益也存在着巨大差异。

④地价呈明显上升趋势。由于土地的稀缺性,其供给弹性很小;而同时社会经济的发展和人口不断增加,对土地的需求持续增加,导致地价呈现不断上涨趋势。地价上升的速度高于一般商品价格的上升速度。

2) 与国外地价相比

我国的地价与国外地价相比,具有明显的特点:

①我国的地价只有使用权地价而没有所有权地价。我国宪法规定,城市土地属国家所有,国有土地的使用权可以依法出让和转让,在出让和转让过程中所产生的地价即是土地使用权价格。

②地价多轨制。由于我国土地市场的特殊性,获取土地使用权方式的不同会产生不同的土地使用权价格。同一块地,采用协议、招标、拍卖等方式实现的成交价格会相差较大;补地价款、土地入股等方式会导致地价有很大差别。在发达国家,选择协议、招标、拍卖等方式的标准是唯一的,即最小的交易成本,因此,土地处置方式的不同不会影响它们的价格;而在我国,选择土地处置方式的标准是多重的,获得土地使用权方式的不同往往会导致土地使用权的价格不同。

③地价内涵多样化,地价缺乏可比性。在政府及有关部门的法规和文件中除"地

价"一词,还有"土地使用权出让金"、"土地出让收入"、"地价款"、"土地增值费"、"级差地价费"等一些名词,对应了不同的内涵;同时决定地价的人为因素太大,地价伸缩性很强。因而我国的地价,不论是从时间上,还是从空间上,可比性较差。这给我国的地价管理、地产市场管理、地价研究带来了很大困难。

9.1.3　我国的地价体系

在土地市场的交易和管理中,由于土地区位、地产权利、市场供求关系和政府土地管理政策的不同,形成了不同标准和起不同作用的地价形式。这些地价在一定的管理制度和市场条件下运行,相互联系,又有不同的概念和内涵,在土地市场中起着不同的作用,构成一个城市或地区的地价体系。因此,地价体系是在一定区域范围内的土地市场中,由若干既相互联系、互为补充,又互有区别的土地质量等级和地价构成的,各自发挥不同作用,共同满足土地市场管理和运行需要的一组价格系列。

地价体系的构成,不是人为提出的,而是按土地市场管理和运行的需要进行归纳总结形成的。为了与我国的土地管理制度、土地使用权出让、转让制度等相配套,同时也满足政府、土地投资者、开发者、使用者等对地价宏观调控、微观管理和市场交易等多方面、多层次的需求,在我国已形成了以基准地价和标定地价为核心,包括城镇土地质量分等、定级、路线价、标定地价、出让底价、交易价等在内的地价体系。城镇土地质量分等、城镇土地定级、基准地价和标定地价对地价体系中的其他地价具有较强的导向和控制作用;路线价是对基准地价的补充;标定地价、出让底价是土地市场中常见的形式,是地价体系的重要组成部分;交易价反映了土地市场中现实的供需关系,在城镇土地质量分等、定级及各类地价的评估中具有重要的参考作用。整个地价体系的结构如图9.1所示。

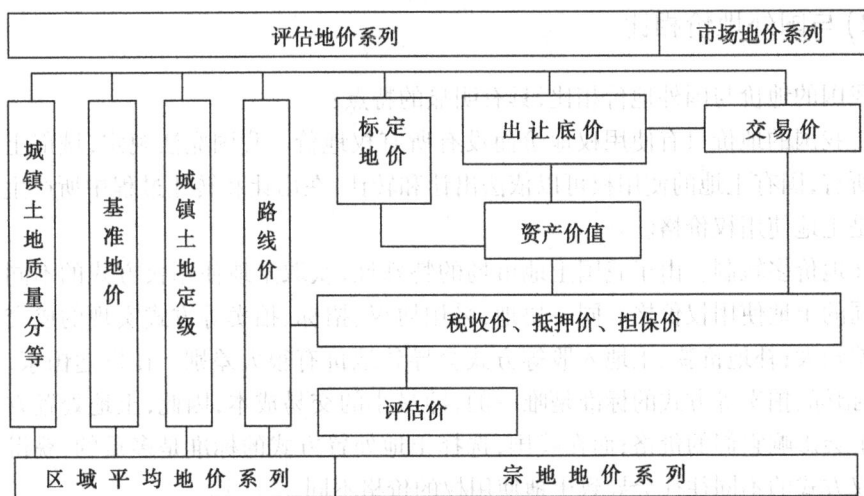

图 9.1　地价体系结构示意图

（1）城镇土地分等

城镇土地分等是根据城镇土地利用的地域差异，分析影响城镇间土地利用效益的各种因素，评定各城镇土地的整体效益，划分全国各城镇的土地等次。

（2）城镇土地定级

城镇土地定级是指在特定的目的下，对土地质量和使用效益及其在土地空间上分布差异状况的评定，并用等级序列表示其差异或优劣程度的过程。

（3）基准地价及路线价

基准地价是指在城镇规划区范围内，对现状利用条件下不同级别或不同均质地域的土地，按照商业、居住、工业等用途，分别评估确定的某一估价时点上法定最高出让年期土地使用权区域平均价格。基准地价一般由政府组织或委托评估，评估结果需经政府认可，定期公布。路线价是基准地价的一种，多适用于商业路线区段。

（4）标定地价

标定地价是政府根据管理需要，评估的具体宗地在一定使用年期内在正常土地市场和正常的经营管理条件下及政策作用下某一期日的土地使用权价格。标定地价是宗地地价的一种，由政府组织或委托评估，并被政府认可，作为土地市场管理的依据。

（5）出让底价

出让底价是政府根据正常市场状况下地块应达到的地价水平，综合考虑各种政策因素的影响，确定的某一块土地出让时最低的控制价格标准。它也是土地使用权出让时政府首先出示的待出让土地的最低地价的依据和确认成交地价的基础。在我国，政府垄断了土地供应量，其出让土地的价格将对整个土地市场的地价产生重要影响。因此，出让底价要兼顾当前利益和长远利益综合确定。

（6）交易价

交易价是土地使用权转移双方按照一定的法律程序，在土地市场中实际达成的交易价格。市场交易价一般是具体宗地一定使用年期的现实交易价格，是交易双方收支地价款的标准，也是契税、土地增值税、土地收益金的计税基础。交易价一般通过协议、招标、拍卖、市场流通而实现，反映市场供求、政策因素、经济形势、地价政策、交易双方心理等各要素综合作用于某一宗地在某一时刻的价格。

9.2 土地估价的路线价法

9.2.1 路线价法基本原理

1)路线价法的含义

路线价法是在特定的街道上设定标准临街深度,从中选取若干标准临街宗地求其平均价格,将此平均价格称为路线价,然后根据此路线价,利用临街深度价格修正率或其他价格修正率来测算该街道其他临街土地价值的一种估价方法。其中,临街深度是指宗地离开街道的垂直距离;标准临街宗地是指以从城市一定区域中沿主要街道的宗地中选定的深度、宽度和形状为标准状况的宗地。标准临街宗地的临街深度即为标准临街深度。

与一般比较法、收益法等估价方法对个别宗地地价评估相比,路线价法能迅速地求得同一街道其他宗地的地价,同时能节省人力和财力。英、美等国家早已将路线价法应用于课税标准价格评定上。尤其在美国,这种估价方法在技术上已相当成熟,值得我国借鉴。

2)路线价法的理论依据

城市各宗土地价值与其临街深度大小关系很大。土地价值随临街深度而递减,一宗地越接近道路部分价值越高,离开街道愈远价值愈低。临接同一街道的宗地根据可及性大小,可划分为不同的地价区段,以不同的路线价区段来表示宗地的不同可及性。在同一路线价区段内的宗地,虽然可及性基本相等,但由于宗地的深度、宽度、形状、面积、位置等仍有差异,可用性相差很大,所以需制订各种修正率,才能求得待估地块的合理价格。

因此,路线价法的基本理论依据:一是级差地租原理,城市土地的土地位置有不同的使用效果和产生不同的经济效益;二是替代原理,路线价法实际上也属于市场比较法的范畴,是市场比较法的派生方法。在路线价法中,“标准临街宗地”可视为市场法中的“可比实例”;“路线价”是若干“标准临街宗地的平均价格”,可视为市场法中的“可比实例价格”;路线价法的“临街深度价格修正率”或“其他价格修正率”实际上就是“房地产状况调整”。

路线价估价法的关键是标准宗地的确定、路线价的附设和深度修正率的确定。

3)路线价法的适用范围与条件

路线价法主要适用于城市商业街道两侧土地的估价,特别适用于城市土地课税、土地整理、征地拆迁等需要在大范围内对土地估价的场合。

运用路线价法估价首先是街道要系统完整,各宗土地排列较整齐,附设的路线价才能较客观;其次还需要完整合理的深度修正率表以及其他条件修正率表。深度价格递减的比率不易确定,系数的确定受主观因素影响较大。

9.2.2　路线价法计算公式

利用路线价法计算临街各宗土地的价格,需要正确理解路线价的含义、标准宗地的条件及深度价格修正率的含义和种类。不同的路线价表示法、深度价格修正率,路线价法的计算公式有所不同。

1)路线价法一般计算公式

用于一面临街矩形土地价格的计算公式为:

土地价格(单价)=路线价×价格修正率

土地价格(总价)=路线价×价格修正率×宗地面积

2)土地的形状和临街状况特殊时计算公式

如宗地属街角地、两边临街地、三角形地、梯形地、不规则形地、盲地等,除了上述计算公式计算价格,还要做加价或减价修正。计算公式如下:

土地价格(单价)=路线价×价格修正率×其他价格修正率

土地价格(总价)=路线价×价格修正率×其他价格修正率×宗地面积

或者　　土地价格(单价)=路线价×深度指数±单价修正额

土地价格(总价)=路线价×深度指数×土地面积±总价修正额

9.2.3　路线价法具体操作

运用路线价法估价一般分为下列6个步骤进行:

1)划分路线价区段

路线价区段是沿着街道两侧带状分布的。一个路线价区段是指具有同一个路线价的地段。在划分路线价区段时,应当将可及性相当、地段相连的土地划分为同一路线价区段。路线价区段一般以路线价显著增减的地点为界。普遍是以一街道长为准。但繁华街道有时需将一街道长作多段划分,附设不同的路线价;而某些不很繁华的地区,同一路线价区段也可延长至数个街道。如果街道一侧的繁华状况与对侧有显著差异,同一路线价区段也可划分为两种不同的路线价。

2) 设定标准临街深度

标准临街深度通常简称标准深度,它是街道对地价影响的转折点:由此接近街道的方向地价逐渐升高,远离街道的方向地价可视为基本不变。实际估价中,为了简化路线价的计算,标准临街深度的设定,通常是路线价区段内临街各宗土地的深度众数。例如,某路线价区段的临街宗地大部分的深度是 25 m,则其标准深度应为 25 m。

3) 选取标准临街宗地

标准临街宗地简称标准宗地,是路线价区段内具有代表性的宗地。选取标准宗地的具体要求是:一面临街;土地形状为矩形;临街深度为标准深度;临街宽度为标准宽度;用途为所在区段具有代表性的用途;容积率为所在区段具有代表性的容积率;其他方面,如土地使用权年限、土地生熟程度等也应具有代表性。

4) 调查评估路线价

通常在同一路线区段内选择若干标准宗地,采用收益法(通常是其中的土地剩余法)、市场法等,分别求出其单价或楼面地价。然后求出这些标准宗地的单价或楼面地价的简单算术平均数或加权算术平均数、中位数、众数,即求得该路线价区段的路线价。

5) 制作价格修正率表

价格修正率表由临街深度价格表和其他价格修正表。临街深度价格修正表通常简称为深度价格修正率表,又称为深度百分率表、深度指数表,是随同一地块各部分距临街的深度及地价变化的程度。价格修正率表的制作是路线价法的难点和关键所在,它的制作原理如下:

假设有一临街宽度 l m,深度 h m 的矩形宗地,平均每 m^2 的价格设为 A 元,则此宗地的总价格为 lhA 元。如图 9.2 中的宗地,沿平行街道的方向,将深度以 1 m 为单位划分为许多细条,并从临街方向起按顺序赋予 $a_1, a_2, a_3, \cdots, a_{n-1}, a_n$ 等符号,则越接近街道的细条利用价值越大,即有 $a_1 > a_2 > a_3 > \cdots > a_{n-1} > a_n$。从利用价值上看,是 a_1 与 a_2 之差最大,a_2 与 a_3 之差次之,并依次缩小,a_{n-1} 与 a_n 之差几乎接近于零。

如将各细条的单位价格比折算为百分率,即可制成价格修正率表。

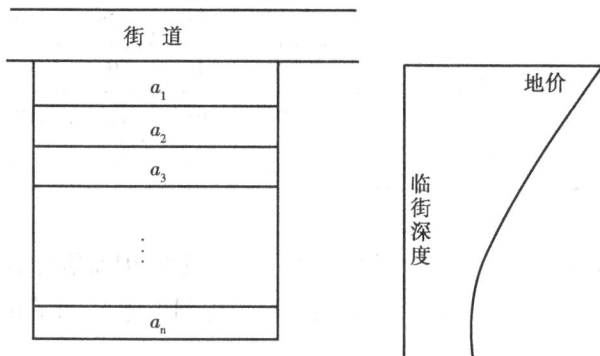

图 9.2　某宗地形状示意图

假设各细条土地 $a_1, a_2, a_2, \cdots, a_{n-1}, a_n$ 的单位面积(设为 $1 \ m^2$)价格为 $A_1, A_2, A_3, \cdots, A_{n-1}, A_n$,则有:

单独深度百分率: $A_1 > A_2 > A_3 > \cdots > A_{n-1} > A_n$;

累计深度百分率: $A_1 < A_1 + A_2 < A_1 + A_2 + A_3 < \cdots < A_1 + A_2 + A_3 + \cdots + A_{n-1} + A_n$;

平均深度百分率: $\dfrac{A_1 > (A_1 + A_2)}{2} > \dfrac{A_1 + A_2 + A_3}{3} > \cdots > \dfrac{A_1 + A_2 + A_3 + \cdots + A_{n-1} + A_n}{n}$。

综上所述,深度百分率制作的步骤为:首先设定标准深度;其次设定级距;最后制定单独深度价格修正率,进而将单独深度价格修正率转换为累计深度价格修正率或平均深度价格修正率。

最简单、最容易理解的临街深度价格递减率是"四三二一"法则,该法则是价格修正率表最先使用的法则。它是将标准深度 100 ft 深的普通临街土地,划分为与道路平行的 4 等份,则各等份由于离道路的远近不同,价值有所不同。从道路方向算起,第 1 个 25 ft 的价值占该宗地价的 40% ,第 2 个 25 ft 的价值占该宗地价的 30% ,第 3 个 25 ft 的价值占该宗地价的 20% ,第 4 个 25 ft 的价值占该宗地价的 10% 。如果超过 100 ft 则用"九八七六"法则来补充,即超过 100 ft 的第 1 个 25 ft 的价值占该宗地价的 9% ,第 2 个 25 ft 的价值占该宗地价的 8% ,第 3 个 25 ft 的价值占该宗地价的 7% ,第 4 个 25 ft 的价值占该宗地价的 6% 。

单独深度价格修正率为: $40\% > 30\% > 20\% > 10\% > 9\% > 8\% > 7\% > 6\%$;

累计深度价格修正率为: $40\% < 70\% < 90\% < 100\% < 109\% < 117\% < 124\% < 130\%$;

平均深度价格修正率为: $40\% > 35\% > 30\% > 25\% > 21.8\% > 19.5\% > 17.7\% > 16.25\%$。

将上述临街深度 100 ft 的平均深度价格修正率 25% 乘以 4 转换为 100% ,即可得"四三二一"法则深度价格修正率表,见表 9.1。

表 9.1 深度价格修正率表

临街深度/ft	25	50	75	100	125	150	175	200
单独深度价格修正率/%	40	30	20	10	9	8	7	6
累计深度价格修正率/%	40	70	90	100	109	117	124	130
平均深度价格修正率/%	160	140	120	100	87.2	78.0	70.8	65.0

"四三二一"法则简明易记,但深度的划分过于粗略,因而估价不够精确。随着我国土地估价实践的发展,还需要进一步地探索,以得到更详细、准确的价格修正率表。

6)计算临街土地的价值

根据确定的路线价及价格修正率表,即可由路线价估价公式计算各临街宗地的地价。

9.2.4 路线价法应用举例

1)一面临街矩形土地价格计算举例

一面临街矩形土地是最简单的宗地,只要进行深度修正即可得出地价。

【例 9.1】 如图 9.3 所示,现有临街宗地 A,B,深度分别为 50,150 ft,宽度分别为 10,20 m。路线价为 1 000 元/m²,试运用"四三二一"法则计算两宗地的单价和总价(1 ft = 0.304 8 m)。

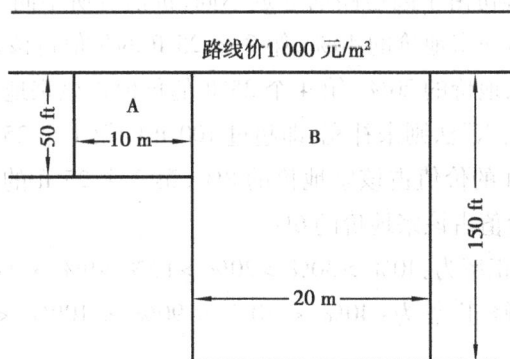

图 9.3 某宗地路线价情况示意图

【解】 查表得出两宗地的平均深度价格修正率分别为 140%,78%。

A 宗地单价 = 路线价 × 价格修正率

= 1 000 元/m² × 140% = 1 400 元/m²

　　A 宗地总价 = 路线价 × 价格修正率 × 宗地面积

　　　　　　　 = 1 400 元/m² × 10 m × 50 × 0.304 8 m = 21.336 万元

　　B 宗地单价 = 1 000 元/m² × 78% = 780 元/m²

　　B 宗地总价 = 780 元/m² × 20 m × 150 × 0.304 8 m = 71.323 2 万元

2)前后两面临街矩形土地价格的计算

　　对于前后两面临街的宗地,应考虑不同路线价的街道对宗地地价的影响程度,通常先确定高价街(前街)与低价街(后街)的影响范围的分界线,再以此分界线将土地分为前后两部分,然后按各自所临街道的路线价和临街深度计算价格,再将此两部分的价格相加求和。

　　分界线的计算如下:

　　　　高价街影响深度 = 高价街路线价 ÷ (高价街路线价 + 低价街路线价) × 总深度

　　　　低价街影响深度 = 总深度 - 高价路线影响深度

　　【例 9.2】　现有如图 9.4 所示前后两面临街、总深度为 75 ft(1 ft = 0.304 8 m)的矩形土地,其前街路线价为 4 000 元/m²,后街路线价为 2 000 元/m²,试求该宗地的单价。

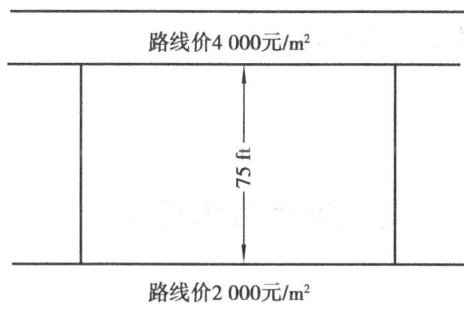

图 9.4　某宗地路线价情况示意图

　　【解】　高价街影响深度 = 4 000 元/m² ÷ (4 000 元/m² + 2 000 元/m²) × 75 ft = 50 ft

　　　　低价街影响深度 = 75 ft - 50 ft = 25 ft

　　　　该宗地单价 = 4 000 元/m² × 140% × 50 ft ÷ 75 ft +

　　　　　　　　　　 2 000 元/m² × 160% × 25 ft ÷ 75 ft = 4 800 元/m²

3)矩形街角地价格的计算

　　街角地是指位于十字路口或丁字路口的宗地。街角地的地价计算通常先按所临街道中的高价街计算地价,再加上因临低价街而产生的地价增加值即得到所求地价。

【例9.3】 现有如图9.5所示一矩形街角地,其正街路线价为5 000 元/m²,旁街路线价为3 000 元/m²,临正街深度为50 ft(15.24 m),临旁街深度为25 ft(7.62 m),设旁街加计二成,试求该宗地的单价和总价。

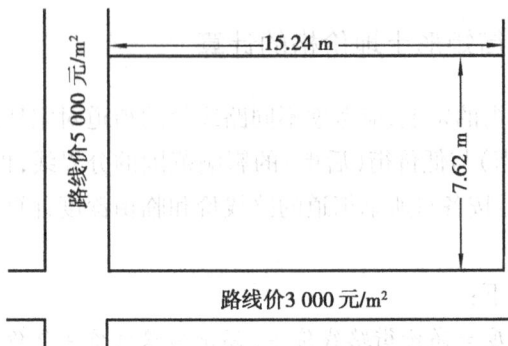

图9.5 某宗地路线价情况示意图

【解】 该宗土地的单价 =5 000 元/m²×140% +3 000 元/m²×20% =7 600 元/m²

该宗土地的总价 =7 600 元/m²×15.24 m×7.62 m =882 578.90 元

9.3 基准地价修正法

9.3.1 基准地价与基准地价修正法

1)基准地价

基准地价是指在城镇规划区范围内,对现状利用条件下不同级别或不同均质地域的土地,按照商业、居住、工业等用途,分别评估确定的某一估价期日上法定最高年限的土地使用权平均价格。它是在城市一定区域范围内,根据用途相同、地块相连、地价相近的原则划分地价区段,调查评估出的各地价区段在某一时点的平均水平价格。基准地价一般由政府组织或委托具有相应资质的评估机构进行评定,评估结果须经政府审定、认可和定期公布,因而具有权威性。

基准地价是区域平均地价系列中的一种,反映了城镇土地利用所产生的实际经济效果,具有直接控制和引导宗地地价系列中各地价的功能;而在宗地地价系列中,基准地价又是一类区域平均地价。因此,基准地价在地价体系中具有承上启下的功

能,占有重要地位。基准地价具有以下6个方面的特点:

(1)基准地价是一种区域性的价格

基准地价反映的是特定区域的平均价格,这个区域可以是级别区别,也可以是区片或区段,因而基准地价的表现形式通常为级别基准地价、区片价和路段价。基准地价对于该区域的地价具有指示作用。

(2)基准地价是一种分用途的价格

一般而言,城市土地分为商业、住宅和工业三大类用途,个别城市还分为综合用途和旅游用途。这样,基准地价可以分为商业基准地价、居住基准地价、工业基准地价、综合基准地价和旅游基准地价。

(3)基准地价是一种平均价格

根据定义,基准地价就是一种反映一定区域内的平均地价水平的价格。该区域的地价可能高于基准地价,也可能低于基准地价,但总是在基准地价下的一定范围内波动。

(4)基准地价是一定年期的价格

基准地价是对应一定年期的土地使用权的,其期限一般以土地的最高出让年期为准,即商业、住宅、工业、综合基准地价对应的土地使用年期分别为40,70,50,50年。

(5)基准地价是一种具有一定时效性的价格

基准地价只反映一定时期内某城镇地价的总体水平及其空间变化规律。随着城市社会经济的发展、城市化进程的推进以及房地产市场的变化,城市地价必然会发生波动,反映区域平均地价水平的基准地价也会随之发生相应的变化。因此,为了保证基准地价的时效性和现时性,使其能够客观反映地产市场的价格变化,就必须适时地(一般为3年)对基准地价进行调整。

(6)基准地价是一种指导性的标准价格

基准地价除了作为土地市场的基本地价行情的表现之外,还是土地市场地价的指导性标准价格。它为基准地价评估时的样点地价修正提供了参考基准,也是应用基准地价修正法评估宗地地价的基础。

基准地价的作用主要表现在以下几个方面:

①有助于政府宏观调控土地市场。基准地价水平及其变化反映了土地市场中的地价水平和变动趋势,政府借此掌握土地市场的价格水平,适时采用规划和计划、制定相关管理政策等手段来调控地价变化、调节土地的供需、促进土地有效配置和土地市场健康发展。

②基准地价为制订出让底价、标定地价提供了依据。基准地价是城镇内不同部分土地利用的收益差异较公正、客观的反映,是制订协议、招标、挂牌、确定拍卖国有土地使用权底价和标定土价的依据和标准。

211

③基准地价是进一步评估宗地地价的基础。基准地价反映了城镇区域或级别内宗地的平均价格水平,该区域内的各宗地地价围绕基准地价上下波动。因此,根据具体宗地条件对基准地价进行适当修正,即可方便地评估出具体宗地的地价。

④基准地价是国家征收土地税的依据。西方发达国家和地区,土地税一般是从价征收。我国目前尚未建立系统的价格标准,土地税征收偏低,不能体现土地级差收益,达不到利用税收杠杆调节土地利用的目的。科学、合理、公开的基准地价可为科学征收土地税提供客观依据。

2）基准地价修正法

基准地价修正法是利用政府公布的基准地价和宗地地价修正系数表等评估成果,按照替代原则,用待估宗地的区域条件和个别条件与其所处区域的平均条件相比较,并对照修正系数表,选取相应的修正系数对基准地价进行修正,从而求得待估宗地价格的一种估价方法。

基准地价系数修正法的基本原理是替代原理。即在正常的市场条件下,具有相似条件和使用价值的土地,在交易双方具有同等市场信息的基础上,应当具有相似的价格。基准地价系数修正法是对一般比较法变形、量化及系统化后的一种估价方法,是在短时间内评估多宗土地或大量土地价格的有效手段。基准地价相对应的土地条件,是土地级别或均质地域内同类用地的一般条件。因此,通过待估宗地条件与级别或区域内同类用地一般条件的比较,并根据二者在区域条件、个别条件、使用年期和估价基准日等方面的差异大小,对照因素修正系数表选取适宜的修正系数,对基准地价进行修正,即可得到待估宗地的价格。

基准地价修正法适用于完成基准地价评估地区的土地估价,即具备基准地价成果图和宗地价格修正系数体系成果的地区,没有基准地价成果的地区无法利用该方法。基准地价修正法的估价精度与基准地价及宗地价格修正体系密切相关,一般在宗地地价评估中不作为主要的评估方法,只作为一种辅助的方法。

9.3.2 基准地价修正法的操作

1）收集、整理土地定级估价成果资料

土地定级估价成果资料是基准地价修正法估价的基础,在估价前必须收集土地定级估价的成果资料,这些资料主要包括土地级别图、土地级别表、基准地价图、基准地价表、基准地价修正系数表和相应的因素条件说明表等。

2）确定待估宗地的土地级别及修正系数表

根据待估宗地的位置与用途,确定待估宗地所在的土地级别,该级别所对应的基准地价,相应的宗地地价修正系数表和因素条件说明表,该级别土地平均开发程度和基准地价内涵,以确定地价修正的基础和需要调查的影响因素项目。

3）调查宗地地价影响因素的指标条件

按照与待估宗地所处级别和用途对应的基准地价修正系数表和相应的因素指标条件说明表,确定宗地条件的调查项目,调查项目应与修订系数表中的因素一致,明确待估宗地地价的内涵和相应的土地开发程度。

4）进行宗地因素修正

按照调查结果,根据每个因素的指标值,查对各用途土地的基准地价影响因素指标说明表,确定因素指标对应的优劣状况;然后按优劣状况再查对基准地价修正系数表,得到该因素的修正系数。对所有影响宗地的因素都作同样的处理,即得到宗地的全部因素修正系数。

5）进行交易日期的调整

基准地价对应的是基准地价估价时点的地价水平,随时间的迁移,土地市场的地价水平会有所变化,因此必须进行交易日期的调整,把基准地价对应的地价水平调整到宗地地价估价时点。交易日期调整的具体方法,与市场比较法中交易日期调整的方法相同,也可根据地价指数的变动幅度进行,按下列公式计算:

交易日期调整系数 = 宗地估价时点的地价指数/基准地价估价时点的地价指数

6）进行使用年期的修正

基准地价对应的使用年期,是各用途土地使用权的最高出让年期,而具体宗地的适用年期可能各不相同,因此必须进行年期修正。土地使用年期修正系数可以按下式计算:

$$Y = \frac{1 - \dfrac{1}{(1 + R)^m}}{1 - \dfrac{1}{(1 + R)^n}}$$

式中　Y——土地使用年期修正系数;

　　　R——表示土地的还原利率;

m——表示待估宗地可使用年期；

n——表示该用途土地最高法定出让年期。

7)进行容积率修正

基准地价对应的容积率是该用途土地在该级别或均质地域内的平均容积率，各宗地的容积率可能各不相同，因此必须进行容积率的修正。容积率的修正系数按下式计算：

$$K_{ij} = \frac{K_i}{K_j}$$

式中　K_{ij}——容积率修正系数；

　　　K_i——待估宗地容积率对应的地价水平指数；

　　　K_j——级别或均质地域内该用地平均容积率对应的地价水平指数。

8)计算待估宗地地价

根据前面所求的各项修正系数，对待估宗地对应的基准地价修正，即可求得宗地地价。具体计算公式如下：

待估宗地地价 = 基准地价 × 宗地修正系数 × 交易日期修正系数 × 年期修正系数 × 容积率修正系数

9.3.3　基准地价修正法的应用举例

【例9.4】　待估宗地位于××市××开发区××路，土地级别××市××区四级地，地号××，图号××。土地使用证号：国有土地使用权证国用××字××号。要求评估该宗地2011年1月20日的国有土地使用权抵押价值。

【解】　估价方法选用及测算：经过评估人员的实地勘察和认真分析，决定采用基准地价系数修正法进行估价。

计算过程(按每 m^2 单位面积计算)：

①宗地位置、用途：待估宗地所在区域位于××市××开发区××路，登记用途为住宅用地，实际用途为住宅用地，评估设定用途为住宅用地。

②待估宗地已达到"五通一平"，规划容积率为0.8。

③基准地价的确定：根据最新的《××区城市土地价格调查技术报告》，目前待估宗地属××区四级地，××区四级住宅用地基准地价为750元/ m^2，本次估价参照该报告中××区四级地住宅用地地价修正体系进行区域因素和个别因素的修正。

××开发区基准地价内涵指在2009年1月1日宗地外达到通路、通上水、通下水、通电、通信及宗地内土地平整的"五通一平"的70年使用年期地价(不含宗地相关的市政配套费);而本次评估宗地红线外达到通路、通上水、通下水、通电、通信及宗地红线内土地半整"五通一半"的开发条件下,剩余使用年期为70年,不含宗地相关的配套费的地价。

④地价内涵修正:待估宗地所估地价与××区基准地价在估价期日、使用年期及容积率与地价内涵上没有差异,故不做修正。

⑤交易日期修正:根据土地估价师调查分析和××区国土管理局提供的资料,自2009年1月1日至本次估价期日24.7个月期间,××区住宅用地地价稳中有升,××区内住宅用地地价平均每月上涨0.05%,故经期日修正后的地价为:$750.00 \text{ 元/m}^2 \times (1 + 0.05\%)^{24.7} = 759.32 \text{ 元/m}^2$。

⑥宗地地价修正系数表和修正系数说明表引用:《××区城市土地价格调查技术报告》,××区四级地住宅用地宗地地价修正系数说明表和住宅用地宗地地价修正系数表(略)。

⑦影响待估宗地地价的各项因素评估:根据××区住宅用地宗地地价修正系数表和修正系数说明表,对照待估宗地的实际情况,对影响待估宗地地价的各项要素进行评估,评估结果为 +0.012 4(评估过程略)。

⑧待估标的宗地地价测算:待估标的宗地无限使用年期地价 = 基准地价×(1 + 综合修正系数) = $759.32 \text{ 元/m}^2 \times (1 + 0.012 4) = 768.74 \text{ 元/m}^2$。

上述计算用表格法,见表9.2。

表9.2 基准地价系数修正法评估过程表

用途	土地等级	对应基准地价/(元·m⁻²)	使用年期修正系数 Y	经年期修正后的地价/(元·m⁻²)	期日修正后地价	容积率修正系数 K_{ij}	综合修正系数	待估宗地单位地价/(元·m⁻²)
住宅	四级	750	1	750	759.32	1	0.012 4	768.74

9.4 高层建筑地价分摊

9.4.1 高层建筑地价分摊的意义

由于城市土地越来越稀缺,地价越来越高,伴随着建筑技术的日益发展,越来越多的多层、高层建筑物应运而生。办公楼、商店、住宅、厂房等,都出现了多层或高层化。此外,人们的活动还向地下发展,出现了地下商场、地下停车场、地下仓库等。高层综合楼宇各个楼层都有着不同的功能和用途,典型的高层综合楼宇中,地下1至2层为停车场、会所或设备用房,地面1至3层为商店,4至5层为餐饮,往上可能是写字楼或公寓。

高层、多层建筑物的产生,让开发商在有限的土地上通过增加楼层的方法,使得一幢建筑物的价值得到了提升,有效地提高了土地的利用效率。然而,与此同时,随着高层、多层楼宇的产生,也出现了一些问题:一幢建筑物只有一个所有者的格局被打破,出现了同一幢建筑物内同时存在着多个所有者的情形。特别是多层、高层住宅或公寓,一户居民通常只拥有其中的某一套,整幢住宅或公寓为十几户、几十户居民"区分所有"。但是,整幢建筑物占用的土地只是一块,在实物形态上不可分割。当这幢建筑物的房地产开发商售出其中的某一部分之后,该块土地的使用权的一个相应份额也就随之转移,最后是购得这幢建筑物的共同使用者按份共有该块土地的使用权,但大家各自拥有的份额是多少就成了一个需要解决的现实问题。

拥有一块土地,不仅享有该块土地的一定权利,而且要承担由此权利而产生的义务。例如,在建筑物寿命终了时或者建筑物被火灾毁灭后,大家决定将该块土地出售,但是售出后的地价收益应如何分配?反过来,在建筑物使用过程中,政府要根据这块土地的位置或价值征收土地税费,该土地税费在各部分建筑物的所有者之间该如何分摊?要解决这些问题,就需要解决在建筑物建成后地价如何合理分摊的问题,由此找出建筑物每个所有者应占有的土地份额。知道了建筑物每个所有者占有的土地份额之后,无论是他们在土地中的权利还是义务,就都可以通过其土地份额顺利得到解决。

总的来说,高层建筑地价分摊是为了解决土地共有权的问题。具体来说,通过高层建筑地价分摊,解决:各部分占有的土地份额;各部分享有的土地面积;各部分享有的地价数额。

9.4.2 高层建筑地价分摊的方法[①]

在城镇土地质量的综合评价中,土地的区位质量是由土地在城市中的平面几何位置而决定的,是一个二维平面上的量。土地在城市中的地理位置、坐落、商业繁华程度、交通便捷度、市政设施完备度、生活设施完善度、环境优劣度以及土地的面积、形状、临街状况等一系列的因素条件影响了土地的区位质量,而不同的区位质量决定了城市土地不同的地租量和地价。而事实上,从土地开发利用的角度来看,土地区位质量不仅仅是建立在平面土地之上的,而是一个三维的空间地租量和空间地价。因

①柴强. 房地产估价理论与方法[M]. 北京:中国建筑工业出版社,2011.

此,高层建筑地价分摊就是要体现土地的立体区位质量以及由此决定的土地的空间地租量和空间地价。

那么,怎么判断和衡量土地的立体区位质量以及由此产生的空间地租量的大小呢? 按一般规律而言,一块土地的地租总量在空间上的分布是随空间位置的不断提高而逐渐减少的,地面以上部分大致呈上底短、下底长的梯形分布或直角三角形分布,地面一层的地租量最大,随楼层的逐渐提高地租量将逐渐减少,顶层的地租量最小,甚至为零。但有时也会有特殊的情形,如顶楼作为屋顶观景及休闲娱乐层时,由于其特殊的用途可能会产生比其下若干层都大的地租量。

结合上文所述地价在楼价中分摊的一般规律,常用的高层建筑地价分摊的方法主要有以下3种:

1)按照建筑物面积进行分摊

按建筑面积进行分摊的方法,是根据各自拥有的建筑面积的多少来分摊,即如果甲拥有的建筑面积若干平方米,那么他应该享有的地价数额为他所拥有的建筑面积乘以土地总价值与总建筑面积的比率,他应占有的土地份额为他所拥有的建筑面积除以总建筑面积。具体公式如下:

$$某部分占有的土地份额 = \frac{该部分的建筑面积}{建筑总面积}$$

$$某部分分摊的土地面积 = 土地总面积 \times \frac{该部分的建筑面积}{建筑总面积}$$

$$某部分分摊的地价数额 = 土地总价值 \times \frac{该部分的建筑面积}{建筑总面积}$$

$$= 楼面地价 \times 该部分的建筑面积$$

【例9.5】　某幢楼房的土地总面积1 000 m²,总建筑面积5 000 m²,某人拥有其中500 m²的建筑面积,土地总价值2 000万元,试按建筑面积分摊方法计算该人占有的土地份额及拥有的土地数量及地价数额。

【解】　该人占有的土地份额:500 ÷ 5 000 × 100% = 10%

该人拥有的土地数量为:1 000 m² × 10% = 100 m²

该人拥有的地价数额为:2 000万元 × 10% = 200万元

这种分摊方法虽然简单易行,但是没有考虑不同楼层立体土地区位质量的差别及由此产生的空间地租量的差异。例如,当各楼层的使用用途不同或者同种用途由于楼层不同使用效用有较大差异(如普通多层住宅的一层效用与4、5层效用的差别)时,直接使用该分摊方法是很不合理的。在我国,当土地使用年期届满,需要重新一次性缴纳土地使用权出让金时,若按照建筑物的每部分分摊的地价款都相等的做法,会引起各不同土地使用者、房屋所有者的异议。

综上,按照建筑面积进行分摊的方法操作简便,但它主要适用于各层用途相同且价格差异不大的建筑物,如用途单一的住宅楼、办公楼。

2) 按照房地价值进行分摊

采用按照建筑面积平摊的方法,并不能够体现建筑物不同楼层的不同价值,而且这种方法容易造成中低层楼宇的价格低于市场价格、高层楼宇的价格远远高于市场价格情况的出现。为了克服按照建筑面积分摊出现的不同部分的价值不同,但却分摊了等量地价的情况,可以根据各部分的房地价值进行分摊。这种分摊方法具体地说,是根据建筑物各部分的房地价值占房地总价值的比例,来推断其占有的土地份额。具体公式如下:

$$某部分占有的土地份额 = \frac{该部分的房地价值}{房地总价值}$$

$$某部分分摊的土地面积 = 土地总面积 \times \frac{该部分的房地价值}{房地总价值}$$

$$某部分分摊的地价份额 = 土地总价值 \times \frac{该部分的房地价值}{房地总价值}$$

【例9.6】 某幢大厦的房地总价值为 5 000 万元,其中土地总价值 2 000 万元,A公司拥有其中的商业部分,此部分的房地价值为 1 000 万元;B公司拥有其中的写字楼部分,此部分的房地价值为 4 000 万元。试按房地价值分摊方法计算A、B公司占有的土地份额及分摊的地价数额。

【解】 A公司占有的土地份额为:$1\ 000 \div 5\ 000 \times 100\% = 20\%$

A公司分摊的地价数额为:$2\ 000\ 万元 \times 20\% = 400\ 万元$

B公司占有的土地份额为:$4\ 000\ 万元 \div 5\ 000 \times 100\% = 80\%$

B公司分摊的地价数额为:$2\ 000\ 万元 \times 80\% = 1\ 600\ 万元$

一幢高层楼宇各层楼价的差别,撇开各层特殊的装修装饰不谈,主要是由地价的垂直立体效果不同造成的,各层建筑物的价格应差别不大。例如,假设整栋大厦都是住宅,且每层的面积、户型、装饰装修都相同,但由于楼层不同,售价肯定不同。显然,各层之间价格差异的原因只能归因于各层占据的土地立体空间位置的不同,从而其景观、空气质量、采光、通风等不同造成的。

因此,按照房地价值进行分摊的方法反映了由于各楼层的楼价不同,其分摊的地价也相应不同,这是符合土地权益原则和要求的。但是,该方法分摊的结果使建筑物各层或同层各部分建筑的单位造价相差甚大,造成理论上的一个悖论。这种方法主要适用于各部分房地价值虽然有差异但差异不是很大的建筑物。

3) 按照土地价值进行分摊

根据各部分的土地价值进行分摊的方法是相较于按照建筑物面积进行分摊和按

照房地价值进行分摊更为合理的分摊方法。这种分摊方法具体地说,是根据建筑物各部分的土地价值占土地总价值的比例,来推断其占有的土地份额。具体公式如下:

$$某部分占有的土地份额 = \frac{该部分的房地价值 - 该部分的建筑物价值}{房地总价值 - 建筑物总价值}$$

$$某部分分摊的土地面积 = 土地总面积 \times 某部分占有的土地份额$$

$$某部分分摊的地价数额 = 土地总价值 \times 某部分占有的土地份额$$

$$= 该部分的房地价值 - 该部分的建筑物价值$$

【例 9.7】　某幢大厦的房地总价值为 6 000 万元,其中建筑物价值 2 000 万元,甲公司拥有该大厦的一部分,该部分的房地价值为 120 万元,该部分的建筑物价值 40 万元。试按土地价值分摊方法计算甲公司占有的土地份额。

【解】　甲公司分摊的地价数额为:(120 - 40) 万元 = 80 万元

甲公司占有的土地份额为:80 ÷ (6 000 - 2 000) × 100% = 2%

按土地价值进行分摊的另一种更适用的公式如下:

$$该部分占有的土地份额 =$$

$$\frac{该部分的房地价值 - \dfrac{房地总价值 - 土地总价值}{总建筑面积} \times 该部分的建筑面积}{土地总价值}$$

$$某部分享有的地价数额 = 该部分占有的土地份额 \times 土地总价值$$

$$= 该部分的房地价值 - \frac{房地总价值 - 土地总价值}{总建筑面积} \times 该部分的建筑面积$$

【例 9.8】　某幢大厦的总建筑面积 10 000 m²,房地总价值为 6 000 万元,其中土地总价值 2 500 万元。某人拥有该大厦的一部分,该部分的建筑物面积 200 m²,房地价值为 130 万元。试按土地价值分摊方法计算该人占有的土地份额。

【解】　甲公司占有的土地份额为:

$$\frac{130 - \dfrac{6\,000 - 2\,500}{10\,000} \times 200}{2\,500} \times 100\% = 2.4\%$$

由于未来的房地价值是不断变化的,土地价值也是不断变动的,因此,按房地价值进行分摊的方法和按土地价值进行分摊的方法,从理论上讲要求地价分摊不断地进行,但这在实际中不可行,因为进行分摊所需的费用可能很高,另外土地占有份额一旦确定下来之后也不宜经常变动。

9.4.3　高层建筑地价分摊的注意事项

在高层建筑地价分摊的过程中,应注意以下事项:明确所分摊地价的价格类型;

统一价格时点和价格内涵;明晰不动产总体和占有部分的状况;科学、合理确定有关参数。

前文虽然讲述了高层建筑地价分摊的几种常用方法,但是,在实际过程中,要想具体确定地价在各层楼价中的分摊比例仍然比较困难,主要原因如下:①

①不同规模的城市的地价分摊比例不同。地价随楼层提高而减少的幅度与城市规模成反比,规模越大的城市,地价随楼层提高而减少的幅度越小。如北京、上海、广州等大城市高层楼宇的若干楼层内,可作为商场的楼层比较多(一般可达5层甚至以上),土地的立体区位质量差别并不十分明显,土地的集约化利用程度高。相反,在一般的县城,在一幢多层楼宇内,最多就是1至2层作为商场,以上部分就只能作为其他用途,土地的集约化利用程度低。

②同一城市不同位置的土地分摊比例不同。地价随楼层提高而减少的幅度与土地区位质量的好坏成反比。区位质量好的地段,地价随楼层提高而减小的幅度较小;而区位质量差的土地,地价随楼层提高而减少的幅度较大。当然,不同用途的土地具有不同区位质量的要求。

③同一城市不同用途土地的分摊比例不同。商业用地的地价随楼层提高而减少的幅度较大,而住宅和工业用地的地价随楼层提高而减小的幅度就不明显。而且,纯居住用地地价随楼层的分布规律还有其特殊性,对多层居住楼宇而言是中间楼层最大,从中间往上或往下都有所减小,但减小的幅度不太明显;而对高层、超高层居住楼宇来说,则是随楼层的提高,空间区位越好,地价随楼层提高而逐渐增加。

④同一栋建筑物中不同用途土地的分摊比例不同。不同用途之间楼层的地价变化幅度较大,而同一用途各楼层之间地价的变化幅度不大。如商业层与办公层、办公层与居住层之间地价变动的幅度很明显,而在同一用途的各层之间,地价变动的幅度就不明显,这从不同用途楼宇的出售价格相差悬殊中可以看出。

综上所述,多层及高层建筑地价的分摊比较复杂,现有的分摊方法还存在着许多不足,而这些不足需要我们在实践中不断完善,使建筑物的所有占有者完全公平、合理是很难做到的,但基本合情合理还是可以做到的。在实际应用中,要注意灵活运用不同方案解决高层建筑地价分摊的具体问题。

本章小结

地租是土地所有者凭借土地所有权得到的报酬,是土地所有权借以实现的经济形式,其本质就是收益权。地租的存在决定了土地价格存在的客观性。土地价格简称地价,它不是土地实体的购买价格,而是对土地预期收益的购买价格,其实质是地

---

①杜葵,高平.地价在楼价中的分摊问题[J].城市发展,2002(5):58.

租的资本化。

土地是一种特殊的"商品",其价格具有不同于一般商品价格的特点。目前我国已形成了以基准地价和标定地价为核心,包括城镇土地质量分等、定级、路线价、标定地价、出让底价、交易价等在内的地价体系。

地价的评估方法除市场法、收益法、假设开发法外,还有其特别的估价方法,包括路线价法和基准地价修正法。其中,路线价法是在特定的街道上设定标准临街深度,从中选取若干标准临街宗地求其平均价格,将此平均价格称为路线价,然后根据此路线价,利用临街深度价格修正率或其他价格修正率来测算该街道其他临街土地价值的一种估价方法。它的基本理论依据是级差地租原理和替代原理,主要适用于城市商业街道两侧土地的估价,特别适用于城市土地课税、土地整理、征地拆迁等需要在大范围内对土地估价的场合。不同的路线价表示法、深度价格修正率,路线价法的计算公式有所不同。路线价法的操作步骤主要是:划分路线价区段;设定标准临街深度;选取标准临街宗地;调查评估路线价;制作价格修正率表以及计算临街土地的价值。其中,制作价格修正率表最简单、最容易理解的临街深度价格递减率是"四三二一"法则。

基准地价是指在城镇规划区范围内,对现状利用条件下不同级别或不同均质地域的土地,按照商业、居住、工业等用途,分别评估确定的某一估价期日上法定最高年限的土地使用权平均价格。基准地价修正法是利用政府公布的基准地价和宗地地价修正系数表等评估成果,按照替代原则,用待估宗地的区域条件和个别条件与其所处区域的平均条件相比较,并对照修正系数表,选取相应的修正系数对基准地价进行修正,从而求得待估宗地价格的一种估价方法。基准地价修正法适用于完成基准地价评估地区的土地估价,具体公式为:

待估宗地地价 = 基准地价 × 宗地修正系数 × 交易日期修正系数 × 年期修正系数 × 容积率修正系数

通过高层建筑地价分摊可以解决以下问题:①各部分占有的土地份额;②各部分享有的土地面积;③各部分享有的地价数额。常用的高层建筑地价分摊的方法主要有按照建筑物面积进行分摊、按照房地价值进行分摊以及按照土地价值进行分摊三种。

重要名词与概念

地租　地价　路线价法　临街深度　深度价格修正率　基准地价　基准地价修正法　高层建筑地价分摊

复习思考题

1. 地价有哪些特点?

2. 什么是基准地价与标定地价?

3. 地价、地租与土地市场的关系如何?

4. 什么是路线价及路线价法?

5. 路线价法的操作步骤是什么?

6. 基准地价修正系数法操作步骤有哪些?

7. 高层建筑地价分摊是为了解决什么问题?

8. 高层建筑地价分摊的方法有哪些? 如何应用?

9. 一临街深度 75 ft(22.86 m)、临街宽度 30 m 的矩形土地,其所在区段的路线价为 2 000 元/m²。该宗土地的单价和总价分别是多少?

10. 一矩形宗地前后两面临街,总深度为 50 m,其前街路线价为 3 000 元/m²,后街路线价为 2 000 元/m²,试求前街的影响深度?

11. 一矩形街角地,其正街路线价为 3 000 元/m²,旁街路线价为 2 000 元/m²,临正街深度为 22.86 m,临旁街深度为 15.24 m,假设旁街影响加价两成,试求该宗地的单价和总价?

房地产估价师考试真题

一、单项选择题

1. 某城市二级住宅用地平均容积率为 2.0,以楼面地价为标准的基准地价为 1 200 元/m²。现有一宗住宅用地位于二级地,其容积率为 4.0,除容积率外无须进行其他修正,则该宗住宅用地楼面地价最可能为(   )元/m²。

A.950   B.1 200   C.1 300   D.1 500

2. 基准地价是城镇土地市场的(   )和公示性价格,通过定期公布,向社会提供土地市场的有关地价水平及其变动趋势。

A.宏观性   B.微观性   C.指导性   D.控制性

3. 下表为某城市基于楼面地价的住宅容积率修正系数表。比较案例的容积率为 2,楼面地价为 2 000 元/m²,待估宗地容积率为 3.5,其地面地价为(   )元/m²。

容积率	1.8	2	2.5	3	3.5
修正系数	1.00	0.97	0.92	0.88	0.85

A. 1 753   B. 5 950   C. 6 134   D. 7 988

4. 某幢大厦的总建筑面积为 10 000 m²,房地产总价值为 7 000 万元。其中土地总价值为 3 000 万元。王某拥有该大厦其中一部分,该部分的建筑面积为 250 m²,房地产价值为 150 万元。若按照土地价值进行分摊,则王某占有的土地份额为( )。

A. 1. 67%   B. 2. 33%   C. 2. 75%   D. 3. 33%

二、多项选择题

1. 适用于对大批量宗地进行估价的方法有( )。

A. 路线价法   B. 基准地价系数修正法   C. 成本逼近法
D. 市场比较法   E. 收益还原法

2. 基准地价系数修正法评估宗地地价时必须确定待估宗地的( )。

A. 土地用途   B. 土地级别   C. 土地使用者
D. 土地开发程度   E. 基准地价

3. 高层建筑地价分摊的方法有( )。

A. 按建筑物价值进行分摊   B. 按房地价值进行分摊

C. 按土地价值进行分摊   D. 按建筑面积进行分摊

E. 按楼面地价进行分摊

4. 某建筑物共三层,总建筑面积为 600 m²,每层建筑面积相等,房地总价为 600 万元,土地价值 480 万元,其中一层是二层的 1. 5 倍,二层是三层的 1. 2 倍,则关于土地份额的计算,以下正确的为( )。

A. 按建筑面积分摊,二层占有的土地份额为 33. 3%

B. 按房地价值分摊,二层占有的土地份额为 30. 0%

C. 按土地价值分摊,二层占有的土地份额为 35. 0%

D. 按房地价值分摊,一层占有的土地份额为 45. 0%

E. 按土地价值分摊,一层占有的土地份额为 47. 9%

三、判断题

1. 划分路线价区段时,将可及性相当、地块相连的土地划分为同一路线价区段。因此,两个路口之前的地段一定是同一路线价区段。( )

2. 某城市路线价标准深度为 18 m,划分为 3 个等份,从街道方向算起,各等份单独深度价格修正率分别为 50% ,30% ,20% 。则临街 12 m 的矩形土地的平均深度价格修正率为 120% 。( )

3. 在基准地价修正法中进行交易日期调整,是将基准地价在估价时点时的价值调整为其基准日期时的值。( )

第3篇　房地产估价程序与估价报告

>>>

本篇导读

为了又好又快地完成一个房地产估价项目,应当制订一套科学、全面、严谨的估价程序,即一个房地产估价项目从头到尾应当做哪些工作,其中哪些工作应当先做,哪些工作应当后做。估价报告是记述估价过程、反映估价成果的文件,是估价人员根据估价目的,遵循估价原则,按照估价程序,选用适宜的估价方法,得出的关于估价对象价值的分析报告。本篇主要分为房地产估价作业准备与实施、房地产估价报告撰写与交付两部分内容来讲述房地产估价程序及估价报告。

第 10 章
房地产估价作业准备与实施

【本章导读】

　　本章主要介绍房地产估价作业准备与实施阶段的各项工作。要求理解房地产估价方法的综合运用和实地勘察的重要性,掌握估价基本事项和估价结果确定的方法。

10.1　确定估价对象房地产

10.1.1　获取房地产估价业务

获取房地产估价业务的途径主要有主动争取和接受委托两种,下面分别介绍。

1)主动争取

　　所谓主动争取是指估价机构或机构工作人员走出去承揽估价业务。在我国房地产估价机构之间竞争激烈的情况下,这是获取估价业务的最主要来源。争取估价业务应当通过提升估价机构的品牌和社会公信力,提高服务质量和进行恰当的宣传、广告等,而不应采用一些不正当手段,如迎合委托人对估价结果的不合理要求,恶意压低估价服务收费,给予回扣或利诱,诋毁竞争对手,发放虚假、误导性或夸大的宣传、广告等。

　　争取估价业务时应拓宽思路,估价需求者不一定是房地产的所有者、使用者。随着我国房地产市场的迅速发展和国家对房地产业管理的加强,必然会有更多的组织和个人需要房地产估价服务。估价机构应该不断地开发新的客户群。

2）接受委托

接受委托是委托估价者主动找估价机构提供中介服务，而估价机构受托对指定的房地产进行估价。它是房地产估价业务的另一种获取途径，与主动争取估价业务途径一样，在房地产市场发育程度较低和较高的情况下均存在。需要估价服务的可能是政府，也可能是企业、其他组织或个人；可能是该房地产的所有者或使用者，也可能不是。例如，法院要处理涉案的房地产，如拍卖、抵债、定罪量刑、损害赔偿等，也可能委托估价机构对房地产进行估价；城市房屋拆迁，拆迁人委托估价机构对被拆迁房屋进行估价，等等。

在获取估价业务时，估价机构和估价人员在与估价需求者接触中，如果感到自己的专业能力或相关经验所限而难以评估出客观合理价格或价值，就不应当承接该项估价业务；如果与估价需求者或相关当事人有利害关系而可能影响到独立、客观、公正估价的，应当回避该项估价业务。上述情况下，估价机构和估价人员可以向估价需求者介绍其他合适的估价机构和估价人员承接该项估价业务；如果是估价机构的专业能力或相关经验所限的，经征求客户同意，也可以与其他合适的估价机构联合承接该项估价业务。

随着房地产市场快速发展，少量房地产估价机构在激烈的竞争中，凭借其优秀的评估质量和优质的服务而逐渐建立起良好的社会信誉。对于这些估价机构，会有较多委托估价者请求他们提供估价服务。

10.1.2　明确估价基本事项

无论从何种途径获取房地产估价业务，估价人员都应与委托人充分沟通，明确以下估价基本事项，以便对特定房地产在特定时点的特定目的价值做出估计。

1）估价目的

估价目的从本质上讲是由委托人提出并决定的，但在实际中委托人可能不懂得要提出估价目的，也可能不懂如何表达其估价目的，甚至不懂什么是估价目的。这就需要估价人员主动提出相关问题，让委托人回答认可。估价目的可以通过提问将要完成的估价报告的用途、提供给谁使用或由谁认可来明确。

对于同一房地产，不同的估价目的，其选择的估价方法、所用资料、参数等将有所差异，其估价的价格类型、价格内涵也会受相应的法规、政策制约而不同，估价结果自然会不相同。例如某一房地产的买卖价格的内涵与房地产增值税征收价格的内涵就因增值税的计税基础的规定而有差异。估价目的决定了房地产价格类型,也决定了估价的依据,它是实施房地产估价的一个重要前提条件。明确估价目的也是房地产估价的关键点之一。

各种估价目的与估价对象的类型及交易者的背景、动机相结合,就会组合成许多复杂情况,使估价目的呈现出多元立体化特点,所以对估价目的的明确,应尽可能仔细斟酌以求切实把握。估价目的的确认还应注意有些房地产依照法律和行政法规不能用于某些估价目的,或者有些估价目的限制了可以作为估价对象的范围和内容。

2)估价时点

估价时点又称评估基准日,是估价对象房地产的估价额所指的具体日期。估价时点应根据估价目的来确定而不是由委托估价方或估价人员任意假定的。在实际估价中,估价时点是由估价人员根据估价目的、征求委托人同意后决定的。

估价时点应采用公历表示,可以是某年、某月,也可以准确到日。至于日期的详细程度,取决于所要评估的房地产价格类型和市场变化情况。一般来说,买卖价格、租赁价格比抵押价格和课税价格所要求的日期详细,通常要具体到日。从理论上讲,估价的难易程度与估价时点的具体程度有关。估价时点越具体,要求的估价精度就越高,估价的难度也就越大。

多数估价是对当前的价值进行估价,一般以估价人员实地查勘估价对象期间或估价作业期内的某个日期为估价时点,如委托估价日期。但在某些情况下,需要对过去或未来某个时间的价值进行评估。例如城市房屋拆迁估价,估价时点一般为房屋拆迁许可证颁发之日;对原估价结果有异议而引起的复核估价,估价时点应为原估价报告所确定的估价时点。

3)估价对象

明确估价对象也是房地产估价的一个关键点。明确估价对象是指明确待估对象的基本情况,包括物质实体及区位状况、构成状况、权益状况和估价条件。

(1)实体及区位状况

包括房地产的坐落位置、面积、四至、用途、建筑物建成时间、结构、耐用年限等基本情况以及周围环境等;构成状况是指待估对象是单纯的土地、单纯的建筑物、土地与建筑物合一还是土地与建筑物合体其中的某一部分。在评估时不仅要明确估价对象的实体是什么,还要明确所要评估的是该实体的何种物权,以及这种物权是否受到限制,是否完整等。此外,还应当特别留意所有权的形态是共有还是区分所有等。

(2)估价条件

估价条件主要有独立估价、部分估价、合并估价或分割估价 3 种情况。

●独立估价　当估价对象为房地一体时,在地上建筑物预定拆迁的情形下,对土地的估价视为空地,即为独立估价。

●部分估价　若在土地与建筑物构成一体并发挥其效用的前提下,分别对土地和建筑物估价即是部分估价。前者仅以土地为估价对象,并且不考虑土地上的建筑物对土地价值的影响;后者以土地和(或)建筑物为估价对象,并且是在考虑该土地已附有该建筑,或该建筑物是在既定土地上的建筑物这一条件下进行的估价。

●合并估价或分割估价　以房地产的合并或分割为前提,就合并后或分割后的房地产作为独立的估价对象,这种条件下的估价称为合并估价或分割估价。合并估价或分割估价是与利用状态的调整相关的,既应考虑现实的利用状态,又应面对所要发生的种种估价条件进行相应的价格评估。

4)估价日期

估价日期是进行房地产估价的作业日期。估价日期的确定也意味着明确了估价报告书的交付日期。估价报告书的交付日期一般是由委托估价方提出的,由估价方与委托估价方磋商确定。一旦明确了估价报告书的交付日期,估价方必须按期保质地完成估价工作,如期交付估价报告书,否则会影响估价机构和估价人员的信誉。通常,对于一般的单宗房地产估价,所需时间为 5~7 天。对于大型综合性的房地产估价,其估价时间可以较长,甚至长达数月之久。

10.1.3　签订房地产估价合同

在明确估价基本事项、收费标准、收费依据、支付方式、完成时间等有关事项之后,双方应当签订书面委托估价合同,为后续工作打好基础。估价委托合同是估价机构和委托人之间就估价事宜的相互约定。它以法律形式肯定双方的业务关系,明确合同双方的权利和义务,载明估价的有关事项。

估价合同内容一般包括:

①合同双方名称和住所。

②估价对象。

③估价目的。

④估价时点。

⑤委托人的协助义务。

⑥估价报告书交付时间。

⑦估价费用及付款方式。

⑧委托估价方应提供的资料及提供资料的真实性、合法性的承诺。

⑨双方违约责任及解决争议的方法。

⑩估价机构和委托人认为需要约定的其他事项等。

签订了书面委托合同后,估价机构未经委托人书面同意,不得转让、变相转让委托的估价业务,并应明确至少一名合适的专职注册房地产估价师负责该估价项目。

10.2　拟订房地产估价作业方案

10.2.1　房地产估价作业方案基本内容

在合同签订后,估价方应及时对估价项目进行初步分析,根据估价目的、待估房地产基本情况及合同条款,拟订合理的估价作业方案,指导估价项目的具体实施,保证估价工作能高效率、有秩序地开展。估价作业方案的主要内容包括:
①拟采用的估价技术路线和估价方法。
②拟调查收集的资料及其来源渠道。
③预计所用的时间、人力、经费。
④拟订作业步骤和作业进度。

10.2.2　拟采用估价技术路线与方法的初步选用

在明确了估价项目的基本事项后,为了使后续搜集资料和实地查勘工作有针对性,避免不必要的重复劳动,估价人员应尽早确定拟采用的估价技术路线,初步选择适用于该估价对象的估价方法。估价技术路线是评估出估价对象价值所应遵循的根本途径,是指导整个估价过程的技术思路。有了估价技术路线,估价人员的思路和工作步骤就明确,整个估价作业就抓住了关键,方向正确,作业有序。房地产估价没有标准的技术路线可套用,不同类型、功能的房地产估价的技术路线是不同的。即使同一宗房地产,由于估价目的不同,采用的技术路线也就不一样。设计好房地产估价技术路线也是估价的关键点之一。

每种估价方法都有其适用的对象和条件,因此各种类型的房地产适宜的估价方法是比较清楚的。对于同一估价对象,宜选用两种以上的估价方法进行估价。如果估价对象适宜采用多种估价方法进行估价,则应同时采用多种估价方法进行估价。不同的估价方法是从不同的角度来衡量估价对象的价值,同时采用多种估价方法进行估价有利于价格的相互印证,得出更合理、更客观的估价结果。有条件选用比较法进行估价的房地产项目,应以比较法作为主要和首选的估价方法;收益性房地产的估价,应选用收益法作为其中的一种估价方法;在无市场依据或市场依据不充分而不宜采用市场法和收益法的房地产,如学校,可以将成本法作为主要的估价方法;具有投资开发或再开发潜力的房地产的估价,应选用假设开发法作为其中的一种估价方法。

10.2.3 拟调查搜集的资料及其渠道来源

估价资料的搜集和整理是估价作业中的一个重要环节,是估价机构和估价人员的一项日常工作。没有资料无法进行估价,资料不足、片面、失实会导致估价结论严重失真,占有的资料愈丰富、完整,估价的准确性也就愈高。房地产估价资料一般包括下列4个方面:

①对房地产价格有普遍影响的资料,如法律法规资料、社会经济资料等。

②对估价对象所在地区的房地产价格有影响的资料,如城市规划和基础设施资料等。

③类似房地产的交易、成本、收益实例资料。

④反映估价对象状况的资料。对于所有直接或间接影响房地产价格因素的资料都应尽量搜集,具体包括:政治、法律、经济形势、产业政策、自然条件、城市规划、基础设施、公共设施、文化教育、风土人情、消费行为等方面的资料;房地产供求方面的资料,如各种地段、各种用途、各种规模、各种档次、各种价位、各种户型的房地产的供给量、有效需求量、空置量和空置率等。其中供给量应包括:已完成的项目、在建的项目、已审批立项的项目、潜在的竞争项目及预计它们投入市场的时间。

搜集估价资料的渠道来源主要有:委托估价方;实地勘察;政府有关部门;有关中介机构;有关知情人士;专业性刊物或相关网站。

房地产交易实例应搜集的资料,主要针对估价方法中的计算和分析所需要的资料数据进行。不同的估价方法,侧重点有所不同。

市场比较法搜集的资料侧重于实例的交易价格、交易时间、交易情况、当时市场行情;比较实例的区域因素和估价对象与比较实例的个别因素等资料,如交通条件、基础设施情况、环境状况以及宗地状况等。

收益法搜集的资料侧重于房地产市场租金;同一地价区段、同类物业的平均经营收益;同类物业的经营成本;待估房地产所在地区一年期贷款利率、现行业平均收益率;竞争性物业与互补性物业的基本情况。

成本法搜集的资料侧重于待估房地产所在地价区段的地价资料;建筑物资料;建筑安装工程费;前期工程费;建筑物及设备折旧或成新度评定标准;与房地产投资有关的贷款利率、利润以及税费等资料。

假设开发法搜集的资料侧重于有关房地产建设项目的批准文件;建设用地规划、建筑设计、建筑造价资料;同一地价区段、同类物业的市场交易价格、租金水平、空置率水平;贷款利率以及销售费用等资料。

10.2.4　预计所用的时间、人力与经费确定

签订合同后,估价方应根据待估房地产的特点和承诺的估价日期安排估价作业人员和所需经费等。

房地产估价作业,关键在于确定投入的人员。根据估价对象、估价目的、估价时点及估价报告的交付时间等要求,便可知估价任务的轻重、难易和缓急,从而就可确定估价作业需要投入多少人、投入什么样的人和何时投入等。由于每个估价人员工作经历及学习背景的差异,他们会有不同的擅长,某些人擅长于某种房地产的估价,或擅长于用某种方法估价,或擅长于评估某种价格。因此,对于每一个具体的估价项目要确定出由哪些人参加评估更合适,准确地选择投入人员,使人才与估价对象匹配得当,从而提高工作效率,同时使评估出的价格准确、可信。随着估价对象越来越复杂,估价目的越来越多,以及估价精度的要求越来越高,估价人员应有适当的专业分工。有时还应聘请其他领域的专家协助,如建筑师、城市规划师、设备工程师、造价工程师、会计师等。

10.2.5　作业步骤与作业进度的拟订

对于单宗的房地产估价,估价作业步骤和进度比较容易安排,制订估价作业进度计划多采用传统的进度计划方法——甘特图(Gatt)法。甘特图又称横道图,它以一段横向粗线条表示一项工作,通过该线条在带有时间坐标的表格中的位置来表示各项工作的起始、结束时间和各工作的先后顺序,图中的进度线(横道)与时间坐标相对应。

甘特图的实质是图与表相结合的表达方式,其优点是简单、明确、形象、生动,使用方便,容易绘制也容易理解,而且各工作起止日期、作业延续时间都一目了然。当然,该方法的缺点也是很明显的:其一,它不能描述在安排项目计划时,经常遇到的各种活动间错综复杂的制约关系;其二,它不能同时反映项目决策者或实施者关注的一些计划内容,如哪些活动对总进度目标起着关键作用,必须抓紧;哪些工作在时间安排上可以做灵活变动,以及可灵活变动的时间幅度范围;第三,更为重要的是,它不便于调整和优化,因为它无法利用电脑来进行分析计算。因此,世界发达国家已基本舍弃甘特图而改用网络图或网络计划技术。

网络计划技术是以工序所需时间为时间因素,用描述工序之间相互联系的网络和网络时间的计算,反映整个工程或任务的全貌,并在规定条件下,全面筹划、统一安排,来寻求达到目标的最优方案的计划技术,该技术又称为"计划协调技术"、"计划评审技术",也称为"统筹法"。它的基本原理首先是应用网络图形式来表达一项计

划中各种工作的先后顺序和相互关系,其次通过计算找出计划中的关键工作和关键路线,接着通过不断调整与改善网络计划,选择最优方案,并付诸实施,然后在计划执行中进行有效的控制和监督,保证最合理地使用估价人力、物力和财力,又快又好地完成估价任务。

对于一些大型的综合性估价项目,如大型企业集团上市所需的房地产估价,可能涉及几百乃至上千宗分布在不同地区且类型不同的房地产估价。它的估价需要较好的项目策划,必须拟订详细的估价作业方案,明确各步骤的完成目标,搭配好需要的人力、物力和财力资源,才能保证估价项目的顺利完成。这类房地产估价的作业方案包括详细的技术路线、拟选用的估价方法、搜集资料的要求、分估价报告撰写的要求、时间的安排、人员的培训以及对分估价结果的平衡与综合的考虑等。制订这类房地产估价的作业进度计划就应该采用网络计划技术的方法,以保证最合理地安排人力、物力和财力。

10.3 全面认识估价对象房地产

10.3.1 估价对象状况资料的搜集与整理

明确了拟调查搜集的资料及其渠道来源后,待估房地产估价负责人就应该组织相关人员实施资料的调查和搜集工作。这方面的工作类似于市场调查,不过调查搜集估价资料的内容项目会更多、更详细,涉及面会更广,考虑估价方法与估价对象的针对性更强,搜集过程会更辛苦,得到某些资料的难度会更高。

通过资料搜集得到的资料往往是零散的、大量的、鱼目混杂的,有些资料可以作为估价的依据,有些资料则不能直接用于估价。因此,资料搜集完后,估价机构应对所搜集的资料进行核实、整理、分类,验证资料的正确性,排除特殊的个别交易资料和不能直接用于估价的资料。把握好资料的质量关,以便今后查阅和对资料进行分析。这方面的工作可以借用以往的数据库来完成并可更新数据库。

估价对象状况资料的整理主要有两个方面:

①对估价资料进行选择和比较。由于搜集的资料涉及面广而且数量多,必须根据资料的可信度进行比较和选择,筛选掉那些对估价结果没有太多用途的资料。对属于证明性质的资料,要验证其真伪。对估价有用的资料要进行选择,比较其作用大小,分清主次。对当前待估房地产直接有用的重要资料要做进一步的分类、核实和整理;对当前待估房地产没有直接用途的资料可作参看资料储存。

②要对估价资料进行分类和登记。不同估价目的所采用的方法不同,对估价资

料的运用要求也不同。为了便于估价工作的顺利进行,在估价之前必须对估价资料进行分类、登记。分类应达到层次清楚、属性专一,便于查询。在此基础上,对各类估价资料进行登记编号,标注代码以备估价时使用。

10.3.2 估价对象房地产的实地勘察

实地查勘是指房地产估价人员亲临现场对估价对象进行实地核实,以便对待估房地产的实体状况、产权状态、区位等具体内容进行充分了解和客观确认。实地查勘是房地产估价的又一关键点。

实地查勘的重点要核对以下几个方面:

①房地产的估价范围:实地查勘过程中,有时会发现同一地点多幢房屋、多幢房屋同一门牌号、同幢异产等情况,估价人员要认真核对房屋的估价范围,正确区分房屋产权的独有部分、共有部分和他人部分,以免误估,出现纠纷。

②房地产的使用状况:实地查勘中要查清土地的实际用途是否与权证相符,建筑物是否有违章建筑,是否有建筑面积灭失的情形。

③房地产成新度:房地产的成新度应在实地查勘建筑物的结构、装修和设备的基础上,对照房屋新旧程度评定标准,综合确定房屋的成新度。

④房地产的环境状况:实地查勘的重点是要查清待估房地产周围是否有严重的污染源,如垃圾场、噪声、废气、光污染等不良影响,以及景观是否优良,是否可停车等。

通过实地查勘,估价人员不仅能够查勘估价对象的使用情况及外观、建筑结构、装修、设备等状况,核实事先搜集的有关估价对象的坐落、四至、产权等资料;可以在现场亲身感受估价对象的位置、周围环境、景观的优劣,同时搜集补充估价所需的其他资料,了解当地房地产市场行情和市场特性等。估价人员不深入进行实地勘察,不了解待估对象的周围环境,往往会对估价的结果产生负面影响。例如,某委托方要求对其位于城市远郊的别墅群作抵押贷款的目的评估,向估价师提供的资料表明,评估对象的区位条件良好,山清水秀、交通便利、基础设施齐全,别墅的建筑质量和装修完好。估价师深入现场调查发现,委托方提供的情况属实,但忽略了别墅群后半山坡有一坟场,这样,实地勘察的补充资料就使别墅群的价值大打折扣。

在实地勘察时一般委托估价方应派出熟悉情况的人陪同估价人员。在实地查勘过程中,估价人员用事先准备好的专门表格,将有关查勘情况和数据认真记录下来,形成"实地查勘记录"。估价对象及其周围环境或临街状况应进行拍照,补充资料的情况需详细记录。当估价项目的委托人与待估房地产的所有人或使用人为同一人时,实地查勘往往能顺利完成。完成实地查勘后,实地查勘人员、委托方中的陪同人员和所有权人或使用权人都应在"实地查勘记录"上签字,并注明实地查勘日期。对于估价对象为已经消失的房地产,虽然不能进行完全意义上的实地查勘,但也应去估价对象原址进行必要的调查了解。当委托人与待估房地产的所有权人有利益冲突时,如在城市房屋拆迁估价中的委托人是拆迁方,在房地产抵债估价中委托人是法院或债权人时,被拆迁人或债权人不同意配合实地查勘无法正常进行的情况下,估价人员应当请无利害关系的第三人见证后记录在案,并在估价报告中做出相应说明。

对于运用市场法、收益法、成本法估价所选取的可比实例,估价人员应参照对估价对象进行实地查勘的要求,进行必要的实地查勘。

10.3.3 估价对象房地产的综合分析

房地产估价是估价人员以充分的事实为根据,以完备的资料为基础,站在客观的立场上,对房地产的价格加以推测与判断的行为,从根本上说是属于主观的行为。但这种行为绝不允许个人主观独断。因此,在掌握了估价对象的实体状况、权利状态、区位状况等情况下,在实地勘察之后,还要全面地搜集相关资料,综合分析影响房地产价格的诸多因素。只有这样,才能比较完整地了解估价对象的过去、现在和未来,才能为试算价格的调整和估价额的决定提供有说明力的依据,从而保证估价额得到社会的广泛承认。

另外,上述无论是资料的搜集和整理,还是实地勘察,对房地产估价师来说,他最初形成的关于待估房地产的印象都是局部的、片面的、粗浅的甚至是错误的。因此,估价师应该对取得的资料、查勘的印象进行最后的综合分析,形成一个对待估房地产的整体、全面、深入的认识,为实施房地产估价打下坚实的基础。

10.4 实施估价对象房地产的具体估价计算

10.4.1 估价方法的确定与估价资料及参数的选用

前面已根据估价对象初步选择了估价方法,再根据搜集到的资料数量和质量情况,可以比较容易地确定出正式采用的估价方法。一般来说,在选择评估方法时,应注意每种方法都有其适用范围,不同类型的估价对象对估价方法也有相应的要求,对所搜集资料的数量和质量也要严格把握。例如比较法对土地和建筑物的估价,尤其是对土地估价是非常有效的方法,但在缺乏比较实例的地区,其运用就不可行。关于所搜集资料的质量和数量,估价人员应尽力搜集,不能马虎了事。

估价资料和参数的选用应在认真分析检验的基础上,依靠估价师的经验和所采用的分析方法,公正和客观地做出正确的判断和选择。

10.4.2　房地产估价方法的综合运用与试算价格的求取

由于房地产价格受多种影响因素的共同作用,房地产价格的形成比较复杂。同时,估价活动和估价过程有赖于估价人员的经验、推测和判断,具有一定的主观性。此外,各种估价方法的特点和适用范围亦各不相同。因此,估价人员应深刻理解并综合运用市场比较法、收益法、成本法、假设开发法、基准地价修正法等估价方法。

依据上述某种估价方法直接计算出的估价额可能还不足以让人信服,不能作为最终估价结果,在估价作业上被称为试算价格。在运用各种方法计算试算价格时,由于所基于的角度和依据的资料不同,其差别是明显的。因此,估价人员进行估价时一般需同时采用两种或两种以上方法,以使估价结果相互补充和印证。若估价对象适宜采用多种估价方法进行估价,应同时采用这些方法进行估价,不得随意取舍。

10.4.3　估价结果的确定及需要注意的问题

不同的估价方法是从不同的角度来对房地产进行估价的。比较法是基于商品的替代效应;收益法是基于房地产所产生的效用;成本法是基于房地产的生产费用。因此,用不同估价方法对同一宗房地产进行估价,其计算结果会有所不同。估价人员应比较、分析这些测算结果。当这些测算结果之间有较大差异时,应寻找导致差异的原因,并消除不合理的差异。估价结果的确定就是对这些结果进行分析、处理,以确定最终估价额。

估价结果的确定过程,实际上也是试算价格的调整过程。在调整试算价格过程中,一要审查估价资料的可信度,要进一步分析资料的选择与应用是否恰当、有关房地产价格形成与运动的各项法则对估价作业的应用是否恰当、价格影响因素分析以及区域因素分析和房地产状况因素分析是否适当,等等;二要注意每一数字都要有来源依据。当计算结果差异较大时,应检查计算过程是否有误、基础数据是否准确、参数选择是否合理、公式选用是否恰当、所选用的估价方法是否切合估价对象和估价目的、是否符合估价原则以及房地产市场是否处于特殊状态。通过认真检查从而排除差异;三要注意估价对象的种类。如果上述两点没有问题,则还应检查上述资料与估价对象房地产的种类及估价目的是否吻合。对于自用房地产,一般应以比准价格或积算价格作为重点进行价格调整,并以此作为最后决定估价额的基本依据。对于收益房地产,一般应将重点放在收益价格上,以积算价格或市场价格作为参考,并以此作为最后决定估价额的基本依据。

关于房地产估价结果试算价格的调整,美国估价学会的著作《房地产估价》提出了估价师在最终调整程序中需回答的各种问题,具体可参见表 10.1。

表 10.1　最终调整需回答的问题①

1.关于土地估价	不能定量调整的因素在调整时可否进行定性分析
是否存在足够多的交易实例	调整后的成交价或单价是否在市场反映的范围内
交易实例间是否存在可比性	与其他方法的估价结果是否一致
交易实例是否具有竞争性	4.关于收益法
所做的调整是否存在市场依据	是否存在足够多的租赁实例
对不能做定量调整的因素在调整时是否可以进行定性分析	租赁实例间是否存在可比性
调整后的成交价或单价范围是否在市场反映的范围内	租赁实例是否具有竞争性
2.关于成本法	所做的调整是否存在市场依据
土地价值是否有依据	不能定量调整的因素在调整时可否进行定性分析
成本估算是否可靠	是否有可利用的历史费用数据,可靠性如何
成本估算是否考虑了所有成本	业主提供的收入是否包含了所有的收入
用来计算折旧的交易实例是否可靠	业主提供的费用是否包含了所有的费用
折旧在各部分间的分配是否正确	发生的费用与市场估计是否一致
与其他方法的估价结果是否一致	业主提供的收支是否包含了所有典型的收入与费用
3.关于市场法	是否有市场依据支持资本化方法
是否存在足够多的交易实例	是否有市场依据支持资本化率或折现率
交易实例间是否存在可比性	收益资本化法是否反映市场模式
交易实例是否具有竞争性	该方法是否反映市场思考

　　在完成上述工作后,对于初步确定的试算价格,要根据待估房地产具体情况及估价人员的判断,采用简单算术平均数、加权算术平均数、中位数等数学方法,计算出一个估价的综合值。当选用加权算术平均数时,一般根据资料的可信度和估价对象的种类来赋予权重,不得随意改变权重来调整估价报告。最后估价人员还应考虑一些不可量化的价格影响因素,依靠自己的专业经验及对房地产市场行情的理解来把握价格,对估价综合值进行适当的调整和修正,或取整、或认定该结果,从而得到最终的评估价格。当有调整时,应在估价报告中明确而充分地阐述调整的理由。

　　估价结果的确定不能拘泥于用某些计算公式得出的结果,还需要依靠专业经验

---

①美国估价学会.房地产估价[M].12版.中国房地产估价师与经纪人学会,译.北京:中国建筑工业出版社,2005.8:528。本处在编排上有所调整。

进行正确的判断,同时可听取有关人士的意见,从而使待估房地产的评估价格不断的接近客观实际。

本章小结

在掌握了房地产估价的基本原理与方法后,就开始进入房地产估价作业的准备与实施阶段。这个阶段的工作主要包括确定估价对象房地产、拟订房地产估价作业方案、全面认识估价对象房地产以及实施估价对象房地产的具体估价计算等方面。其中上述每项工作都包括各自不同的内容,需要房地产估价人员认真了解和切实掌握。只有这样,才能评估出待估房地产的客观合理价格或价值,为委托方和社会所接受。

重要名词与概念

估价基本事项　　　估价作业方案　　　实地勘察　　　估价结果的确定

复习思考题

1. 估价基本事项包括哪些内容?
2. 估价作业方案包括哪些内容?
3. 举例说明如何初选估价技术路线和方法。
4. 搜集资料的渠道有哪些? 举例说明你所在地区房地产均价信息获取的渠道。
5. 试举例说明实地查勘的重要性。
6. 为什么要综合运用房地产估价方法?
7. 为寺院、市郊的别墅以及商业街上的小吃店选择适宜的估价方法并说明原因。
8. 如何确定估价结果? 或确定估价结果应该注意哪些问题?

房地产估价师考试真题

一、单项选择题
1. 搜集估价所需的有关资料,主要取决于拟采用的(　　)。
　　A. 估价目的　B. 估价方法　C. 价格类型　　　　D. 时间长短
2. 一个估价项目中的估价目的,本质上是由(　　)决定的。
　　A. 估价机构　B. 估价师　　C. 估价报告使用者　D. 估价委托人的估价需要

二、多项选择题

1. 在明确了估价基本事项的基础上,应对估价项目进行初步分析,拟订估价作业方案。估价作业方案的内容主要包括(　　　)。

A. 拟采用的估价技术路线和估价方法

B. 拟调查搜集的资料及其来源渠道

C. 预计所需的时间、人力、经费

D. 估价作业步骤和时间进度安排

E. 违约责任

2. 在房地产估价中,如果估价目的的不同,则(　　　)。

A. 估价的依据有可能不同

B. 估价的方法有可能不同

C. 估价对象的范围有可能不同

D. 不影响估价结果的公正性

E. 不影响估价报告的用途

三、判断题

1. 在进行房地产估价时,对房地产市场情况的分析始终应针对估价时点时的状况。　　　　　　　　　　　　　　　　　　　　　　　　　　(　　)

2. 如果估价对象适宜采用多种估价方法进行估价,则应同时采用多种估价方法进行估价,不得随意取舍。　　　　　　　　　　　　　　　　　(　　)

第11章
房地产估价报告撰写与交付

【本章导读】

本章主要介绍房地产估价报告的写作要素、报告撰写和交付工作。要求了解房地产估价报告的写作基础、交付和归档管理,掌握房地产估价报告的格式和撰写要求。

11.1 房地产估价报告的格式与内容

11.1.1 房地产估价报告及其形式

估价人员在确定了最终的估价结果之后,应当编写估价报告。估价报告是房地产估价机构全面、公正、客观、准确地记述估价过程和估价成果的文件,是给委托方的书面答复,是关于估价对象的客观合理价格或价值的研究报告。

因此,撰写估价报告书不仅是估价过程的总结,也是估价水平的体现。估价报告质量的高低不仅取决于估价结论的准确性、估价方法选择的正确性、参数确定的合理性,还要有规范的格式、较高的文字表述水平以及良好的外观形象。外观应正式、整洁和专业,报告所用的纸张、印刷及装订质量都应符合质量要求。编制草率的报告说明估价师的努力不够,估价机构的管理不善。

房地产估价报告的形式分为口头报告(如专家证词)和书面报告。书面报告按照其格式又可分为表格式报告和叙述式报告两种。报告的形式一般取决于报告的用途和房地产的类型。

1)表格式

表格式是一种固定化了的估价报告格式。估价人员只需按表格要求逐项填写即可。这种估价报告的优点是操作方便,不易遗留,估价人员撰写报告省时省力;缺点是对一些特殊性、个别性的内容,如有关参数的选择、调整幅度的确定等,不能详细分析,突出重点,而这一点往往是估价报告质量和估价人员业务水平的体现所在;其次,对一些需说明的内容不能描述和重点说明,如建筑物装修与使用情况。因此,表格式估价报告仅用于旧城区居民房屋拆迁补偿估价、居民预购商品住宅的抵押估价等。

2)叙述式

叙述式是一种由估价人员根据需要而撰写的估价报告格式。其优点是估价人员可根据待估对象、资料状况、估价经验等进行充分论证和解释其分析、意见和结论,使估价结果更具有说服力。叙述式报告是估价人员履行对委托人责任的最佳方式。因此,《房地产估价规范》规定:对于成片多宗房地产的同时估价,且单宗房地产的价值较低时,估价结果报告可采用表格的形式。除此之外的估价结果报告,应采用文字说明的形式。

11.1.2 房地产估价报告的组成和内容

根据《房地产估价规范》,估价报告应包括下列 8 个部分组成,具体如下:

1)封面及其内容

①标题:这是估价报告的名称,如"房地产估价报告"。

②估价项目名称:说明本估价项目的全称,如"×××宾馆地上建筑物价格评估"。

③委托人:说明本估价项目的委托人的名称或者姓名。委托人为单位的,为单位全称;为个人的,为其姓名。

④估价方:说明受理本估价项目的估价机构全称,如"×××房地产估价评估有限公司"。如为两家估价机构联合作业,必须同时署上两家机构的全称。

⑤估价师:说明所有参加本估价项目的注册房地产估价师的姓名。

⑥估价作业期:说明本次估价作业的正式接受委托日期至完成估价报告的日期,如"2012 年 3 月 × 日——2012 年 4 月 × 日"。

⑦估价报告编号:说明本估价报告在估价机构内的编号,方便归档和今后查找,如"×××房估字[2012]×号"。

2)目录及其内容

目录中通常按前后序列列出估价报告的 5 个组成部分(致委托人函、估价师声明、估价结果报告、估价技术报告、附件)的名称、副标题及其对应的页码,以使委托人或估价报告使用者对估价报告的框架和内容有一个总体了解,并容易找到其感兴趣的内容。

3)致委托人函及其内容

致委托人函是正式地将估价报告呈送给委托人的信件,在不遗漏必要事项的基础上应尽量简洁。其内容一般包括以下几项:

①标题:致委托人函。

②致函对象:指委托人的名称或姓名。

③致函正文:说明估价目的、估价对象、估价时点、估价结果和估价结果有效期。

④致函落款:为估价机构的全称,加盖机构公章,并由法人代表签名、盖章。

⑤致函日期:指致函时的年、月、日。

4)估价师声明及其内容

估价报告应包含一份由所有参加该估价项目的估价师签字、盖章的声明。该声明告知委托方和估价报告的使用者,估价师是以客观公正的方式进行估价的,同时对签字的估价师也是一种警示。

5)估价的假设和限制条件

本部分通常应说明本次估价的假设前提、未经调查确认或无法调查确认的资料数据、估价中未考虑的因素和一些特殊处理及其可能的影响、本估价报告的限制条件。

在估价报告中陈述估价的假设和限制条件,一方面是规避风险、保护估价机构和估价人员,另一方面是告知、保护委托方和估价报告的使用者。

6)估价结果报告及其内容

房地产估价结果报告应简明地说明下列内容:

①委托人:包括名称或姓名、地址、电话等。

②估价机构:包括估价机构名称、法定代表人、地址、电话等。

③估价对象:包括估价对象的物质实体状况、权益状况和区位状况。

④估价目的:说明本次估价的目的和应用方向。

⑤估价时点:说明本次估价结果对应的年、月、日。

⑥价值定义:说明本次估价采用的价值标准和价值内涵,如市场价值、抵押价值等。

⑦估价的假设和限制条件:估价报告中应当特别说明估价结果的假设和应用限制条件。

⑧估价依据:说明本次估价依据的国家和地方的法律、法规,委托人提供的资料等。

⑨估价原则:说明本次估价遵循的估价原则。

⑩估价方法:说明本次估价的思路和采用的方法。

⑪估价结果:说明本次估价的最终结果,应分别说明总价和单价。

⑫估价作业期:说明本次估价的起止年、月、日。

⑬其他说明事项:包括说明本估价报告的应用有效期及其他需要说明的事项。

⑭估价人员:说明参加本估价项目的估价人员的姓名、估价资格和注册证号,并由估价人员本人签字、盖章。

7)估价技术报告及其内容

估价技术报告一般包括下列内容:

①估价对象分析:详细介绍,说明,分析估价对象的区位、实物和权益状况。

②市场背景分析:详细说明、分析估价对象类似房地产的市场状况及影响因素。

③最高最佳使用分析:详细说明、分析估价对象的最高最佳用途。

④估价方法选用:详细说明估价的思路和所采用的方法及其理由。

⑤估价测算过程:详细说明测算过程、参数确定等。

⑥估价结果确定:详细说明估价结果及其确定的理由。

在房地产估价报告中,估价结果报告和估价技术报告是核心部分。估价结果报告是以精练的文字,扼要的说明有关估价的关键问题和估价结果的报告。估价技术报告是详细阐述估价过程的报告。

8)附件及其内容

附件通常包括反映估价对象有关状况的图片、图件,如估价对象位置图、土地形状图、建筑平面图、建筑物外观和内部照片;估价所需产权证件,如《国有土地使用证》复印件;估价中引用的其他专用文件资料;原始资料和实地勘察的数据;估价机构资质证书复印件、估价人员资质证书复印件等。

11.1.3　土地估价报告的格式和内容

土地估价报告根据《城镇土地估价规程》也有相应的规范格式要求,与房地产估价报告有一定差异。以下简要介绍文字式土地评估报告和土地评估技术报告。

1)土地评估报告

土地评估报告包括以下内容及格式:

(1)封面

封面主要包括标题、项目名称、受托估价单位、委托估价单位、土地估价报告编号以及提交估价报告的具体日期。

(2)正文

①摘要:主要内容有估价项目名称、委托估价方、估价目的、估价基准日、估价日期、地价定义、估价结果、土地估价师签字以及土地估价机构。

②评估对象界定:主要内容有委托估价方、估价对象、估价对象概况、地价影响因素分析。

③土地估价结果及其使用:主要内容有估价依据、土地估价、评估结果和评估报告的使用以及附件等。

2)土地评估技术报告

土地评估技术报告包括以下内容及格式:

(1)封面

封面主要包括项目名称、受托估价单位、委托估价单位、土地估价报告编号、提交估价报告的具体日期、关键词、评估目的以及年度等。

(2)正文

①总述:内容包括项目名称、委托估价方、受托估价方、估价目的、估价依据、估价基准日、估价日期、地价定义、估价结果、需要特殊说明的事项、土地估价师签字、土地估价机构、估价机构负责人签字。

②估价对象描述及地价影响因素分析:内容包括估价对象描述及地价影响因素分析。

③土地评估:内容包括估价原则、估价方法与估价过程及地价的确定。

④附件等。

11.2 房地产估价报告的撰写与审读

11.2.1 房地产估价报告撰写的目的

房地产估价报告是估价人员基于估价对象的估价目的,将估价过程中采用的原则、方法、程序、依据与参数选择、数据资料取舍、估价结果以及估价人员、估价机构、注意事项等进行翔实而完全的记载,以履行委托估价方的估价合同。

由此可见,估价报告是估价机构履行估价合同的成果。通过估价报告,不仅可以了解房地产估价的最后结果,还能反映整个估价过程的技术路线、使用方法和估价的依据,体现出估价结果的确定是估价人员以科学严谨的态度评估出来的,是有充分的科学依据的,并且是在大量翔实资料的基础上得出来的,增强了估价结果的可信度。

估价报告也是估价机构所承担法律责任的书面文件,一旦发生估价结果争议,可以为估价机构的申诉提供依据。

估价报告还是房地产估价管理组织对估价机构评定质量和资质等级的重要依据。通过审查估价报告,一方面可以反映出估价人员的业务水平、工作经验和职业道德;另一方面也可以反映出估价机构的质量保证体系水准和管理水平。

因此,撰写好估价报告书不仅是估价过程的总结,也是估价水平的体现,是十分重要的一项工作。所以,估价师应该按照房地产估价报告的格式和要求,认真撰写估价报告,并对撰写好的估价报告进行仔细的审读,保证估价的高水平和估价报告的高质量。

11.2.2 房地产估价报告撰写的要求

房地产估价报告是关于估价对象的客观合理价格或价值的研究报告,不论采用何种格式,都应严谨地记述估价过程和结论,同时要便于委托方理解、察看和记忆。房地产估价报告作为一种特定的写作文体,有着自身的写作规律。撰写估价报告要符合以下几点要求:

①全面性。估价报告应完整地反映估价所涉及的事实、推理过程和结论,正文内容和附件资料应齐全、配套。

②公正性。估价报告应站在中立的立场上对影响估价对象价格或价值的因素进行客观的介绍、分析和评论。估价人员不得在估价作业中掺杂个人和机构的额外

利益。

③客观性。估价报告所采用的背景资料要真实,分析性材料要客观存在,估价结果必须符合市场的客观状况。如果估价结果与现实客观市场状况偏差太大,必须重新检验本次估价所采用的材料是否真实、可比性如何、估价方法是否得当、分析测算过程是否合理,找出问题的原因,从而做出符合客观现实的估价。

④准确性。估价报告的用语应力求准确,避免使用模棱两可或易生误解的文字,对未经查实的事项不得轻率写入,对难以确定的事项应予以说明,并描述其对估价结果可能产生的影响。

⑤概括性。估价报告应用简洁的文字对估价中所涉及的内容进行高度概括,对获得的大量资料应在科学鉴别与分析的基础上进行筛选,选择典型、有代表性、能反映事情本质的资料来说明情况和表达观点。

⑥方便性。撰写的估价报告应方便他人阅读和审核,封面设计应具有一定的特色。

11.2.3　房地产估价报告的审读

写好房地产估价报告,不仅要求房地产估价师具备房地产估价的专业知识以及与房地产估价有关的各类知识,能够了解和分析房地产市场的运行规律,同时还要掌握房地产估价报告的题材特点,灵活运用其写作技巧。一份高质量的房地产估价报告,依赖于作者良好的综合素质。综合素质的提高,只能在实践中不断积累。

为了保证估价报告的质量,估价机构应当建立健全估价报告内部审核制度,由资深估价师按照合格估价报告的要求,对撰写的估价报告进行全面审核,并确认估价结果的合理性。审核的结论性意见可为下列之一:可以出具;作适当修改后出具;应重新撰写;应重新估价。对于经审核认为不合格的估价报告,要作修改或重新撰写。只有经审核合格的估价报告,才能够出具给委托人。资深估价师在审核房地产估价报告时,应重点检查以下几点:

①审核房地产估价的技术路线。房地产估价的技术路线是估价人员对估价对象房地产的价格形成过程的认识,也是确定房地产价格的形成过程。错误的估价技术路线会造成估价方法的选择不当,导致不正确的估价结果。

②审核各种估价方法、参数的选用是否得当。各种估价方法都有相应的适用范围和难点,在估价过程中选错了估价方法或相关参数,就很难保证评估价格的客观性。

③审读估价报告的格式是否正确。房地产整体估价和单项房屋估价应采用房地产估价报告的规范格式,单纯的土地估价应采用土地估价的规范格式。

④审读估价报告的内容是否完整。估价报告规范格式中每部分都要有明确表述

的项目,不得缺项。

⑤审读用词是否准确。估价报告中的用词要准确表现事物的特征和作者的意图;语义要鲜明,不能含混不清、模棱两可;尽量使用中性词汇,用词不可带有强烈的感情色彩。

⑥审读报告中的语句是否把握恰当。估价报告中的句子要完整,语义要衔接,逻辑要严密,不能出现自相矛盾的现象;同时句子要简洁,不能出现杂糅等毛病。

⑦审读容易混淆的词语是否用错。如"坐落"不是"座落","内涵"不是"内含"等。

在估价报告审核中,要做好审核记录。完成审核后,审核人员应在审核记录上签名,并注明审核日期。

11.3 房地产估价报告交付及后续工作

11.3.1 房地产估价报告的出具与交付

估价报告经审核合格后,要将估价报告核对打印成正式报告,由负责该估价项目的估价师签名、盖章,以估价机构的名义出具,并由负责该估价项目的估价人员将正式报告正本及时送达评估委托人,并按规定收取估价费。在交付报告时,还可就估价中的某些问题做口头说明,至此完成了对委托人的估价服务。

估价报告委托人在收到估价报告后如对估价结果有异议,可在规定的期限内(如5天)向估价机构提出重新评估的要求,并说明理由。估价机构接到估价委托人提请重新评估的要求后,认为不需要再评估时要向主要委托人说明理由;认为需要重新评估的,应根据评估委托人的意见重新估价审核,对原来的估价结果进行修改和调整。评估委托人到期不提出意见和要求,即为接受估价结果,则估价结果正式生效。

需要说明的是,估价服务费用的收取并不完全是估价双方的行为,它受到有关要求和标准的制约。目前,我国房地产估价服务收费方式一般按照房地产估价评估值数额,实行差额定率分档累进计费制;但收费标准在房地产估价和土地估价及资产评估方面存在一定的差异。其中,以房产为主的房地产估价收费,按《关于房地产中介服务收费的通知》(〔1995〕971号)的规定执行。这个规定提出的收费标准是最高标准,经济特区可适当高于这个标准,但最高不得超过这个收费标准的30%;以土地为主的房地产估价收费,按《关于土地价格评估收费的通知》的有关规定执行。这个标准为一般宗地评估收费,城镇基准地价评估收费不属此列。此标准是最高标准,经济特区可适当高于这个标准,但最高不得超过这个收费标准的 30%。具体标准见表11.1。

表 11.1　土地与房地产估价收费标准

| 房地产估价收费标准 | | 一般宗地评估收费标准 | |
档次	房地产价格总额/万元	累进计费率/%	土地价格总额/万元	累进计费率/%
1	小于100(含100)	0.5	小于100(含100)	0.4
2	101 ~ 1 000	0.25	101 ~ 200	0.3
3	1 001 ~ 2 000	0.15	201 ~ 1 000	0.2
4	2 001 ~ 5 000	0.08	1 001 ~ 2 000	0.15
5	5 001 ~ 8 000	0.04	2 001 ~ 5 000	0.08
6	8 001 ~ 10 000	0.02	5 001 ~ 10 000	0.04
7	大于 10 000	0.01	大于 10 000	0.01

11.3.2　房地产估价资料的归档与管理

完成并向委托人出具估价报告后,估价机构及时对涉及该估价项目的一切必要的文字、图表、声像等不同形式的资料进行整理,并将它们分类保存起来,即归档。估价资料归档的目的是为了方便今后的估价和管理。估价资料的归档有助于估价机构和估价人员不断提高估价水平,也有助于解决以后可能发生的估价纠纷,还有助于政府主管部门和行业自律性组织对估价机构进行资质审查和考核。

归档保存的资料应包括:估价机构与委托人签订的估价委托合同;估价机构向委托人出具的估价报告;实地勘察记录;估价项目来源和接洽情况记录;估价中的不同意见和估价报告定稿之前的重大调整或修改意见记录;估价报告的审核记录及其他等。

估价机构应建立完善的估价资料立卷、存档、报管、查阅、销毁等档案管理制度,以保证估价资料妥善保管、有序存放、方便查阅,严防毁损、散失和泄密。估价资料的保存时间一般应在 15 年以上,从估价报告出具之日算起。保管期限届满但估价所服务的行为未了的估价资料,应当保管到估价所服务的行为完结为止。

估价资料的保管人员调动工作,应按有关规定办理交接手续,估价机构终止、分立、合并等,估价资料的保管人员应会同有关人员和单位编制估价资料的移交手册,将估价资料移交给制订的单位,并按有关规定办理交接手续。

本章小结

估价报告是房地产估价机构全面、公正、客观、准确地记述估价过程和估价成果的文件,是给委托方的书面答复,是关于估价对象的客观合理价格或价值的研究报告。

房地产估价报告属于应用文范畴。应用写作主要由写作主体、写作客体、写作载体、写作受体 4 个基本要素构成。

房地产估价报告的形式分为口头报告和书面报告。书面报告按照其格式又可分为表格式和叙述式两种。根据我国房地产估价规范,估价报告应包括封面、目录、致委托方函、估价师声明、估价的假设和限制条件、估价结果报告、估价技术报告以及附件等几个部分。

撰写房地产估价报告有其客观的目的。因此,在撰写中应注意估价报告的全面性、公正性、客观性、准确性、概括性以及方便性。同时,为了保证估价报告的质量,估价机构应当建立健全估价报告内部审核制度。经审核合格后,房地产估价报告应由负责该估价项目的估价人员及时将估价报告交付给委托人,并应及时对涉及该估价项目的一切必要的资料进行整理,并将它们分类保存起来。估价资料的保存时间一般应在 15 年以上。

重要名词与概念

房地产估价报告格式   估价结果报告   估价技术报告   房地产估价资料归档

复习思考题

1. 房地产估价报告的写作主体必须具备哪些方面的条件?

2. 估价报告书有哪几种类型?

3. 估价报告由哪几部分组成? 具体内容有哪些?

4. 试比较房地产估价报告与土地估价报告的异同。

5. 房地产估价报告撰写的要求有哪些?

6. 如何审读房地产估价报告?

7. 房地产估价和土地估价的收费标准是如何规定的?

8. 归档保存的估价资料有哪些? 如何对估价资料进行管理?

9. 试分析估价时点、估价作业期、估价报告出具日期、估价报告有效期和估价责任期之间的异同。

房地产估价师考试真题

一、单项选择题

1. 房地产估价委托合同的内容可以不包括(　　)。

    A. 估价对象　　　　B. 估价目的　　　　C. 估价人员　　　　D. 委托人的协助义务

2. 多数估价是对当前的价值进行评估,一般以(　　)之日为估价时点。

    A. 委托书签订　　　B. 实地查勘　　　　C. 估价报告提交　D. 实际目的发生

二、多项选择题

1. 以下属于估价报告内在质量的有(　　)。

    A. 估价结果的准确性　　　　　　　B. 估价方法选用的正确性

    C. 参数选择的合理性　　　　　　　D. 文字表述水平

    E. 文字格式及印刷质量

2. 房地产估价报告中专门列出估价的假设和限制条件的目的是(　　)。

    A. 说明估价报告的合法性、真实性

    B. 说明估价的独立、客观、公正性

    C. 规避估价风险

    D. 保护估价报告使用者

    E. 防止委托人提出高估或低估要求

三、判断题

1. 一份完整的估价报告通常由封面、目录、估价师声明、估价结果报告、估价技术报告和附件六部分组成。　　　　　　　　　　　　　　　　　　(　　)

2. 接受估价委托后,受托估价机构不得转让、变相转让受托的估价业务,并应明确至少一名合适的估价人员负责该估价项目。　　　　　　　　　　　　(　　)

第4篇 房地产估价的智能化

>>

本篇导读

根据前面对房地产估价的介绍可知,房地产估价不是对房地产价格的主观给定,而是房地产估价师根据严密的估价理论,借鉴以往的估价经验,把房地产的客观实际价格正确地反映出来。但是在实际操作过程中,因为存在众多影响房地产价格的因素及房地产估价过程的主观性,造成在房地产估价过程中不同程度上存在理论依据不严密,估价方法不科学,估价结论与客观实际价值相背离,估价报告不严谨以及估价数据资料不共享等一系列问题。这些问题都直接或间接地影响到估价结果的准确性,定性化的描述与判断难以满足分析要求,因此我们需要依赖于定量分析,而这种复杂的综合分析过程是难以采用人工的手段来完成的,必须依赖于现代的计算机技术和相关的辅助设计及信息系统等智能化手段。房地产估价智能化具有过程科学严谨、结果客观准确等优点,这都为在房地产估价活动中采用智能化手段提供了必要性。

第 12 章
房地产估价信息系统

【本章导读】

　　建立房地产估价信息系统的主要目的在于实现房地产估价的智能化,尽量降低目前估价过程中过度依赖估价人员经验和主观判断带来的不利影响。本章主要介绍房地产估价信息系统的内涵、发展现状以及结构、功能、开发和管理等内容,并结合举例,使读者对房地产估价信息系统有一个大概的了解。

12.1　房地产估价信息系统的内涵与发展现状

12.1.1　房地产估价信息系统的内涵

1)房地产估价信息系统的概念

　　房地产估价信息系统是将与房地产估价有关的各种信息集合成有机整体的信息管理系统,具备对房地产信息进行搜集、编辑、处理与分析、自动生成估价报告等功能。它既能处理房地产的各种图像、图形和文字数据,又能对房地产价格作出判断,并根据估价人员的要求生成、打印估价报告和其他相关文件,是房地产估价工作的计算机辅助支持系统。

　　房地产估价信息系统作为房地产估价工作的计算机辅助支持系统,应当充分地

体现房地产估价的本质特征,克服现有房地产估价过程中存在的弊端。因此,房地产估价信息系统至少应做到:

①系统的数据处理必须以严谨的房地产估价理论为依据。

②系统能够对估价师提供的估价项目原始数据进行分析判断后,给估价师提供一个比较贴切的建议,以协助估价师对房地产客观实际价值做出更为准确的判定。

③随着估价活动的进行,系统能够进行自我积累,即把估价师的经验变成系统自身的经验。

2)房地产估价信息系统的目标

房地产估价信息系统的根本目标就是要尽量克服估价过程中过度依赖估价人员经验和主观判断带来的不利影响,实现房地产估价的智能化与科学高效。它具有一个"方法—过程—结果"的完整目标体系,具体有以下几个方面:

①实现估价方法的系统化并建立起有效的估价方法体系,通过多种计量模型的应用和科学测算方法的建立,提高估价方法的科学性。

②充分利用城乡土地定级资料及房产市场交易资料等先验数据,建立数据库,并通过计算机处理,提高估价过程的准确性,缩短估价周期,提高估价工作效率。

③通过统一估价规程的建立和严密的估价组织管理的实施,保证估价过程中的客观性和公正性,规范房地产估价运作,促进评估业健康发展。

④通过对个体资料的适时直接处理,变间接估价为直接估价,变静态价格为动态价格,提高估价结果的可应用性。

12.1.2 房地产估价信息系统的发展现状

近几年,随着计算机科学及信息技术的迅速发展,3S(即地理信息系统 GIS、遥感 RS 和全球卫星定位系统 GPS)关键技术的突破,使建立房地产估价信息系统来完成房地产估价及其相关工作成为可能。目前,国内外的房地产估价信息系统通常采用数据库等计算机技术,利用 Web GIS 与办公自动化开发 Client/Server 结构相结合作为开发的主要思路,以市场比较法作为主要的评估方法。我国于 2004 年开始建立房地产市场信息系统和预警预报体系,当年我国建设部、发改委、财政部、国土资源部、中国人民银行、国家税务总局、国家统计局 7 部门联合发出通知,要求房地产管理部门负责提供商品房预售及房地产交易和登记数据,计划部门负责提供房地产开发项目立项情况的数据,土地部门负责提供房地产开发用地情况的数据,规划部门负责提供建设用地规划许可证、建设工程规划许可证审批情况的数据。各地区牵头部门要根据预警预报信息系统建设的要求,以现有成熟的软件系统为基础,抓紧进行信息资源的整合,提升系统现有设备,完善软件服务功能。

12.2　房地产估价信息系统的结构与功能

12.2.1　房地产估价信息系统的结构[①]

房地产估价信息系统主要由数据采集、数据库管理、分析与计算、输出管理和系统维护等子系统所组成,具体可以分为输入子系统、处理子系统及输出子系统。

1)输入子系统

输入子系统主要解决估价项目数据的输入,包括估价项目特征数据、估价项目估价数据以及公共数据库中尚未描述的与估价项目相关的区域环境数据。估价师将其所获取的估价项目的特征数据和估价数据,按照系统提供的数据格式,输入系统并将这些数据存储在相应的数据库中。同时,系统根据估价项目特征数据库中描述的估价项目所处区域的区域环境标识,在区域环境数据库中进行检索,系统根据检索结果,在估价项目特征数据库中记录区域环境数据索引标识,或者向估价师提出输入区域环境数据的请求。其他数据的输入均可通过单项的输入子模块完成。

2)处理子系统

处理子系统是房地产估价信息系统的核心系统,它是在估价师的参与下对估价项目进行估价,最终形成估价报告。处理子系统主要包括估价方法确定、估价项目估价、估价报告编辑三部分。

(1)估价方法确定

系统根据估价方法模型数据库中估价方法参数的来源、性质、逻辑关系,在估价项目的特征数据库、估价数据库以及区域环境数据库中逐项筛选估价项目的方法参数数据项,初步确定估价方法,再借鉴以往的估价经验对估价方法的选择进行修正,确定出比较适合估价项目的估价方法,并连同修正经验一起反馈给估价师,估价师再根据自己的估价工作经验,对系统选择的估价方法进行修订,将修订结果传递给"估价项目估价"模块,同时,系统记录估价师修订估价方法的经验参数。

[①] 景亚平,谭敬胜.房地产估价信息系统的研究[J].长春工程学院学报:社会科学版,2001(2).

（2）估价项目估价

系统根据选定的估价方法，从估价方法模型数据库中提取计算公式，从与估价项目相关的公共数据库、估价项目数据库、系统数据库中提取确定估价结果所需要的各项数据进行计算，套用估价报告格式，借鉴估价报告修订经验，生成估价结果报告和估价技术报告，并将其存储在估价项目的估价报告数据库中。

（3）估价报告编辑

估价师根据系统提交的估价报告，结合自己编写估价报告的经验和风格，对估价报告进行修订，将修订后的估价报告存储在估价报告数据库中，同时，在估价经验数据库中记录估价报告修订经验。

3）输出子系统

输出子系统主要进行估价报告以及估价工作过程中需要的其他资料，如估价项目数据、区域环境数据、房地产交易实例数据及估价活动分析数据等数据的输出。系统根据估价师对估价工作资料的需要指令，从各个数据库中提取数据，按照特定的数据输出格式，通过显示器或打印机将其传递给估价师。

房地产信息系统的结构如图 12.1 所示。

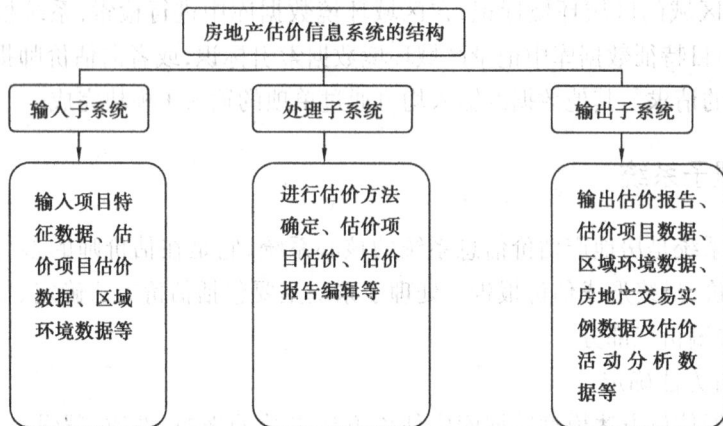

图 12.1　房地产信息估价系统的结构

12.2.2　房地产估价信息系统的功能

根据估价信息系统结构的设计，同时考虑到系统的实用性、估价人员的其他要求，该系统可实现如下几个功能：

①数据管理。主要提供估价项目数据输入、查询、修改以及系统数据和公共数据的查询功能。

②项目估价。主要提供估价方法选择、估价方法修订、项目估价、估价报告编辑 4 项功能,这 4 项功能即估价工作的主要流程,它们是按顺序进行的。

③数据输入。主要提供估价工作需要及估价师需要的估价数据、系统数据、公共数据及相关的分析数据。

④估价工作分析。主要提供估价经验数据的分析功能,包括估价方法选择分析、估价数据修正原因分析、系统与估价师估价差异分析 3 项功能。

⑤系统维护。主要提供系统数据、公共数据、估价项目数据的维护与扩充功能。

房地产估价信息系统的功能如图 12.2 所示。

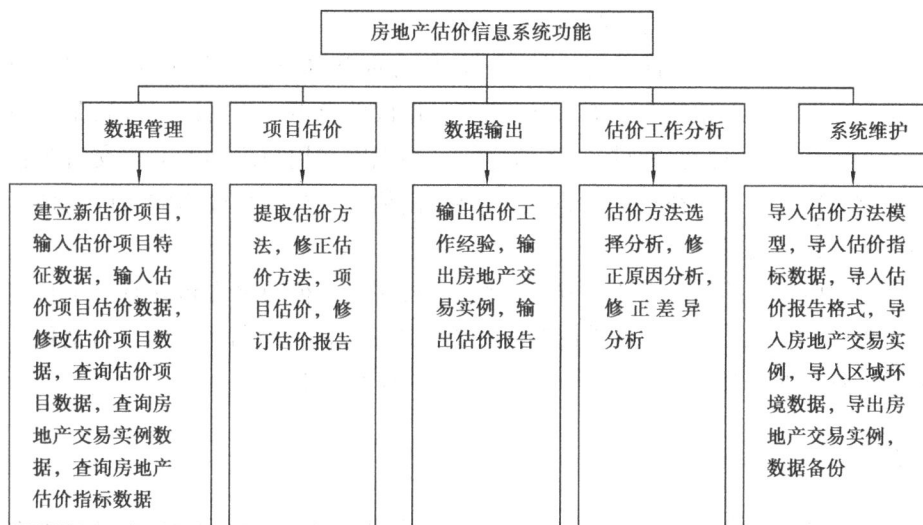

图 12.2 房地产估价信息系统的功能

12.3 房地产估价信息系统的开发与管理

12.3.1 房地产估价信息系统的设计开发①

1)系统定位与结构分析

房地产价格具有多层次、多影响因素和时空变异的特点,将客观实在的房地产价

___

①安旭东,周生路,彭补拙.试论房地产估价信息系统化及其实现[J].人文地理,2000(6).

值通过评估活动人为反映出来,是一项复杂的工作,并不是通过几个简单公式计算就能实现,因此并不是任何人都能够胜任这一工作,而是需要具有一定水平和经验的专家才能完成。鉴于此,房地产估价信息系统设计必须基于上述认知,设计成面向房地产估价专家(估价师)的决策支持系统(DSS)。

在这一结构中,推理机构是系统的核心。它是一种半自动化的逻辑推理模块,其与用户之间的双向交流是体现决策支持的关键。

先验数据库是系统的基本数据来源,主要内容包括区域内与房地产价格相关的城乡土地定级资料及房地产市场交易资料等。它处于系统最底层,同时由于其动态更新需要而与用户端保持直接联系。

知识库主要内容包括区域自然、社会、经济在时间和空间上的定性和定量指标,尤其是与房地产价格相关的经济指标,如某一地段的自然环境、社会环境,某一时段内的宏观经济指标、房地产市场经济指标等。知识库与用户之间的双向交流为估价人员提供方便的使用和补充知识的交互过程,使估价人员获得较为完备的与估价测算相关联的背景资料。

方法库由常用的房地产估价方法模块组成,在每一模块之中包含有一个特定的处理流程以及与之相关联的数学模型。系统在调用方法库中每一方法进行估价计算时能保证各自的相对独立性,但同时测算结果具有可比性。

2)设计方法

房地产估价信息系统设计应以房地产估价基本理论方法为依据,遵循软件系统工程和专业信息系统设计要求进行。即通过城乡土地定级资料及房地产市场交易资料的充分分析和提取建立起先验数据库;通过对房地产价值影响因素深入分析,采用如线性回归分析、系统动力学以及趋势面回归分析等各种计量分析模型建立起估价方法库;通过对区域自然环境和社会经济定性定量数据的搜集整理和房地产经济要素的获取建立起估价知识库;然后通过推理机构对外部数据与数据库、方法库和知识库中数据关系的集中处理提供选择,并接受专家依据其知识经验而做出的决策反馈而实现估价测算;同时采用先进的软件开发方式,实现系统集成。

具体设计包括对系统工作流程的设计、用户界面的设计以及系统模块设计。

3)主要内容

房地产估价信息系统的核心是数据分析与管理,因此应选择数据库语言作为系统程序设计的主要语言。考虑到系统涉及的数据规模,应选择大型数据库管理系统Oracle进行后台数据管理。同时为提高系统运行效率以及系统友好界面的实现,应采用面向对象的程序设计语言 Visual Basic 进行系统的集成。就系统程序组成而言,房地产估价信息系统应包括以下主要内容：

①功能选择程序：包括系统总控程序和各模块控制程序。其主要功能是通过菜单提示供用户选择任一功能模块或子模块的运行。

②数据处理程序：负责对相关数据进行分类、计算、汇总、对比和分析等工作。

③查询和检索程序：提供对系统数据文件进行审核、查询的功能。

④输入数据程序：接收用户输入的数据，并通过相应的校验、检验措施和手段，审核用户输入数据的正确性，并对不正确数据提供适时修改功能。

⑤输出数据程序：按用户要求的条件，以用户认可的格式，将计算机内数据处理输出，输出方式包括屏幕显示及打印机输出等。

12.3.2　房地产估价信息系统的运行管理

1）系统组织

房地产信息呈现出多层次、多时空分布的特点，这必然要求房地产估价在一定地域范围内实现信息的交换与集中，同时从房地产估价的组织来看，它不是由单一机构或个人承担的任务，而必须依赖于组织内大量估价机构及人员的共同努力。从现实情况看，近几年网络技术的飞速发展为此提供了方便。因此，房地产估价信息系统应基于网络环境下运行，采用 C/S（客户机/服务器）体系：以房地产管理机构为核心，实现集中管理，并尽可能多地将组织内各单元进行联结，实现资源共享和组织成员相互通信。

2）系统运行

估价信息系统是面向专家的决策支持系统，房地产估价结果的合理性在很大程度上依赖于专家经验，因此从估价管理角度来说，为保证估价质量，必须是房地产估价师才能应用房地产估价信息系统在一定权限范围内获取估价资料和进行估价工作。在估价信息系统运行中，为防止系统滥用，有必要设置一定权限并建立起估价师管理信息库，限定只有在管理机构登记的注册估价师才能按规定运用该系统从事房地产估价，同时房地产管理机构可以通过网络化的管理监督其工作，以促进房地产估价的健康有序开展，改变当前估价管理混乱乏力的局面。

12.3.3　房地产估价信息系统的维护管理

房地产估价信息系统的维护管理主要包括系统用户安全管理、系统安全日志、数据备份等功能。

①用户安全管理。日常工作人员管辖范围不同,权限各不相同,为保证系统安全,系统提供用户和密码分级维护功能。

②系统安全日志。自动记录当前系统使用状况,保证系统运行的安全性。

③数据备份。实现数据库的定期备份,防止数据丢失和被损坏。

在具体实现该软件时,采用了自上向下逐步细化的实现方式,使该软件形成模块化的结构,为调试、维护、扩展提供了条件。

12.4 房地产估价信息系统的运用举例

12.4.1 在线评估系统——搜房网简介

搜房网是成立于 1999 年的一家大型房地产门户网站,目前覆盖了全国 75 个大中型核心城市。搜房网上提供的评估功能相对简单,主要是为广大非专业人士初步判断房地产价值,其中的房地产评估报告也没有按照房地产估价规范的格式要求。因此,房地产评估机构及专业人士真正处理业务时还需要专门的房地产估价系统。

下面简单介绍一下搜房网上的房地产估价信息系统,其具体的操作步骤如下:

①首先进入搜房网的主页,其主页为 www. soufun. com,如图 12.3 所示,然后单击"个人出售"后面的"估价"按钮,即可进入搜房网的估价系统。

图 12.3 搜房网主页

②进入评估界面后,可以选取待估对象所在的城市并输入小区的名称或者地址,然后单击"开始评估"按钮,即可开始评估。我们在这里选取的是"北京市"和"万年花城小区五期",如图 12.4 所示,同时在这一界面上还可看到在主页中所选城市的房价走势及热门楼盘。

图 12.4　搜房评估——北京页面

③进入"评估"页面后,系统要求输入待评估房产的基本信息(包括建筑年代、建筑总楼层数、房屋所在楼层、房屋的朝向、房屋的建筑面积、房屋户型和房屋的产权性质等参数)及详细信息(包括装修完成时间、装修金额、小区位置、景观情况、采光通风、噪声影响等参数)。在这里我们只输入基本信息作为举例,如输入物业类型为住宅,建筑年代为 2011 年,所在楼层为 6 楼,总楼层为 16 层,朝向为南北朝向,建筑面积为 150 m²,房型为三室二厅,产权性质为个人产权,所有参数输入完成后,单击"确定"按钮,待评估房产的评估结果(评估单价和评估总价)就会显示出来,如图 12.5 所示。

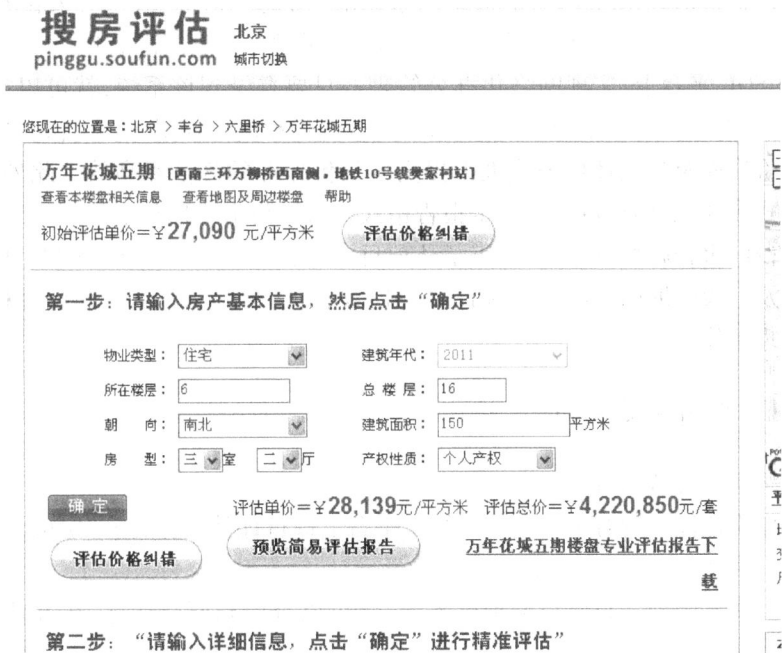

图 12.5　搜房网评估结果

④如果还需要房产评估报告，可以选择单击“预览简易报告”或者是单击屏幕下方的“查看报告”，评估房产的评估报告就会显示出来。在这里我们单击“查看报告”按钮，如图 12.6 所示。

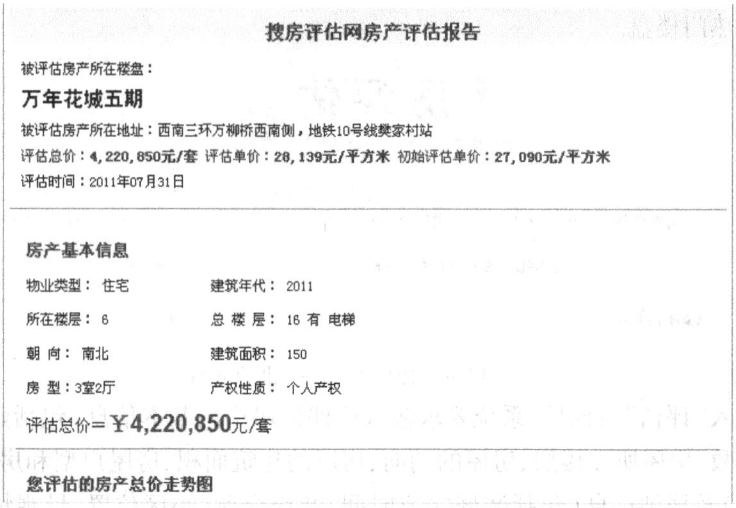

搜房评估网房产评估报告

被评估房产所在楼盘：

万年花城五期

被评估房产所在地址：西南三环万柳桥西南侧，地铁10号线樊家村站

评估总价：4,220,850元/套 评估单价：28,139元/平方米 初始评估单价：27,090元/平方米

评估时间：2011年07月31日

房产基本信息

物业类型：住宅	建筑年代：2011
所在楼层：6	总 楼 层：16 有 电梯
朝 向：南北	建筑面积：150
房 型：3室2厅	产权性质：个人产权

评估总价=￥4,220,850元/套

您评估的房产总价走势图

图 12.6　搜房网评估报告

12.4.2　房地产估价信息系统 RES 简介[①]

房地产估价信息系统 RES 是根据国家标准《房地产估价规范》开发的房地产估价应用系统，系统将收件、评估、出报告、审核、审批、财务及结案等流程，整合在统一的 WEB + SQL 平台上，实现网络化办公管理。只要登录到该系统，就可以查询到所有在办、待办业务及某一宗业务的处理状态，按流程和岗位权限，员工各司其责，内置的成本法价格库及相关计算公式大大提高了估价作业的规范和高效。此外，系统估价报告格式多样化，用户可自行设定报告格式。软件集中管理包括员工管理、财务管理、项目管理、报告归档管理等，涵盖了从项目登记、项目收款、任务分配及进展状态、报告提交及一段时期内的收欠款统计、项目来源统计及员工业务量统计分析等方方面面的管理工作。

1) RES 系统主要特点

该系统的主要特点有：

①操作规范性。所有工作人员在统一平台上进行评估操作，按一定的流程工作，提高了办公效率。

②人员业务管理。只要登录到该系统，就可以查询到所有待办、在办业务，待审

①杭州荣昌科技有限公司网站介绍材料：http://www.rcst.cn/ArticleShow.asp? ArticleID = 72.

核业务;每个员工的业务量,工作进程,还可实现远程办公。

③资料信息管理。该系统有一个大型的数据库,可以做到评估业务中的数据分析、统计和管理,实现数据集中管理,高效的查询统计。

④自动生成《评估报告书》。评估很重要的一个环节即出《评估报告书》,RES 可以按各地用户特定的要求自动生成《评估报告书》,提高了报告书的规范性,并能有效减少误差。

⑤提高市场竞争力。RES 一个最终目的就是帮助用户提高在同行业中的竞争力,帮助用户及时掌握政府信息、行业信息,做出正确的分析判断。

同时,房地产估价系统 RES 具有四大创新:

①架构强大:基于 WEB 平台 + SQL 网络数据库。

②规范高效:内置评估模型及成本库,按流程自动成果处理。

③企业管理:实时查询统计各种信息,扩展功能强大。

④报告书:有规范的报表书样式,也有特定的样式,自动生成。

2) RES 系统主要操作步骤

该系统从流程上可以分为收件、评估、审核、审批、财务及结案 6 步,当然这些流程可以根据客户的实际要求增删。下面简要介绍一下使用该系统的主要步骤:

①收件。收件是评估的第一步,办理收件主要填写委托人的基本信息、房屋所有权证、土地证及收件信息等基本信息,填写后在意见档中填写意见可转到评估。具体如图 12.7 所示。

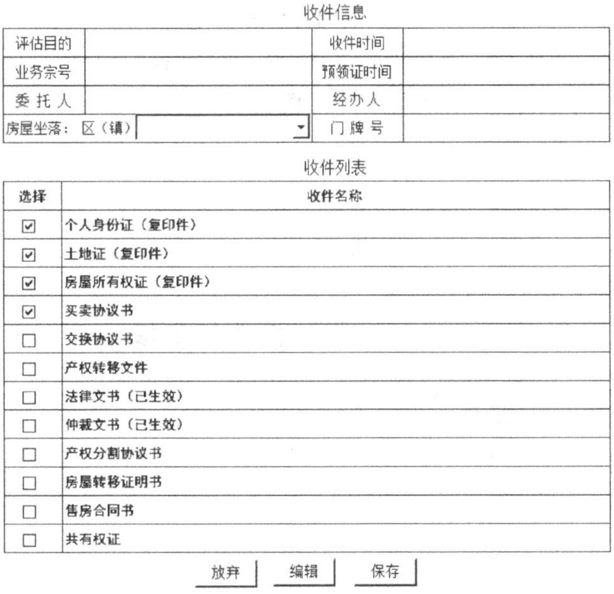
收件信息

评估目的		收件时间	
业务宗号		预领证时间	
委 托 人		经办人	
房屋坐落: 区(镇)		门 牌 号	

收件列表

选择	收件名称
☑	个人身份证(复印件)
☑	土地证(复印件)
☑	房屋所有权证(复印件)
☑	买卖协议书
☐	交换协议书
☐	产权转移文件
☐	法律文书(已生效)
☐	仲裁文书(已生效)
☐	产权分割协议书
☐	房屋转移证明书
☐	售房合同书
☐	共有权证

放弃　编辑　保存

图 12.7　RES 系统的收件

②评估。评估是估价作业的核心部分,在进行每个评估项目之前都可在软件中查看到之前的收件情况,了解要办理的项目情况再进行评估。评估主要包括评估对象基本数据录入、详细数据录入、评估方法选择及计算、成果处理和报表生成。RES系统根据市场的需要吸纳了市场上常用的比较方法,用户可以根据需要选择一种或几种同时评估。具体如图 12.8 所示。

选择	评估方法	适用对象	状态
○	市场比较法	房地产（建筑物）	□
○	收益还原法	房地产（建筑物）	□
○	房屋工地成本法	房地产（建筑物）	□
○	房屋重置成本法、土地基准修正法	房地产（建筑物）	□
○	房屋重置成本法、土地市场比较法	房地产（建筑物）	□
○	房屋重置成本法	房地产（建筑物）	□
○	土地基准修正法	房地产（土地）或纯土地	□
○	土地市场比较法	房地产（土地）或纯土地	□
○	土地成本法	房地产（土地）或纯土地	□
○	路线价法	房地产（土地）或纯土地	□

下一步

图 12.8 RES 系统的评估

③根据几种评估方法评估完成后,在成果汇总时可以按平均系数或加权系数得出最终估价结果,同时可以生成房地产估价报告书,如图 12.9 所示。

房地产估价报告书

项目名称:坐落于××市铭城街道南苑小区

估价单位:××市房地产价格评估事务所

委托单位（人）:×××

估价基准日:1900-1-1

估价报告书编号:京房评（2002）字第 1080 号

××市房地产价格评估事务所编制

报告摘要及审核

一、估价结果

房产建筑面积:403 平方米

占用土地面积: 平方米

放弃 | 编辑 | 保存

图 12.9 RES 系统生成的房地产估价报告书

12.4.3　土地估价信息系统 LES 简介①

土地估价管理系统 LES 是以《城镇土地估价规范》《房地产估价规范》《房地产抵押估价指导意见》等政策性文件为基础而开发的土地估价管理系统,系统将收件、评估、出报告、审核、审批、财务及结案等流程,整合在统一的 WEB + SQL 平台上,实现网络化办公管理。只要登录到该系统,就可以查询到所有在办、待办业务及某一宗业务的处理状态,不断建立与完善价格信息库。估价报告格式按统一的标准格式,同时用户可自行设定报告格式。软件集中管理包括员工管理、财务管理、项目管理、报告归档管理等,涵盖了从项目登记、项目收款、任务分配及进展状态、报告提交及一段时期内的收、欠款统计,项目来源统计及员工业务量统计分析等方方面面的管理工作。

1）LES 系统主要特点

LES 系统的主要特点如下:

①解决多样式、灵活的估价报告。不仅提供各种单一报表,同时具有多样、灵活的完整性估价报告。

②统一的估价数据管理,估价项目资料、合同资料、收件资料、资料档案管理、收费资料等全程式数据。

③提供全方位的分析、统计、决策管理性报表。如按年、月汇总估价面积,按类型统计各估价人员工作量等。

④流程化管理。提供一套估价业务流程化和自动化的管理软件,同时可扩充为办公自动化管理。

⑤提供主流评估方法。不仅提供目前行业中主流评估方法,如剩余法、土地估价修正数值法、市场比较法、收益还原法、路线价法等,同时可以在此基础上增加或扩展其他的评估方法。

⑥强有力的数据共享模式。具有与行业其他应用系统交互的数据接口(房管、测绘),基于 Internet、Web、远程介入以及信息发布;支持区域性资料共享。

LES 系统根据市场的需要吸纳了市场上常用的估价方法,用户可以根据需要选择一种或几种估价方法同时评估,其主要提供的方法有:剩余法、成本逼近法、基准地价分数修正法、土地市场比较法及收益还原法等。

2）LES 系统主要操作步骤

LES 系统大致分为建立基础信息库、评估作业信息填写、评估方法选择及成果处

---

①杭州荣昌科技有限公司网站介绍材料:http://www.rcst.cn/ArticleShow.asp? ArticleID = 73.

理 4 个步骤,具体步骤如下:

①建立基础信息库,如图 12.10 所示。

基础数据——代码类别查询

系统数据

编号	代码名称	编号	代码名称	编号	代码名称
1	业务状态	5	权限类别	9	案例用途
10	市场比较法建筑物数量	13	岗位	14	科室部门
42	用户状态	77	业务类别		

业务初始数据

编号	代码名称	编号	代码名称	编号	代码名称
2	估价价格标准	3	建筑物结构	4	建筑物结构等级
6	房屋修正因素	7	常用委托方	11	土地修正优劣标度
12	市场比较法修正类型	15	收件名称	16	区/乡/镇定义
17	街道/路/村定义	18	土地等级	20	土地修正因素
21	临街深度	22	临街宽度	23	宽度比
24	街角地	36	土地用途	37	土地开发程度
51	意见信息常用词	52	土地权属性质	61	土地成本法其他因素
65	资本化率使用安全利率加风险调整法中其他因素影响	73	建筑物用途	74	建筑物性质

图 12.10　建立基础信息库

②评估作业信息填写,如图 12.11 所示。

◉ 土地　　　◯ 建筑物

. 土地基本信息　　　　　　　　　　　　　　□　纯土地

土地使用权人		土地性质	<--请选择--> ▼
土地座落			
土地用途	<--请选择--> ▼	土地等级	<--请选择--> ▼
土地出让年限		容积率	
出让终止日期	重置	还原利率(%)	
土地尚可使用年限(年)	估价时点:2010-1-1	土地备注	
土地证号	永 用( )字第 号	土地形状	
土地基准地价		评估方式	
土地面积(m³)		土地宗号	第1宗 ▼

保存　删除　复制　清空

. 土地摘要信息

操作	土地坐落	土地面积(m²)	容积率	土地等级	土地性质	土地用途	土地证号
◯	杭州市曙光路88号	150		一等地	国有出让	住宅	永国用[2010]字第100号

开始评估

图 12.11　评估作业平台

③评估方法选择,如图 12.12 所示。

请选择估价方法

选择	评估方法	适用对象	状态
⊙	收益还原法	房地产（土地）或纯土地	☑
⊙	基准地价修正法	房地产（土地）或纯土地	☑
⊙	土地市场比较法	房地产（土地）或纯土地	☑
⊙	成本逼近法	房地产（土地）或纯土地	☑
⊙	剩余法	房地产（土地）或纯土地	☑

下一步　　　　　　　　　　　　　　　　　　已使用[5]种

· 状态栏：打"√"表示已选用的方法。

· 同一评估对象不能使用超过[10]种以上评估方法进行评估。

图 12.12　评估方法选择

④成果处理,如图 12.13 所示。

选择评估对象——　○房地产　⊙土地

· 土地摘要信息　　　　　　　　　　　　　　　　　　　　　　　　. 第：[2]号

操作	土地座落	所有权人	土地面积(m²)	土地证号	处理标记	评估状态	备注
⊙	××街道××村××路西侧	万隆实业有限公司	1500	永国用（2010）字第006	☑	☑	详细信息
○	××街道××村××路西侧	万隆实业有限公司	3 585.5	永国用（2010）字第006	☑	☑	详细信息

□ 有效的　　　　　　　　　　　　　　　　　　　　　. 有效[2]/共[5]笔

使用标记	评估方法	权重(%)	比准价格	土地单价	备注
☑	收益还原法	45		2928.70	
☑	基准地价修正法	55		3799.30	
□	土地市场比较法			1737.50	
□	成本逼近法			421.80	
□	剩余法			2062.42	

平均值公式：　　○ 算术平均　　⊙ 加权平均

计算结果：

土地面积（m²）：　　　　1800

评估结果（元）：　　　　3402.5

评估总价（元）：　　　　6124644

图 12.13　成果处理

本章小结

房地产估价信息系统的建立可以实现房地产估价的智能化,从而使房地产估价过程更为科学严谨,结果更为客观准确。

房地产估价信息系统是将与房地产估价有关的各种信息集合成有机整体的信息管理系统,具备对房地产信息进行收集、编辑、处理与分析,并自动生成估价报告等功能。它既能处理房地产的各种图像、图形和文字数据,又能对房地产价格作判断,并根据估价人员的要求生成、打印估价报告和其他相关文件,是房地产估价工作的计算机辅助支持系统。

房地产估价信息系统主要由数据采集、数据库管理、分析与计算、输出管理和系统维护等子系统所组成,具体可以分为输入子系统、处理子系统及输出子系统。可实现数据管理、项目估价、数据输入、估价工作分析和系统维护等功能。

房地产估价信息系统定位于面向估价专家的决策支持系统,系统设计以房地产估价基本理论方法为依据,遵循软件系统工程和专业信息系统设计要求进行。主要内容包括功能选择程序、数据处理程序、查询和检索程序、输入数据程序和输出数据程序。

重要名词与概念

房地产估价信息系统

复习思考题

1. 什么是房地产估价信息系统的概念?
2. 简述房地产估价信息系统的内涵。
3. 简述房地产估价信息系统的结构。
4. 房地产估价信息系统的功能包括哪些?
5. 简述房地产估价信息系统的环境要求。

附录 1　估价报告的规范格式

一、封面

(标题:)房地产估价报告

估价项目名称:(说明本估价项目的全称)

委托方:(说明本估价项目的委托单位的全称,个人委托的为个人的姓名)

估价方:(说明本估价项目的估价机构的全称)

估价人员:(说明参加本估价项目的估价人员的姓名)

估价作业日期:(说明本次估价的起止年月日,即正式接受估价委托的年月日至完成估价报告的年月日)

估价报告编号:(说明本估价报告在本估价机构内的编号)

二、目录

(标题:)目录

1.致委托方函

2.估价师声明

3.估价的假设和限制条件

4.估价结果报告

(1)

(2)

…

5.估价技术报告(可不提供给委托方,供估价机构存档和有关管理部门查阅等)

(1)

(2)

...

6.附件

(1)

(2)

...

三、致委托方函

(标题:)致委托方函

致函对象(为委托方的全称)

致函正文(说明估价对象、估价目的、估价时点、估价结果)

致函落款(为估价机构的全称,并加盖估价机构公章,法定代表人签名、盖章)

致函日期(为致函的年月日)

四、估价师声明

(标题:)估价师声明

我们郑重声明:

1.我们在本估价报告中陈述的事实是真实的和准确的。

2.本估价报告中的分析、意见和结论是我们自己公正的专业分析、意见和结论,但受到本估价报告中已说明的假设和限制条件的限制。

3.我们与本估价报告中的估价对象没有(或有已载明的)利害关系,也与有关当事人没有(或有已载明的)个人利害关系或偏见。

4.我们依照中华人民共和国国家标准《房地产估价规范》进行分析,形成意见和结论,撰写本估价报告。

5.我们已(或没有)对本估价报告中的估价对象进行了实地查勘(在本声明中应清楚地说明哪些估价人员对估价对象进行了实地查勘,哪些估价人员没有对估价对象进行实地查勘)。

6.没有人对本估价报告提供了重要专业帮助(若有例外,应说明提供重要专业帮助者的姓名)。

7.(其他需要声明的事项)

参加本次估价的注册房地产估价师签名、盖章(至少有一名)。

五、估价的假设和限制条件

(标题:)估价的假设和限制条件

(说明本次估价的假设前提,未经调查确认或无法调查确认的资料数据,估价中未考虑的因素和一些特殊处理及其可能的影响,本估价报告使用的限制条件)

六、估价结果报告

(标题:)房地产估价结果报告

(1)委托方(说明本估价项目的委托单位的全称、法定代表人和住所,个人委托的为个人的姓名和住所)

(2)估价方(说明本估价项目的估价机构的全称、法定代表人、住所、估价资格等级)

(3)估价对象(概要说明估价对象的状况,包括物质实体状况和权益状况。其中,对土地的说明应包括:名称,坐落,面积,形状,四至,周围环境、景观,基础设施完备程度,土地平整程度,地势,地质、水文状况,规划限制条件,利用现状,权属状况;对建筑物的说明应包括:名称,坐落,面积,层数,建筑结构,装修,设施设备,平面布置,工程质量,建成年月,维护、保养、使用情况,公共配套设施完备程度,利用现状,权属状况)

(4)估价目的(说明本次估价的目的和应用方向)

(5)估价时点(说明所评估的客观合理价格或价值对应的年月日)

(6)价值定义(说明本次估价采用的价值标准或价值内涵)

(7)估价依据(说明本次估价依据的本房地产估价规范,国家和地方的法律、法规,委托方提供的有关资料,估价机构和估价人员掌握和搜集的有关资料)

(8)估价原则(说明本次估价遵循的房地产估价原则)

(9)估价方法(说明本次估价的思路和采用的方法以及这些估价方法的定义)

(10)估价结果(说明本次估价的最终结果,应分别说明总价和单价,并附大写金额。若用外币表示,应说明估价时点中国人民银行公布的人民币市场汇率中间价,并注明所折合的人民币价格)

(11)估价人员(列出所有参加本次估价的人员的姓名、估价资格或职称,并由本人签名、盖章)

(12)估价作业日期(说明本次估价的起止年月日)

(13)估价报告应用的有效期(说明本估价报告应用的有效期,可表达为到某个年月日止,也可表达为多长年限,如一年)

七、估价技术报告

(标题:)房地产估价技术报告

(1)个别因素分析(详细说明、分析估价对象的个别因素)

(2)区域因素分析(详细说明、分析估价对象的区域因素)

(3)市场背景分析(详细说明、分析类似房地产的市场状况,包括过去、现在和可预见的未来)

(4)最高最佳使用分析(详细分析、说明估价对象最高最佳使用)

(5)估价方法选用(详细说明估价的思路和采用的方法及其理由)

(6)估价测算过程(详细说明测算过程,参数确定等)

(7)估价结果确定(详细说明估价结果及其确定的理由)

八、附件

(标题:)附件

估价对象的位置图,四至和周围环境图,土地形状图,建筑平面图,外观和内部照片,项目有关批准文件,产权证明,估价中引用的其他专用文件资料,估价人员和估价机构的资格证明等。

九、制作要求

估价报告应做到图文并茂,所用纸张、封面、装订应有较好的质量。纸张大小应采用 A4 纸规格。

规范用词用语说明

1. 为便于在执行本规范条文时区别对待,对要求严格程度不同的用词说明如下:

(1)表示很严格,非这样做不可的用词:

正面词采用"必须",反面词采用"严禁";

(2)表示严格,在正常情况下均应这样做的用词:

正面词采用"应",反面词采用"不应"或"不得";

（3）表示允许稍有选择,在条件许可时首先应这样做的用词:

正面词采用"宜",反面词采用"不宜";

表示有选择,在一定条件下可以这样做的,采用"可"。

2. 规范中指定应按其他有关标准、规范执行时,写法为:

"应符合……的规定"或"应按……执行"。

附录 2   常用 Excel 函数简介

1. IF

IF 函数的作用在于执行逻辑判断,它可以根据逻辑表达式的真假,返回不同的结果,从而执行数值或公式的条件检测任务。具体语法是: IF(logical-test, value-if-true, value-if-false)。其中, logical-test 计算结果为 TRUE 或 FALSE 的任何数值或表达式; value-if-true 是 logical-test 为 TRUE 时函数的返回值; value-if-false 是 logical-test 为 FALSE 时函数的返回值。

2. ABS

ABS 的用途在于返回某一参数的绝对值。具体语法是: ABS(number)。其中, number 是需要计算其绝对值的一个实数。

3. COUNTIF

COUNTIF 的用途在于统计某一区域中符合条件的单元格数目。具体语法: COUNTIF(range, criteria)。其中, range 为需要统计的符合条件的单元格数目的区域; criteria 为参与计算的单元格条件,其形式可以为数字、表达式或文本。其中数字可以直接写入,表达式和文本必须加引号。

4. POWER

POWER 的用途在于返回给定数字的乘幂。具体语法为: POWER(number, power)。其中, number 为底数, power 为指数,均可以为任意实数。

5. SUM

SUM 的用途在于返回某一单元格区域中所有数字之和。具体语法为: SUM(number 1, number 2, …)。其中, number 1, number 2, … 为 1 ~ 30 个需要求和的数值(包括逻辑值及文本表达式)、区域或引用。

6. SUMIF

SUMIF 的用途在于根据指定条件对若干单元格、区域或引用求和。具体语法为: SUMIF(range, criteria, sum-range)。其中, range 为用于条件判断的单元格区域; criteria 是由数字、逻辑表达式等组成的判定条件; sum-range 为需要求和的单元格、区域或引用。

7. PRODUCT

PRODUCT 的用途在于返回数据清单或数据库的指定列中,满足给定条件单元格中数值乘积。具体语法为: PRODUCT(database, field, criteria)。其中, database 构成列表或数据库的单元格区域; field 指定函数所使用的数据列; criteria 为一组包含给定条件的单元格区域。

8. AVERAGE

AVERAGE 的用途在于计算所有参数的算术平均值。具体语法为: AVERAGE(number 1, number 2,…)。其中,number 1,number 2,…是要计算平均值的 1~30 个参数。

9. AMORDEGRC

AMORDEGRC 的用途在于返回每个会计期间的折旧值。具体语法为:AMORDEGRC(cost,date-purchased,first-period, salvage,period,rate,basis)。其中,cost 为资产原值;date-purchased 为购入资产的日期;first-period 为第一个期间结束时的日期;salvage 为资产在使用寿命结束时的残值;period 是期间;rate 为折旧率;basis 是所使用的年基准。

10. CUMIPMT

CUMIPMT 的用途在于返回一笔贷款在给定的 start-period 到 end-period 期间累计偿还的利息数额。具体语法为:CUMIPMT(rate,nper,pv,start-period,end-period,type)。其中,rate 为利率;nper 为总付款期数;pv 为现值;start-period 为计算中的首期(付款期数从 1 开始计数);end-period 为计算中的末期;type 为付款时间类型(0 为期末付款,1 为期初付款)。

11. CUMPRINC

CUMPRINC 的用途在于返回一笔贷款在给定的 start-period 到 end-period 期间累计偿还的本金数额。具体语法为:CUMPRINC(rate,nper,pv,start-period,end-period,type)。其中,rate 为利率;nper 为总付款期数;pv 为现值;start-period 为计算中的首期(付款期数从 1 开始计数);end-period 为计算中的末期;type 为付款时间类型(0 为期末付款,1 为期初付款)。

12. DB

DB 的用途在于使用固定余额递减法,计算一笔资产在给定期间内的折旧值。具体语法为:DB(cost,salvage,life,period,month)。其中,cost 为资产原值;salvage 为资产在折旧期末的价值;life 为折旧期限;period 为需要计算折旧值的期间,period 必须使用与 life 相同的单位;month 为第 1 年的月份数(省略时假设为 12)。

13. DDB

DDB 的用途在于使用双倍余额递减法或其他指定方法,计算一笔资产在给定期间内的折旧值。具体语法为:DDB(cost,salvage,life,period,factor)。其中,cost 为资产原值;salvage 为资产在折旧期末的价值;life 为折旧期限;period 为需要计算折旧值的期间,period 必须使用与 life 相同的单位;factor 为余额递减速率。

14. FV

FV 的用途在于基于固定利率及等额分期付款方式,返回某项投资的未来值。具体语法为:FV(rate,nper,pmt,pv,type)。其中,rate 为各期利率;nper 为总投资期;pmt 为各期所应支付的金额;pv 为现值;type 为数字 0 或 1(0 为期末,1 为期初)。

15. IPMT

IPMT 的用途在于基于固定利率及等额分期付款方式,返回投资或贷款在某一给定期限内的利息偿还额。具体语法为:IPMT(rate,per,nper,pv,fv,type)。其中,rate 为各期利率;per 用于计算其利息数额的期数(1 到 nper 之间);nper 为总投资期;pv 为现值;fv 为未来值;type 指定各期的付款时间是在期初还是期末(0 为期末,1 为期初)。

16. IRR

IRR 的用途在于返回由数值代表的一组现金流的内部收益率。具体语法为:IRR(values,guess)。其中,values 为数组或单元格的引用;包含用来计算返回的内部收益率的数字;guess 为对函数 IRR 计算结果的估计值。

17. MIRR

MIRR 的用途在于返回某一期限内现金流的修正内部收益率。具体语法为：MIRR(values, finance-rate, reinvest-rate)。其中, values 为一个数组或对包含数字的单元格的引用; finance-rate 为现金流中使用的资金支付利率; reinvest-rate 为将现金流再投资的收益率。

18. NPV

NPV 的用途在于通过使用贴现率以及一系列未来支出(负值)和收入(正值), 返回一项投资的净现值。具体语法为：NPV(rate, value1, value2, …)。其中, rate 为某一期间的贴现率; value1, value2, …为 1 到 29 个参数, 代表支出及收入。

19. PMT

PMT 的用途在于基于固定利率及等额分期付款方式, 返回贷款的每期付款额。具体语法为：PMT(rate, nper, pv, fv, type)。其中, rate 贷款利率; nper 该项贷款的付款总数; pv 为现值; fv 为未来值; type 指定各期的付款时间是在期初还是期末(1 为期初, 0 为期末)。

20. PPMT

PPMT 的用途在于基于固定利率及等额分期付款方式, 返回投资在某一给定期间内的本金偿还额。具体语法为：PPMT(rate, per, nper, pv, fv, type)。其中, rate 为各期利率; per 用于计算其本金数额的期数(介于 1 到 nper 之间); nper 为总投资期; pv 为现值; fv 为未来值; type 指定各期的付款时间是在期初还是期末(1 为期初, 0 为期末)。

21. PV

PV 的用途在于返回投资的现值, 如借入方的借入款即为贷出方贷款的现值。具体语法为：PV(rate, nper, pmt, fv, type)。其中, rate 为各期利率; nper 为总投资(或贷款)期数; pmt 为各期所应支付的金额; fv 为未来值; type 指定各期的付款时间是在期初还是期末(1 为期初, 0 为期末)。

22. SLN

SLN 的用途在于返回某项资产在一个期间中的线性折旧值。具体语法为：SLN(cost, salvage, life)。其中, cost 为资产原值; salvage 为资产在折旧期末的价值; life 为折旧期限。

23. SYD

SYD 的用途在于返回某项资产按年限总和折旧法计算的指定期间的折旧值。具体语法为：SYD(cost, salvage, life, per)。其中, cost 为资产原值; salvage 为资产在折旧期末的价值; life 为折旧期限; per 为期间。

参考文献

[1] 中华人民共和国建设部.房地产估价规范[M].北京:中国建筑工业出版社,1999.

[2] 柴强.房地产估价理论与方法[M].北京:中国建筑工业出版社.2011.

[3] 柴强.房地产估价(修订第六版)[M].北京:首都经济贸易大学出版社,2008.

[4] 叶剑平.房地产估价[M].北京:中国人民大学出版社,2002.

[5] 叶剑平,曲卫东.不动产估价[M].北京:中国人民大学出版社,2006.

[6] 廖俊平.房地产估价规范研究与阐释[M].广州:广东经济出版社,2000.

[7] 周寅康.房地产估价[M].南京:东南大学出版社,2006.

[8] 王人己,姚玲珍.房地产估价[M].上海:上海财经大学出版社,2002.

[9] 王家庭.物业估价[M].北京:清华大学出版社,2005.

[10] 赵财福、赵小红.房地产估价[M].上海:同济大学出版社,2004.

[11] 卢新海.房地产估价——理论与实务[M].上海:复旦大学出版社,2006.

[12] 王克忠,张维然,杨国诚.房地产估价理论与方法[M].北京:高等教育出版社,1998.

[13] 薛姝.房地产估价[M].北京:高等教育出版社,2010.

[14] 赵世强.全国房地产估价师执业资格考试复习题解及模拟试卷[M].北京:中国建筑工业出版社,2003.

[15] 美国估价学会.房地产估价(原著第12版)(中译本)[M].北京:中国建筑工业出版社,2005.

[16] 曹军建.现代房地产估价理论与方法[M].广州:中山大学出版社,1997.

[17] 楼江.城市地产评估理论与实践[M].南京:东南大学出版社,2004.

[18] 俞建民.房地产估价概论[M].上海:同济大学出版社,2000.

[19] 俞明轩.房地产评估[M].北京:中国人民大学出版社,2004.

[20] 王海玫.房地产估价[M].北京:化学工业出版社,2006.

[21] 李恩辕,等.房地产估价[M].北京:中国建筑工业出版社,1997.

[22] 刘立,李志超.房地产估价师实务手册[M].北京:机械工业出版社,2005.

[23] [美]理查德·M.贝兹,赛拉斯·丁·埃利.不动产评估基础[M].5版.董俊英,译.北京:经济科学出版社,2002.

[24] [美]威廉·L.小文托洛,马莎·R.威廉斯.房地产估价原理[M].7版.施建刚,主译.上海:上海人民出版社,2004.

［25］张玉祥.房地产价格评估教程［M］.北京:地震出版社,1994.

［26］王家庭.房地产估价［M］.大连:东北财经大学出版社,2001.

［27］宋春兰.房地产估价［M］.北京:机械工业出版社,2006.

［28］高炳华.房地产估价［M］.武汉:华中科技大学出版社,2006.

［29］祝平衡.房地产估价理论与实务［M］.大连:东北财经大学出版社,2007.

［30］安旭东,周生路,彭补拙.试论房地产估价信息系统化及其实现［J］.人文地理,2000(6).

［31］景亚平,谭敬胜.房地产估价信息系统的研究［J］.长春工程学院学报:社会科学版,2001(2).

［32］杜葵,高平.地价在楼价中的分摊问题［J］.城市发展,2002(5).

［33］Excel2003 函数应用完全手册［OL］.http://www.52ebook.com/book_9861.html.

［34］杭州荣昌科技有限公司网站 http://www.rcst.cn/ArticleShow.asp? ArticleID=72.

［35］杭州荣昌科技有限公司网站 http://www.rcst.cn/ArticleShow.asp? ArticleID=73.